国家社会科学基金青年项目"我国婚姻挤压的时空演化——基于空间聚类分析的实证研究"(19CRK018)阶段性

U0634247

中国婚姻
挤压的空间分布格局研究

郭显超　黄　玲◎著

吉林人民出版社

图书在版编目（ＣＩＰ）数据

中国婚姻挤压的空间分布格局研究 / 郭显超，黄玲
著 . -- 长春 : 吉林人民出版社，2023.10
ISBN 978-7-206-20479-1

Ⅰ . ①中… Ⅱ . ①郭… ②黄… Ⅲ . ①婚姻问题—研
究—中国 Ⅳ . ① D669.1

中国版本图书馆 CIP 数据核字 (2023) 第 197005 号

责任编辑：韩春娇
封面设计：王　洋

中国婚姻挤压的空间分布格局研究

ZHONGGUO HUNYIN JIYA DE KONGJIAN FENBU GEJU YANJIU

著　　者：郭显超　黄　玲

吉林人民出版社出版 发行（长春市人民大街 7548 号 邮政编码：130022）

咨询电话：0431-85378033

印　　刷：三河市金泰源印务有限公司

开　　本：787mm×1092mm　　　　1/16

印　　张：14.25　　　　　　　字　　数：230 千字

标准书号：ISBN 978-7-206-20479-1

版　　次：2023 年 10 月第 1 版　　　　印　　次：2023 年 10 月第 1 次印刷

定　　价：69.00 元

如发现印装质量问题，影响阅读，请与出版社联系调换。

前　言

婚姻挤压是中国面临的最严峻的人口问题之一，对社会发展的影响可能会超过人口老龄化。不同地区婚姻挤压状况存在明显差异，只有全面了解这些差异才能真正认清中国婚姻挤压的形势。经过深入的研究和系统的分析，得到了对中国婚姻挤压空间分布格局的系统认识，形成了本书。

本书从理论上分析了婚姻挤压空间分布的形成机制，根据全国人口普查数据，全面分析中国婚姻挤压空间分布的演变趋势和主要特点，运用地理空间分析方法分析各省、县婚姻挤压之间的空间自相关性和影响因素。这三大块内容构成了本书从理论到实证的系统架构。

本书在理论分析和研究方法方面都有一定的创新，有望为学术界和实际应用领域做出一些有益的贡献。婚姻挤压空间分布格局形成机制的理论分析中提出区域性婚姻市场的概念，对于将人口学中以婚姻挤压分析为主的宏观分析和社会学中以失婚群体特征研究为主的微观分析联系起来是一次有益的尝试，对人口学、社会学关于婚姻问题的研究有一定的启发。地理空间分析方法为研究婚姻挤压地区差异提供了适当可行的研究工具，使关于婚姻挤压空间分布格局及其影响因素的结论更加清晰，这次的成功探索为今后该领域的深入研究提供了研究方向。根据1990年、2000年、2010年和2020年人口普查数据对各地区的婚姻挤压状况的详细分析，能够为研究婚姻挤压问题的学者、关注婚姻挤压问题的大众和相关的政府部门提供翔实的数据资料。

本书的最大亮点是发现了人口流入地婚姻挤压更为严重的特点，在地理空间分析中也得出了东部城市地区婚姻挤压较为严重的结论。这一发现，扭转了婚姻挤压将会在落后的农村地区集聚的普遍看法，对政府提出应对婚姻挤压问题的政策具有重要的参考价值。

目　录

第一章　绪　论 ………………………………………001

　　第一节　问题的提出 …………………………………001

　　第二节　文献综述 ……………………………………004

　　第三节　研究目标 ……………………………………014

　　第四节　研究内容 ……………………………………015

　　第五节　研究方法 ……………………………………017

第二章　婚姻挤压空间分布的理论框架与测度指标 ………019

　　第一节　关于婚姻挤压的基本概念 …………………019

　　第二节　关于婚姻挤压的相关理论分析 ……………023

　　第三节　婚姻挤压空间分布格局的形成机制 ………030

　　第四节　测度婚姻挤压空间分布格局的指标 ………037

第三章　中国婚姻挤压的总体形势及变化历程 ……………050

　　第一节　2020 年中国婚姻挤压基本情况 ……………050

　　第二节　婚姻挤压状况的纵向对比 …………………057

　　第三节　分城乡的婚姻挤压情况对比 ………………069

　　第四节　城乡婚姻挤压的纵向对比 …………………078

第五节　反映婚姻挤压状况的其他方面..........088

第四章　中国婚姻挤压空间分布的基本状况..........105

第一节　各省婚姻挤压状况对比..........105

第二节　各省分城乡的婚姻挤压状况对比..........122

第三节　分县的婚姻挤压状况..........139

第五章　中国婚姻挤压空间分布的不均衡性分析..........145

第一节　研究方法..........145

第二节　分省的婚姻挤压不均衡性分析..........147

第三节　分省婚姻挤压不均衡性的城乡对比..........150

第四节　分县的婚姻挤压不均衡性分析..........155

第六章　中国婚姻挤压空间集聚状况分析..........157

第一节　研究方法..........157

第二节　分省的婚姻挤压空间集聚状况..........160

第三节　分城乡的婚姻挤压空间集聚状况..........169

第四节　分县的婚姻挤压空间集聚状况..........185

第七章　中国婚姻挤压空间分布格局的影响因素..........192

第一节　研究方法..........192

第二节　分省的婚姻挤压空间分布格局影响因素分析..........196

第三节　分县的婚姻挤压空间分布格局影响因素分析..........201

第八章　中国婚姻挤压空间分布格局的影响和对策建议..........203

第一节　关于婚姻挤压空间分布格局的主要结论..........203

第二节　中国婚姻挤压空间分布格局展望分析..........205

第三节　中国婚姻挤压空间分布格局的影响..........206

第四节　应对婚姻挤压空间分布格局的政策建议.................................210

参考文献 215

后　记 219

第一章 绪 论

第一节 问题的提出

婚姻是男女两性依据一定的法律、伦理和风俗的规定建立起来的夫妇关系。[①]在一夫一妻婚姻制度前提下，处于结婚年龄的男女人数应该是基本相等的。如果婚龄男女比例失调，则会导致一部分男性或女性不能按一般的标准来择偶，甚至使一部分人终身不能成婚，这就是"婚姻挤压"。

自20世纪80年代初以来，中国绝大部分地区均出现了出生性别比长期高于正常水平的现象。出生性别比不仅高于103—107的正常值范围，而且连续20多年的时间一直在不断升高，1982年、1990年和2000年人口普查公布的出生人口性别比分别达到108.5、111.1和116.9，呈现持续上升的态势，在2005年继续上升到121.2。之后出生人口性别比虽然出现了一定程度的下降，2010年为117.9，2015年为113.5，2020年降至111.3，但并未得到根本性的改善，仍然明显高于正常范围。出生性别比持续偏高，加上其他一些相关因素，导致中国男性青年婚姻挤压问题日益突出。

---

① 佟新：《人口社会学》，北京大学出版社2010年版，第226页。

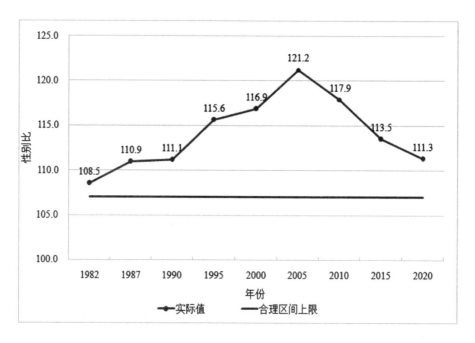

图1-1 中国出生人口性别比

数据来源：2000 年及之前的数据来源于《中国人口年鉴 2005》[1]；2005 年及之后的数据来源于《人口现象中的社会问题——对出生性别比失衡的再认识》[2]。

结婚历来受到高度重视。婚姻的本质是通过建立男女两性特定的社会关系实现人类的再生产，正如费孝通所说："婚姻是社会为孩子确定父母的手段。"[3] 这句话可以理解为：婚姻的主要目的是为生育和传宗接代确立稳定的两性关系。可见，婚姻是建立稳定两性关系进行人口再生产的最有效方法，是人口再生产的前提。正因为如此，在有着相对的性自由和恋爱自由的社会中，婚姻仍然存在。尤其是在中国，尽管受到西方现代文化的影响不婚率有所升高，但仍然属于普婚社会。[4]

婚姻关系是一种夫妻关系，由此才能产生亲子关系，从这个意义上讲，

---

[1]《中国人口年鉴 2005》，《中国人口年鉴》杂志社 2005 年版，第 268—276 页。

[2] 郑真真：《人口现象中的社会问题——对出生性别比失衡的再认识》，《山东女子学院学报》，2022 年第 3 期。

[3] 费孝通：《乡土中国 生育制度》，北京大学出版社 1998 年版，第 125 页。

[4] 一般认为，49 岁女性的未婚比例低于 5% 则可视为普婚社会。

婚姻关系是个人构建家庭的基础，不结婚的人就没有完整的家庭。将这个过程放到世代更替的过程中来看，婚姻就是家庭延续的基础。中国文化历来特别强调家庭的地位，子女的婚姻问题不仅是个人的事情，也是家庭的责任。整个家庭，尤其是父母，都对子女的婚姻大事抱有强烈的期望。

从个人角度来讲，婚姻是个人成年的社会化标志，自古就讲"成家立业"，男婚女嫁历来都被视作"终身大事"，结婚标志着开始承担起完整的社会责任，是人生最具有里程碑意义的事件之一，"具有文化和社会标签的作用"。[①]

中国到底会面临什么样的婚姻挤压，一直是备受关注的话题，也是学术领域长期研究的课题。近十多年来，男多女少，男性结婚难、择偶难现象在全国各地都不同程度地出现，因此男性婚姻挤压问题的关注度不断提高。婚姻挤压的相关研究一般关注的是整体上会出现多大规模的男性过剩，但对"最终哪些人会被剩下"的问题研究得还不够深入。

在男多女少的背景下，所有男性将面临来自整个通婚圈范围内同龄及年龄相仿的单身男性的竞争，一个人能否结婚取决于自己在所处的婚姻市场中的相对低位。在各种择偶标准中条件相对较好的就容易胜出，这是个人之间的竞争。但是，当前地区之间、城乡之间的经济差距非常明显。2020年各省（自治区、直辖市）人均GDP最高省份是最低省份的4.5倍，各省（自治区、直辖市）居民可支配收入最高的是最低的3.5倍，如果是分县市区的地区间经济水平差距则更加悬殊。分城乡来看，2021年城镇居民人均可支配收入（47 172元）是农村居民人均可支配收入（18 931元）的2.5倍。在地区和城乡经济发展水平不平衡的情况下，经济较为富裕地区的男性感受到婚姻挤压、面临被"剩"下的危机时，会不会到其他经济条件相对较差的地区去寻找对象？比如大城市的到小城市去寻找，城镇的到周边农村去寻找，经济条件好的农村到条件相对较差的农村去寻找，靠这种策略使其经济条件比较突出，提高成功的概率。如果类似的择偶策略普遍出现，会不会导致婚姻挤压的过剩男性逐渐向经济落后地区的集聚，最终使经济落后地区的男子成为被"剩"的群体？

因此，在出现婚姻挤压的大形势之下，男性过剩人口的地区分布态势，婚姻挤压的空间分布格局，是更加值得关注的问题。

---

① 佟新：《人口社会学》，北京大学出版社2010年版，第227页。

第二节 文献综述

自20世纪80年代末期开始，中国男性青年婚姻挤压问题就受到了人口学、社会学等领域学者的广泛关注，对婚姻挤压的总体形势有比较一致的看法。尽管目前还没有明确以"婚姻挤压空间分布格局"为主题的研究，但在中国将面临严重的婚姻挤压、出现男性过剩人口将快速增长这种总体趋势之下，婚姻挤压造成的男性过剩人口的空间分布状态，受到了广泛关注。

一、国内外相关研究现状

关于婚姻挤压空间分布格局的研究，都是出现在婚姻挤压地区分布和婚姻挤压城乡差异为主题的研究或者其他相关研究中，涉及的内容比较多。

（一）婚姻挤压的城乡差异

学者普遍认为，中国男性婚姻挤压存在显著的城乡差异。刘爽等根据人口普查数据发现，"大龄未婚"者聚集在城市和农村，镇则相对较少。城市更多的是低龄大龄未婚者，农村则以中、高龄大龄未婚者为主。城市的"大龄未婚"者尽管也是男多女少，但数量相差不多，男女基本是2:1的关系。农村则是男女数量相差悬殊，男性远多于女性，两者人数对比近5:1。[1]果臻等从队列角度分析，农村未婚男性终身结婚期待率在各个年龄段均低于城镇男性，说明农村地区婚姻挤压程度比城市更加严重。[2]于潇等分析发现，同一时期农村不同年龄未婚人口婚配性别比均高于同岁城镇人口。造成这种现象的原因主要有两个，一是农村出生人口性别比显著高于城镇，二是城乡人口分布和社会经济差异的影响。由于城市吸纳了更多女性迁入，在一定程度上缓解了城市未婚男性婚姻挤压，而把更大的婚姻挤压压力转移到农村。[3]有学者提出，人口城镇化快速推进、乡—城人口转移势必会拉大男性婚姻挤压的城乡差异。[4]

---

① 刘爽、蔡圣晗：《谁被"剩"下了？——对我国"大龄未婚"问题的再思考》，《青年研究》，2015年第4期。

② 果臻、李树苗、Marcus W.Feldman：《中国男性婚姻挤压模式研究》，《中国人口科学》，2016年第3期。

③ 于潇、祝颖润、梅丽：《中国男性婚姻挤压趋势研究》，《中国人口科学》，2018年第2期。

④ 于潇、祝颖润、阚兴龙：《中国男性婚姻挤压城乡差异研究》，《人口研究》，2019年第4期。

（二）婚姻挤压的地区差异

石人炳对我国台湾地区性别比失调的后果分析发现，性别比偏高导致经济落后地区女性外流严重，所以性别比失调的社会影响不仅具有时间上的持续性，还有空间上的扩散性特点。①通过2010年全国百村调查数据分析发现，中国农村地区婚姻挤压现象非常普遍，多数被调查村庄存在大龄未婚男性群体，西部地区尤为严重，大龄未婚男性分布的总体趋势是西部大于中部，中部大于东部。②果臻等对普查数据从时期角度分析，当前中国农村男性婚姻挤压区域分布相对集中并已出现扩散趋势。③

刘燕舞提出了"区域挤压"的分析框架，认为在高度经济分化的情况下，经济状况较差地区的女性向经济状况较好的地区流入，并通过婚姻嫁给经济状况较好地区的男性；反之，经济状况较好地区的女性鲜有嫁入经济状况较差地区的男性的情况。这种适龄婚姻年龄男女在经济状况较好与较差地区的双向非对称性流动所产生的婚配困难效应，就是区域挤压效应。区域挤压所产生的后果是，不管性别比是否失调，都会导致流出地适婚年龄的男性更有可能成为婚配困难的大龄未婚男性。④区域性的婚姻市场，即婚姻市场具有区域性，同时也由经济社会的差异带来了婚姻市场结构的不均衡性。经济发达的县市要比经济落后的县市具有地域优势，城市相比乡村也具有地域优势，这些地域优势在婚姻流动性增强的背景下自然转化为婚姻优势。⑤全国人口普查数据也显示，在远距离婚姻中，女性外嫁的情况多于男性"外嫁"的情况。在这种结构下，一个地区通婚圈的扩大意味着有更多的女性嫁入，而如果女性选择配偶时强调向上流动，则意味着通婚圈扩大的地方社会经济处于相对优势的地位。在城乡差异存在的情况下，通婚圈的扩大更显著的是城市通婚圈的扩大。⑥杨华提出，农村婚姻挤压是宏观层面的性别挤压、中观层

① 石人炳：《性别比失调的社会后果及其特点——来自对台湾人口的观察》，《人口研究》，2002年第2期。

② 靳小怡、郭秋菊、刘利鸽等：《中国的性别失衡与公共安全——百村调查及主要发现》，《青年研究》，2010年第5期。

③ 果臻、李树茁、Marcus W.Feldman：《中国男性婚姻挤压模式研究》，《中国人口科学》，2016年第3期。

④ 刘燕舞：《区域挤压：理解中国男性婚配困难的一个分析框架》，《北京工业大学学报（社会科学版）》，2022年第3期。

⑤ 朱战辉：《农村大龄未婚青年婚配困境研究》，《当代青年研究》，2019年第2期。

⑥ 周皓、李丁：《我国不同省份通婚圈概况及其历史变化——将人口学引入通婚圈的研究》，《开放时代》，2009年第7期。

面的梯度挤压和微观层面的竞争挤压三层机制相互关联和相互递进的结果，从全国农村实地调研结果来看，全国适龄未婚男性的分布，从西部到东部呈阶梯状，西部农村的适龄未婚男性数量最多，中部农村次之，东部农村最少。西南和西北农村的适龄未婚男性最集中，中部农村的适龄未婚男性现象主要散落在经济落后的山区，平原丘陵地带的适龄未婚男性相对较少，东部发达地区农村较少有适龄未婚男性现象，倒是因为大量适婚女性流入而使当地女性资源出现过剩的情况。①

（三）通婚圈及其对婚姻挤压的影响

社会学有关通婚圈的研究很多是利用问卷调查来测量通婚距离的远近，进而分析某一地区的通婚圈的结构、大小及其因社会变迁而出现的变化。关于改革开放以来通婚圈的变迁态势有三种结论：婚姻圈在缩小、婚姻圈在扩大、婚姻圈没有变化。吴重庆通过对村庄通婚地域的个案调查发现，随着社会变迁，当地婚姻圈呈缩小的趋势。②邱泽奇和丁浩也发现农村婚嫁距离逐渐缩短，近距离婚嫁随年龄组的下降渐有加强。③新山也认为农村通婚圈出现内卷化趋势。④由雷洁琼主持的"经济体制改革以来农村婚姻家庭的变化"课题组研究发现，农村的婚姻圈并没有随着改革开放发生明显的变化。⑤唐利平认为，上述研究结论上的差异在于各研究者的调查时间不同、调查点选择不同，甚至调查的角度也不同。⑥

多数学者认为，随着社会的变迁中国通婚圈在不断地扩大。梁海艳和徐淑娴提出，就全国范围来讲，通婚圈存在明显的扩张特征：一是广域的跨省通婚比例越来越高，狭域的村内通婚比例越来越低；二是"同县（区）不同村（街道）通婚"取代了20世纪90年代以前"同村（街道）通婚"的优势地位。⑦周皓和李丁利用人口普查数据测量我国不同省份的通婚圈大小发现，多数地区的异地婚姻比例近年来都在增加，通婚圈在不断扩大，尤其是北京、

①杨华：《农村婚姻挤压的类型及其生成机制》，《华中农业大学学报（社会科学版）》，2019年第4期。
②吴重庆：《社会变迁与通婚地域的伸缩——莆田孙村"通婚地域"调查》，《开放时代》，1999年第4期。
③邱泽奇、丁浩：《农村婚嫁流动》，《社会学研究》，1991年第3期。
④新山：《婚嫁格局变动与乡村发展——以康村通婚圈为例》，《人口学刊》，2000年第1期。
⑤雷洁琼：《改革以来中国农村婚姻家庭的新变化》，北京大学出版社1994年版，第123—155页。
⑥唐利平：《人类学和社会学视野下的通婚圈研究》，《开放时代》，2005年第2期。
⑦梁海艳、徐淑娴：《地理通婚圈变迁与跨省通婚的影响因素研究——基于中国家庭生育决策机制调查数据的分析》，《人口与社会》，2021年第5期。

上海、天津等大城市的跨省婚姻的比例达到了20%以上，东北三省以及民族大省的省内异地通婚情况比较多；以江苏、浙江、广东、海南、重庆为代表的经济发展区跨省婚姻快速增长有追上和超过省内异地婚的趋势；安徽、福建、江西、山西、甘肃等地，省内异地婚增加较快。河北、山东、河南、陕西、湖北、湖南、广西、四川、云南等人口流出大省，省际异地婚和省内异地婚同步增长。[①]不同区域流动人口之间的通婚地域模式具有显著的差异，东部地区的跨省通婚明显高于东北地区和西部地区，中部地区处于最低水平。地理通婚圈的空间圈层结构不但呈现出"空间等级分层"的物理结构，而且不同圈层本身的结构形态也存在显著的差异。地理通婚圈结构自内向外，出现了通婚圆→通婚弧→通婚点的梯度演化，即通婚圈空间结构随地理距离的增加出现由连续型向散点式梯度变化。此外，通婚圈在向外扩展的过程中，并不是由通婚中心向不同方向均衡地扩展，而是表现出一定的方向偏好，由圆形结构向椭圆形结构演变，即不同方向的扩展距离存在显著的差异。[②]刘传江认为，农村地区通婚圈扩大的特征非常明显。[③]艾大宾等也发现，农民通婚地域范围总体上呈逐渐扩大的趋势，改革开放尤其是市场经济体制建立以来，这一态势更加明显。经济因素在农村居民婚姻迁移的空间流向和地域选择中起着核心作用，且在市场经济条件下这种作用越来越突出。[④]

　　学者普遍强调人口迁移流动导致了通婚圈扩大。因外出务工发生的流动也给个体提供了在流出地婚姻市场之外结识更多异性的机会，可供选择的配偶范围更广，跨地区通婚的可能性更高。邓智平认为，人口迁移流动使人们交际圈的迅速扩展，通婚圈也随之逐渐扩大。[⑤]梁海艳提出，主要是人口迁移流动促进了地理通婚圈的扩展[⑥]，对城市未婚青年意愿通婚圈和初婚青年现实通婚圈的扩大都具有明显的促进作用。[⑦]段成荣和梁海艳研究发现，新生代

---

　　① 周皓、李丁：《我国不同省份通婚圈概况及其历史变化——将人口学引入通婚圈的研究》，《开放时代》，2009 年第 7 期。

　　② 梁海艳、代燕、骆华松：《中国流动人口通婚圈地域结构分析》，《南方人口》，2017 年第 2 期。

　　③ 刘传江：《择偶范围与农村通婚圈》，《人口与经济》，1991 年第 4 期。

　　④ 艾大宾、李宏芸、谢贤健：《农村居民婚姻迁移空间演变及内在机制——以四川盆地为例》，《地理研究》，2010 年第 8 期。

　　⑤ 邓智平：《打工妹的婚姻逆迁移研究》，《社会》，2004 年第 7 期。

　　⑥ 梁海艳：《人口迁移流动对地理通婚圈的影响——基于中国第三期妇女地位调查数据的分析》，《人口与社会》，2020 年第 5 期。

　　⑦ 梁海艳、阳茂庆：《城市青年通婚圈变化及其影响因素研究——基于中国青年状况调查数据的实证分析》，《人口与发展》，2014 年第 3 期。

流动人口的地理通婚圈主要在省内同县市范围内，与以往的本乡范围为主相比，通婚圈有了明显的拓展。新生代与老一代相比，也出现了明显的扩展趋势。流动后结婚的通婚圈比流动前结婚的相对较大。①

通婚圈扩大对农村地区的婚姻挤压有直接影响。随着男性"婚姻挤压"日趋严重，再加上庞大的城乡流动人口规模不断扩大，婚姻挤压下农村人口的婚姻策略和婚姻质量面临更加复杂的局面和更加严重的冲击。②石人炳调查发现，农村青年外流对地区婚姻问题影响较大，贫困地区女青年婚姻迁移导致当地男性青年成婚困难。③刘燕舞提出，现在的婚姻圈是一个以传统的婚姻圈为内围、以扩及全国乃至全球的婚姻圈为外围的"双圈结构"，内、外圈在婚配中所占的比例约为8:2，因外围婚姻圈导致的传统婚姻圈内女性资源的流失，就可造成传统婚姻圈内近10%的男性无法娶到妻子，农村男性青年面临着婚姻圈的持续扩大造成婚姻资源的不对称性流动和出生人口性别比长时期严重失调的双重挤压。④

（四）婚姻迁移及其对婚姻挤压的影响

学者普遍认为，婚姻迁移的流向相对固定、单一。学者的研究发现，在农村婚姻市场，妇女资源形成特定的配置格局：边远农村—平原农村—城郊农村—城市。⑤也有学者指出，婚姻迁移存在"梯度"迁移的特征，并且以逐级梯度为主。婚姻迁移并非农村女性进入大城市的跳板，大城市更多的婚姻迁移者来自城镇，婚姻迁移人员无论男性还是女性，在教育程度和收入上不仅超过其他迁移人口，也高于当地整体水平，而且在职业获得和工作单位方面优势明显。⑥

我国婚姻迁移的整体趋势是跨省婚姻迁移不断增多，迁入地主要集中于经济发达地区。第四次全国人口普查资料显示，婚姻迁移占省际迁移量的14.2%，居省际迁移的第三位，全国婚姻迁移人口中，女性占90.8%，婚姻迁

---

① 段成荣、梁海艳：《青年流动人口通婚圈研究》，《南方人口》，2015 年第 3 期。

② 靳小怡、李成华、李艳：《性别失衡背景下中国农村人口的婚姻策略与婚姻质量——对 X 市和全国百村调查的分析》，《青年研究》，2011 年第 6 期。

③ 石人炳：《青年人口迁出对农村婚姻的影响》，《人口学刊》，2006 年第 1 期。

④ 刘燕舞：《农村适龄未婚男性的类型研究——一种人口社会学的分析》，《中国农业大学学报（社会科学版）》，2011 年第 3 期。

⑤ 桂华、余练：《婚姻市场要价：理解农村婚姻交换现象的一个框架》，《青年研究》，2010 年第 3 期。

⑥ 倪晓锋：《大城市婚姻迁移的区域特征与性别差异——以广州市为例》，《中山大学研究生学刊（社会科学版）》，2007 年第 4 期。

移表现出高度的性别选择性，而且这种选择性还表现在流向上，即主要由中西部向东部流动，全国11个女性净迁入省区中就有9个位于沿海，它们合计竟占女性净迁入省区净迁入量的97%。正是由于这种迁移的高度选择性，使女性婚姻人口的大规模迁移有可能对迁入地、迁出地的社会发展产生深远的影响。女性婚姻迁移中，有很大比例是来自不同地区的农村之间的流动，对我国农村相对稳定的婚姻结构产生了较大的影响。[1]从全国第六次人口普查数据中可以发现，在婚姻迁移的流向上，北京、上海、天津是极高迁入区，而安徽、江西、湖北、河南、湖南、湖北、四川、贵州和广西等省区是较高迁出区；在迁移强度上，北京、上海是强势吸引区域，而安徽、江西是强势扩散区域。我国婚姻迁入与迁出的空间模式，山西、重庆为核心邻近近距离模式，而山东、海南为主导非邻近远距离迁入模式；河北、安徽为核心邻近近距离迁出模式，江西为主导邻近近距离迁出模式。[2]我国省际婚姻净迁出相对集中在中西部省份，呈现团块状特征；东部省份为净迁入地区，均为经济发达省份。北京和上海是我国青年人口婚姻迁移的强势吸引区域，安徽和江西是强势扩散区域。经济因素对婚迁空间选择具有正向作用。[3]

婚姻迁移也存在地理区位、行政层级等方面的匹配。有调查研究发现，婚姻迁移的空间模式仍以同类匹配模式为主，即绝大多数婚姻移民仍与持同类户籍的居民结婚。目前，行政层级对居民婚姻匹配的分割作用十分明显，东、中、西部的区域等级对婚姻匹配的分割效果也很明显。婚姻匹配模式在地理区位上存在"梯度"，从跨城乡通婚比例的性别差异来看，农村女性在婚姻市场中比农村男性更有可能与城市居民通婚；从跨城乡通婚比重的变化来看，"非农男性与农业女性"的婚配比重仍然高于"农业男性与非农女性"的组合，更多的来自地级市以下地区的女性在婚姻迁移中迁入了地级市及以上的行政层级，说明女性及非农户籍男性在婚姻市场中处于有利地位，很多女性在婚姻迁移中实现了"上嫁"。总体上，由于女性可以"上嫁"到区位较优越的地区，目前婚姻匹配存在空间极化的趋势，其中区位较差地区的男性有可能陷入婚姻挤压形势不断恶化的发展困境。[4]

---

[1] 程广帅、万能：《农村女性婚姻迁移人口的成因及影响》，《西北人口》，2003年第4期。

[2] 郭永昌、丁金宏：《中国省际人口婚姻迁移的空间模式研究》，《干旱区资源与环境》，2015年第3期。

[3] 郭永昌、邓志强、丁金宏：《青年人口省际婚姻迁移的空间选择与影响因素分析》，《中国青年研究》，2014年第7期。

[4] 王丰龙、何深静：《中国劳动力婚姻匹配与婚姻迁移的空间模式研究》，《中国人口科学》，2014年第3期。

　　婚姻迁入从市内互迁到省际迁入呈现由大到小的梯度格局。城乡婚迁中农业户占67.9%，省际城乡迁移中农业户占68.2%，户口性质的梯度特征明显。婚迁者存在从城市到乡村受教育程度由高到低的推移递变规律。城市内部及城乡婚迁趋向于就近级别职业的婚配，城乡之间就近职业迁移极其普遍，职业间大跨度的婚迁极其稀少。[①]

　　由于传统"男高女低"婚配模式的普遍存在，经济落后农村地区的女性因婚迁流出的现象更加普遍，农村女青年按特定流向的婚姻迁移，打破了人口的地域性别比例，在总体婚姻挤压的情况下，必然造成流出地区的人口性别比例严重失调，使男性婚姻挤压风险最终由较发达农村地区向较落后农村地区转移。[②]有学者称这种现象为"婚姻地域挤压"。[③]还有学者指出，由于女性可以"上嫁"到区位较优越的地区，目前婚姻匹配存在空间极化的趋势。[④]也有学者指出，婚姻"梯度迁移"不仅导致农村地区特别是贫困地区成为婚姻挤压的直接受害区，而且可能导致农村地区"弱势积累"问题。[⑤]

（五）婚姻挤压地区差异的影响

　　邓希泉分析认为，婚姻挤压导致家庭结构的脆弱化，加剧阶层分化的全面化并使分化结果固化，造成地区和城乡间人口、经济和社会发展进一步失衡，导致社会秩序和社会问题日益复杂，进而影响社会稳定。[⑥]经济落后地区的婚姻挤压问题，不是完全由性别不平衡产生的，本质上是社会资源占有的地区之间不平等的延伸，婚姻资源的分配并没有摆脱其"魔掌"，而是进一步加速固化了差距。

　　婚姻挤压严重的地区，会出现不良的婚姻策略，影响婚姻质量。靳小怡等利用2009年X市农村流动人口调查和2010年全国百村调查数据发现，男性婚姻挤压对农村人口婚姻策略的影响初露端倪，包括人口平均初婚年龄下降，早婚现象有所增多；夫妻年龄差扩大，老夫少妻比例增多；通婚圈扩大，跨市通婚比例增多；遭受婚姻挤压的农村男性的初婚年龄没能下降，

----

①郭永昌、丁金宏、黄云：《大城市人口婚姻迁移的城乡梯度特征——以上海市黄浦区为例》，《城市问题》，2014年第8期。

②陈友华：《中国和欧盟婚姻市场透视》，南京大学出版社2004年版，第277—281页。

③何生海：《婚姻地域挤压的社会学分析》，《贵州大学学报（社会科学版）》，2012年第1期。

④王丰龙、何深静：《中国劳动力婚姻匹配与婚姻迁移的空间模式研究》，《中国人口科学》，2014年第3期。

⑤桂华、余练：《婚姻市场要价：理解农村婚姻交换现象的一个框架》，《青年研究》，2010年第3期。

⑥邓希泉：《婚姻挤压对社会稳定的影响研究》，《青年探索》，2010年第6期。

晚婚的可能性更高。研究还发现，男性婚姻挤压明显降低了农村人口婚姻质量，遭受婚姻挤压的男性婚姻满意度更低、婚姻稳定性更差、家庭暴力的发生率更高。[①]宋月萍和张婧文利用第三期中国妇女社会地位调查和第六次全国人口普查数据进行实证分析发现，在婚龄期性别比偏高地区的妇女将更有可能遭遇家庭暴力的伤害，加剧女性遭受不同类型的身体暴力和精神暴力的风险，以夫妻间阶层差、年龄差为主要体现形式的异质婚姻可能是加剧家庭暴力发生的原因之一。[②]

二、对已有研究的评价

综合上述研究内容，对于开展婚姻挤压空间分布格局研究，能够提供多方面的研究基础和多角度的研究启迪，但是整体来看，关于婚姻挤压空间分布格局的研究还存在较多不足。

（一）关于婚姻挤压空间分布的内容还较为单薄

对于涉及婚姻挤压空间分布的研究，其内容多是以理论上的探讨为主，辅以有限的数据支持，但是对于婚姻挤压空间分布的内容未做详细的描述和分析。学者已经意识到了社会底层承担婚姻挤压苦果这种可能，但这多数是理论推理猜测的结果，其意义在于引起人们思想上的重视，缺少对实际的详细情况的把握，因此对现实的指导意义不强。有部分学者已经具体分析少数民族地区农村男性出现的婚姻挤压现象，这种属于以个别地区的情况以偏概全，到目前为止还没有全国分地区的婚姻挤压状况的全面分析。

此外，部分研究分析了城乡之间婚姻挤压的差异，这属于婚姻挤压空间分布差异研究内容的一部分。但这些研究只是分析了城乡的整体差异，没有分析各地区的城乡差异状况是否也存在差异。实际上，具体到一个地区时，其城乡差异形势可能与全国的整体形势大相径庭，因此这些研究的指导意义也不强。

总之，关于婚姻挤压空间分布的内容，我国不同地区之间的婚姻挤压严重程度到底有多大差距？是否已经出现了婚姻挤压向经济落后地区底层的情况？这些都需要用数据对各地区的婚姻挤压状况做全面的分析，而不能仅限

---

① 靳小怡、李成华、李艳：《性别失衡背景下中国农村人口的婚姻策略与婚姻质量——对 X 市和全国百村调查的分析》，《青年研究》，2011 年第 6 期。

② 宋月萍、张婧文：《越少就会越好吗？——婚姻市场性别失衡对女性遭受家庭暴力的影响》，《妇女研究论丛》，2017 年第 3 期。

于理论的推理猜测或者以个别地区的情况以偏概全。

（二）关于婚姻挤压空间分布格局作用机制的理论框架需要梳理

第一，当前的研究中，在分析婚姻挤压的原因时，一般只强调将婚配性别比攀升、婚配模式、人口迁移流动几个方面，也有学者提出了理论解释模型，包括婚姻梯度选择规律、区域挤压等，其核心都是婚姻梯度选择的基本逻辑，所以最终得出的都是婚姻挤压向经济落后地区转移的结论。但是，单靠婚姻梯度选择规律无法完成对婚姻挤压空间分布格局的解释。

第二，现有研究在分析婚姻挤压状况时，往往只将性别比攀升作为背景因素，而忽略了其具体作用，更忽略了性别比失衡与其他影响因素之间的具体关系。比如，适婚年龄人口的性别比失衡对通婚圈扩大、婚姻迁移的强度是否有直接影响？

第三，现有研究对人口迁移流动的作用认识不够清晰。多数研究认为人口迁移流动能够减缓流入地的婚姻挤压而加重流出地的婚姻挤压，但这种观点是建立在诸多假定基础之上的。比如，迁移流动是以婚姻为目的的迁移流动，成婚则留，不成则返乡；再如，假定未婚男性会回流到农村等。但是，我国规模庞大的流动人口，其迁移流动的主要原因是工作就业，婚姻只伴随在工作就业迁移流动之中。现有人口迁移流动是男女都参与的迁移流动，并且以劳动年龄的年轻人为主，当前的流动人口主要是1980年以后出生的人，所以迁移流动人口的性别比也会比较高，再者新生代农民工留在城市生活的比例较高，而返回农村的比例较低，这种人口迁移流动模式会不会导致婚姻挤压最终是在作为人口流入地的城市形成集聚？这种可能性还一直没有引起学者足够的重视。

总之，婚姻挤压空间分布格局是性别比严重程度、经济社会发展水平、人口迁移流动的状况、通婚圈的状况等多方面因素作用的结果，应该做全面的分析，梳理出完整的理论框架。

（三）理论分析与实证分析的结合不够紧密

现有研究中关于婚姻挤压形成机制的理论分析较多，包括高期望择偶[①]、

① 苗国、黄永亮：《高期望择偶与低生育陷阱：当代青年婚育困境的社会学反思》，《中国青年研究》，2022年第5期。

婚姻市场层级化[①]、内卷与自治[②]、婚姻挤压的三个层级的作用机制[③]等，其理论框架观点的创新性、内容的完整性、分析的严谨性都有可取之处，并且是对婚姻挤压空间分布直接或间接关系的理论分析。但是，这些理论都是对已经处于婚姻挤压状态群体的理论解读，并没有实证分析的佐证。还有一部分研究重点关注男性过剩人口的特征和现状，但对于婚姻挤压的成因，特别是不同地区婚姻挤压的成因，理论性不强，没有提炼出系统的理论分析。因此，关于婚姻挤压尤其是婚姻挤压空间分布的理论分析与实证分析的结合不够紧密。

（四）没有应用地理空间分析研究方法

现有关于婚姻挤压的研究方法分为两类：一类是人口学方法，基于适婚人口的年龄结构、性别结构，测算一定婚姻模式下的婚姻挤压状况，计算男性过剩人口数量；另一类是运用调查数据分析过剩男性人口的个人与社会特征。对于前者，仅仅能够根据性别比失衡状况计算出受挤压人群的规模，并没有全面分析中国地区之间婚姻挤压程度的差异，无法明晰过剩人口的分布状况。对于后者，能够发现受婚姻挤压影响过剩人口存在的一些问题，但对于婚姻挤压空间分布没有直接的作用。总之，这些研究方法都无法满足婚姻挤压地理空间分布的研究需求。因为婚姻圈之间相互交叉、相互影响，人口迁移流动、通婚圈扩大、婚姻迁移增加会导致其他通婚圈内性别结构的改变，所以，一个地区的婚姻挤压状况会受到其他地区婚姻挤压状况的影响。这就需要运用能够证明空间关联性的方法来分析婚姻挤压的地区分布状况。空间自相关、空间回归模型等地理分析技术是分析空间关联性很理想的方法，但到目前为止还没有被采用。

（五）对婚姻挤压空间分布格局的影响认识不清

现有研究对婚姻挤压空间分布格局的影响主要集中于个体层面和社会层面的影响。个体层面的影响一般是基于当前大龄未婚青年的生存状况所做的调查研究；而社会层面的影响多数是推论性的论述，还有待开展深入研究。更为关键的是，婚姻挤压地区差异的影响，与婚姻挤压本身的影响是有区别的，现有研究中真正与婚姻挤压地区差异的影响有关的，只是笼统地提出了

---

① 栗志强：《农村青年婚姻市场层级化的社会学分析》，《当代青年研究》，2013 年第 3 期。
② 刘中一：《性别失衡地区的婚姻生态：内卷与自治》，《学术交流》，2021 年第 5 期。
③ 杨华：《农村婚姻挤压的类型及其生成机制》，《华中农业大学学报（社会科学版）》，2019 年第 4 期。

"弱势累积"的观点，对于具体影响或者不同地区影响程度的差异，还没有做深入的分析。

（六）改善婚姻挤压空间分布格局的对策研究非常薄弱

对于整个婚姻挤压研究来讲，学者用很大精力分析了婚姻挤压的原因是什么，到底会严重到什么程度，可能会产生什么影响，但是研究对策的几乎没有。不但没有改善婚姻挤压空间分布格局的对策，而且没有对如何减轻婚姻挤压的影响进行研究。其中，与婚姻挤压空间分布格局的相关研究更是如此，男性过剩人口的城乡差异、地区分布差异甚至婚姻单向迁移，都没有提出减轻其负面影响的对策。

总之，关于婚姻挤压空间分布格局的问题，还需要开展系统的研究，包括深入分析婚姻挤压空间分布的内容，梳理婚姻挤压空间分布格局作用机制的理论框架，紧密结合理论分析与实证分析，运用地理空间技术对区域之间婚姻挤压状况及其关联做深入研究，还包括分析婚姻挤压空间分布格局对人口、经济、社会发展的影响，并提出改善婚姻挤压空间分布格局的对策建议。

第三节　研究目标

本书的预期目标是，运用地理空间分析技术分析中国婚姻挤压在地理空间上的分布特征及其在时间上的演变过程。

由于婚姻的选择匹配都是在一定的地域内完成的，即在一定的地理通婚圈内实现的，但中国幅员辽阔，地区之间、城乡之间的人口年龄性别结构特征存在较大差别。在婚姻挤压不同加重的总体趋势背后，各个地区之间婚姻挤压形势会存在差异。因此，只有将婚姻挤压的研究范围缩小到一定的地区内，探讨地区间婚姻挤压状况的差异，才能真正认识中国婚姻挤压的复杂形势。纵向来看，各地区的婚姻挤压状况是不断变化的，还需要从动态的视角审视中国婚姻挤压的空间格局问题。归根结底，分析中国婚姻挤压在空间上的分布特征和演变趋势，才能真正认识中国婚姻挤压的复杂形势及其发展走向。最主要的是通过分析不同地区婚姻挤压状况的差异，判断中国整体上是否已经出现了严重的婚姻挤压向个别地区集聚的情况，以便国家和社会采取相应的预防措施，避免矛盾的积累和激化。

第四节　研究内容

一、研究对象

中国婚姻挤压的空间分布特征和演变趋势，最核心的是，基于多次人口普查数据，运用空间自相关分析、空间回归模型等研究方法，对1990—2020年各省乃至各县的婚姻挤压状况做详细分析，全面描述婚姻挤压空间分布的不均衡性、空间集聚程度及其演变趋势，研究导致婚姻挤压空间集聚的因素，探讨婚姻挤压空间集聚的影响，并提出应对策略。

二、研究思路

在国内外已有相关研究的基础上，借助性别比、婚姻市场、婚姻选择、婚配匹配、通婚圈人口迁移等基本理论，形成关于婚姻挤压空间格局研究的理论框架，提出测度婚姻挤压空间分布的指标。在理论框架的指导下，针对各项指标，运用不均衡指数测量、空间自相关分析等方法，分析中国各地区婚姻挤压的差异，总结在时间上的演化规律。运用空间回归分析模型揭示影响中国婚姻挤压空间分布格局的因素，并展望婚姻挤压空间分布格局的走势及其影响，提出应对这一严峻挑战的对策建议。研究思路见图1-2。

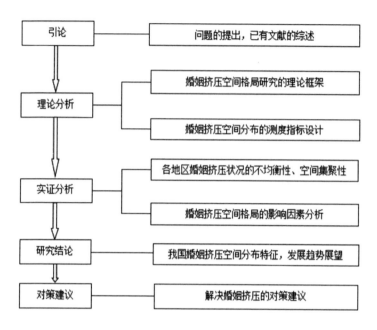

图1-2　研究思路示意

三、研究框架

本书中研究的总体框架，大致包括七个部分。

第一，婚姻挤压空间分布的理论框架与测度指标设计。根据婚姻挤压的相关理论，形成关于婚姻挤压的原因及其作用机制的理论观点，梳理出婚姻挤压空间格局研究的理论框架，明确适用于测度婚姻挤压空间分布的指标。

第二，中国婚姻挤压的总体形势及变化历程。从人口性别比、未婚人口性别比和单身人口性别比等多个角度分析1990年以来的中国婚姻挤压的总体状况和变化历程。

第三，中国婚姻挤压的空间分布基本状况。根据历次人口普查数据，分省、分城乡和分县描述分区域的婚姻挤压状况。

第四，中国婚姻挤压空间分布的不均衡性分析。运用泰尔指数、基尼系数、不均衡系数等，多角度描述各地区婚姻挤压的不均衡程度。

第五，中国婚姻挤压的空间集聚状况分析。运用空间自相关分析方法判断各地区婚姻挤压、男性过剩人口是否存在空间集聚性。

第六，中国婚姻挤压空间分布格局的影响因素。运用空间回归模型，分析婚姻挤压空间分布格局的影响因素。

第七，中国婚姻挤压空间分布格局的影响和对策建议。分析婚姻挤压在地区之间不均衡性的影响，提出缓解婚姻挤压空间分布不均衡性及其负面影响的对策建议。

四、研究重点和难点

本书研究的重点是，运用地理空间分析技术，分析婚姻挤压空间分布的特征及其1990年以来的演变趋势。完成这项研究存在三个难点。

一是难以设计测度分区域婚姻挤压状况的指标。这方面已经有多个测度婚姻挤压的指标可供借鉴，包括婚龄人口性别比、未婚人口性别比、婚配性别比和婚姻指数等，但是确定一个既能够综合、简明地反映婚姻挤压状况，又能确保数据易得的指标，需要进行慎重的选择与科学的设计。

二是运用地理空间分析方法的难度较大。地理空间分析一般借助ArcGIS分析工具，对地图底图的要求较高。本书中研究分析的数据涉及1990年、2000年、2010年和2020年四次全国人口普查的数据，有些分析需要细化到县级，涉及的数据非常多，收集数据的难度也非常大。这次研究的时间跨度长达40年，这期间发生的行政区划调整也会增加分析的难度。

三是需要从多个方面对婚姻做空间分析。在分析具体地区时，尤其是县级，由于人口数量较少，其人口性别比容易出现极值，所以在分析中除了要分析性别比，还要分析男性过剩人口数，使分析结果更全面、可信，但这也会增加研究的难度和工作量。

第五节 研究方法

一、理论分析法

根据人口学中关于人口年龄和性别结构的理论、人口迁移流动的理论，以及关于婚姻圈、婚姻匹配模式、择偶标准等方面的理论，形成特定区域内婚姻挤压影响因素的理论框架。

二、统计分析方法

根据历次人口普查分年龄、性别、人口数及其他相关数据，运用未婚人口性别比、男性过剩人口数量等指标，分析婚姻挤压的总体形势和变化状况。

三、地理空间分析法

本书中主要借助ArcGIS和GeoDa分析工具，运用空间自相关分析方法分析婚姻挤压是否存在区域相关性，运用空间回归模型分析婚姻挤压空间差异的影响因素。

第二章 婚姻挤压空间分布的理论框架与测度指标

婚姻挤压空间分布的理论框架与测度指标是婚姻挤压空间分布格局研究的基础。在现有关于婚姻挤压的基本概念和相关理论的基础上,梳理婚姻挤压空间分布的形成机制,梳理出婚姻挤压空间分布的理论框架。对比测度婚姻挤压的常用指标,根据需要从中选择并确定合适的指标。

第一节 关于婚姻挤压的基本概念

一、婚姻挤压

婚姻挤压是指在适婚年龄的男女两性同期群中出现的数量不平衡现象,表现为男性相对不足或女性相对不足。[①]婚姻挤压的具体表现为,数量较多的一方出现结婚困难,其中部分人口无法在年龄相仿的异性群体中按照普遍标准择偶,甚至可能终身无法结婚。

婚姻挤压可分为男性婚姻挤压与女性婚姻挤压。当适婚年龄人口中,出现男性过剩、女性短缺时,就称为男性婚姻挤压。反之,男性短缺、女性过剩就是女性婚姻挤压。

婚姻挤压还可分为静态婚姻挤压与动态婚姻挤压。对比婚龄期所有男性和女性人口的数量,不管其是否已婚,这样判断的婚姻挤压都是静态婚姻挤

---

① 佟新:《人口社会学》,北京大学出版社 2010 年版,第 236 页。

压。如果仅仅对比单身状态的男性和女性人口，包括未婚、离婚和丧偶，这种情况下的婚姻挤压就属于动态婚姻挤压。前者考察的是适婚男性或女性人口在择偶过程中可能遇到的潜在压力，后者考察的是婚龄未婚男女人口的动态平衡过程。

二、婚姻市场

在分析婚姻挤压时经常用到"婚姻市场"的概念。婚姻市场就是把处于适婚年龄的两性人口数量的对比关系，类比成市场上的供求关系，使对择偶结婚这种社会行为的分析更加形象化。所以，婚姻市场是指婚龄期男性和女性择偶关系的总和，表现为在一定的时间和范围内，在婚姻领域人们对婚姻配偶的供给和需求的关系[①]，它是从宏观上关注结婚的难易程度和配偶的可获得性的一个概念。

贝克尔认为，"婚姻市场"这个术语是一个隐含比喻，它表明人类婚姻具有高度的系统性和组织性。一个有效的婚姻市场会提供"影子"价格，以指导婚姻参加者，使结婚的预期收益最大化。一个有效的婚姻市场总是有完全相称的婚配，高质量男子和高质量女子结婚，低质量男子和低质量女子结婚。

从个人角度来看，婚姻市场比较符合择偶的实际情形。一个人在进入婚龄后，就自觉或不自觉地置于婚姻市场这种假设的婚姻"交易场所"中，在婚姻配偶的供给和需求体系中进行竞争、比较、选择和匹配。

三、婚姻模式

婚姻模式是描述同期群结婚过程的术语，是一个多维度的概念合集，包括结婚年龄、结婚速度、结婚水平等多方面的特征。描述婚姻模式的指标主要有开始结婚的年龄、平均结婚年龄、结婚峰值年龄、年龄别结婚率、年龄别结婚率峰值、年龄别离婚率、年龄别再婚率、终身不婚率等。

结婚分为初婚和再婚。初婚是指男方或女方第一次结婚。鉴于婚姻类型中初婚占了绝大部分，所以有些情况下只关注同期群的初婚模式。初婚模式包括的指标有初婚年龄、平均初婚年龄、初婚峰值年龄、年龄别初婚率、年龄别初婚率峰值、终身不婚率等。韦艳等通过分析历次人口普查数据发现，

---

① 郭志刚、邓国胜：《中国婚姻拥挤研究》，《市场与人口分析》，2000 年第 3 期。

中国初婚模式的基本特征是：初婚概率不断下降，峰值年龄有所推迟，男女未婚比例均保持较低水平，中国仍然属于普婚型社会；男性未婚水平较高的情况一直存在，而女性近年来初婚水平下降非常明显。[1]

四、择偶标准

择偶标准是指个体选择结婚对象的条件或要求[2]，包括政治因素如社会地位和政治立场，经济因素如财产多寡与经济状况，以及其他诸如门第高低、家庭背景、受教育程度、文化修养、职业、年龄、性格、爱好、贞操、道德品质、有无爱情等因素的重视程度。[3]由于婚姻是满足两性生理、物质和精神多元需求的行为，人们在择偶时不会仅仅关注对方某一方面的条件，而会形成多重性、综合性的择偶标准，着重强调的几个方面条件是：经济社会条件（如经济基础、住房、车、收入、职业和文化程度等）、人品个性（如责任心、重情专一、真诚、正直、善良、事业心等）、外表和健康状况（如年龄、相貌、身高、健康状况等）、双方是否相容互补等。

五、婚姻匹配模式

婚姻匹配模式，也称"婚配模式"，描述的是夫妻双方的特征对比，包括年龄、相貌、职业、文化程度、收入、社会地位、家庭经济状况、家庭社会地位等方面。婚姻搜寻过程体现了个人在婚姻市场上比较、选择的过程，个体首先根据一系列标准（如年龄、家庭背景、职业、教育等）划定自己的择偶范围，其次依据爱情或者互补性的原则选定自己的伴侣。

传统社会中，婚姻匹配关系更多地表现为夫妇双方家庭社会经济地位的对等，也就是"门当户对"。现代社会中，随着大众教育、城市化等元素的发展，家庭社会背景对子女婚姻选择的决定性作用开始减弱，婚配主体的自主性显著提升。[4]在某种意义上，婚姻配对的内婚性程度与代际的社会流动性、阶层间社会交往程度一起构成了测量社会开放性程度的三大主要指标。[5]如果婚姻都是由社会地位完全相同的男女互相结合而成的，那么既有的社会

---

① 韦艳、董硕、姜全保：《中国初婚模式变迁——基于婚姻表的分析》，《人口与经济》，2013年第2期。

② 徐安琪：《择偶标准：五十年变迁及其原因分析》，《社会学研究》，2000年第6期。

③《中国大百科全书·社会学卷》，中国大百科全书出版社1991年版，第96页。

④ 徐安琪：《择偶标准：五十年变迁及其原因分析》，《社会学研究》，2000年第6期。

⑤ 李煜：《婚姻匹配的变迁：社会开放性的视角》，《社会学研究》，2011年第4期。

不平等将完整地在家庭地位结构中被复制出来，并将通过代际传递将既有不平等结构复制到下一代，从而形成社会阶层"内卷化"。

婚姻双方的匹配包括年龄、社会地位、职业、教育、收入、种族、宗教等维度，还有空间维度的匹配和户籍匹配，同类婚成为当前婚姻匹配的主要模式。①但男高女低的向上婚也是普遍存在的。总体来看，婚姻匹配的主要模式是同类婚的前提下的"男高女低"的向上匹配模式，具体有三种情况。

一是社会整体上以同质婚为主，但除同质婚外，向上婚比例最高。受教育程度匹配，以男女相同比例最高；夫妻同岁的比例也是年龄匹配的类型中最高的。除此之外，受教育程度男高女低的比例明显大于女高男低的比例，年龄男大女小的比例远远大于男小女大的比例。

二是在同类婚中，普遍存在"男高女低"的向上匹配模式，即在属于同一档次的前提下，进行更细致的划分时是男高女低。比如双方是相同的受教育程度，但男方可能专业更好，或者学校更好，或者受教育质量更高。

三是多个维度相同，但个别维度存在男高女低。比如教育程度、职业层次相同，但年龄上男大女小。

六、通婚圈

通婚圈是用来表示某一社会群体成员婚配对象的来源范围的术语。通常所讲的通婚圈分为等级通婚圈和地理通婚圈两种。等级通婚圈关注的是"社会距离"，指人们的择偶范围被限定在一定阶层、种族、宗教和教育标准之内。等级通婚圈的特征与大小能够反映一个社会阶层化程度，以及社会集团之间的开放性或社会融合程度。地理通婚圈关注的是地理距离，指婚配对象来源的空间范围，能够反映某一区域内成员的婚配对象的地区来源情况。本书中的研究只分析地理通婚圈的内容。

考察地理通婚圈，一般关注婚嫁地域和婚嫁距离两个指标。地理通婚圈的变化意味着某一群体成员的"平均"择偶范围、通婚距离变大或变小。

在大规模打工经济兴起之前，农村地区还普遍保持着在传统农业社会基础上形成的稳定且范围有限的通婚圈。农村青年婚配普遍是在几公里最多几十公里范围内的通婚圈中完成的。②随着经济联系的扩展和交通的日趋便利，通婚圈明显呈现逐渐扩大的趋势，通婚半径不断扩大，跨县、跨省婚姻的比

---

① 朱梦冰：《婚姻匹配的研究进展》，《经济学动态》，2017年第6期。
② 刘传江：《择偶范围与农村通婚圈》，《人口与经济》，1991年第4期。

例明显逐步提高。但是，通婚圈这一现象还是明显存在的，多数人会在自己生活的一定地理范围内择偶的特征并没有改变，多数人的通婚圈保持在自己生活范围一定半径内的特征也依然没有改变。

通婚圈不但范围不确定，其形状也未必是圆形。有学者研究发现，通婚圈在向外扩展的过程中，并不是由通婚中心向不同方向均衡地扩展，而是表现出一定的方向偏好，不同方向的扩展距离存在显著的差异。[①]所以通婚圈可能是圆形结构，也可能是椭圆形结构，还可能是其他不规则的形状。

七、区域性婚姻市场

区域性婚姻市场是一个和通婚圈存在紧密联系的概念。之所以称为区域性婚姻市场，是因为通婚圈为扩展性与有限性的一种平衡。其扩展性体现在：传统通婚圈的通婚半径一般非常小，通常在十公里之内；而现代社会的通婚范围，由于交通、通信的便捷和人口迁移流动的频繁而得到了明显的扩大，已经扩张到几十公里甚至上百公里的范围。但是，通婚范围也不是无限扩大的，存在一定的范围。2000年第五次全国人口普查数据显示，所有婚姻单元中，夫妻双方有一方来自其他县市甚至其他省份的比例占七分之一左右。并且，其中约六成是省内跨县婚姻，只有约四成是跨省婚姻。就时代发展来看，省内异地婚姻的比例在各个年代都多于省际异地婚；在增长趋势上，两种婚姻呈现出平行增长的态势。[②]这就表明中国目前还没有形成全国范围内的婚姻市场，而仅仅是区域性的婚姻市场。

就像通婚圈一样，区域性婚姻市场也没有明确的界限，各个地区都有以自己为中心的具有一定半径的大致范围作为区域性婚姻市场，其形状也未必规则，正如通婚圈形状未必规则一样。

第二节 关于婚姻挤压的相关理论分析

人口状况是形成婚姻挤压的基础，经济社会原因是形成婚姻挤压的外在条件，二者相互作用导致了婚姻挤压的形成和变化。

① 梁海艳、代燕、华松：《中国流动人口通婚圈地域结构分析》，《南方人口》，2017年第2期。

② 周皓、李丁：《我国不同省份通婚圈概况及其历史变化——将人口学引入通婚圈的研究》，《开放时代》，2009年第7期。

一、婚姻挤压的人口学原因

Avigdor Beiles认为，在不考虑国际迁移的情况下，三个因素可以解释婚姻市场不平衡：一是出生性别比偏离正常范围形成的人口性别结构；二是人口规律的作用，即分年龄死亡率的性别差异；三是出生人数的波动形成的人口年龄结构和夫妇年龄差。这三个方面分别称为性别结构因素、人口规律因素和年龄结构因素。如果分区域研究婚姻挤压的成因，就不能忽视人口迁移流动的作用。因此，形成婚姻挤压的人口学原因应该有四个。

（一）出生人口性别比失衡

出生人口性别比，是指一定时期内出生男婴总数和女婴总数的比值，通常用每100名女婴所对应的男婴数来表示。正常情况下，正常的婴儿出生性别比应该在105左右，一般认为是103—107。由于男性人口自出生开始其每一年龄的死亡率就比同龄的女性略高（这一点称为"女性生存优势"），到结婚年龄段时，同龄的男性人口与女性人口数量基本持平，所以婚姻市场上的男女比例大致平衡，不会出现婚姻挤压。但是，如果出生性别比高于107，仅仅依靠"女性生存优势"无法抵消男孩过剩，就会出现婚姻市场上的男性过剩，形成男性婚姻挤压。

（二）死亡率的性别差异

出生人口性别比决定了在生命的初始阶段男女的相对比例，而死亡率的性别差异影响了出生后的人口存活到进入婚姻市场的数量。如前所述，出生人口性别比略高于100的情况与女性生存优势相抵消，实现婚姻市场上的男女平衡。这就是死亡率的性别差异（男性死亡率高于女性死亡率）作用的结果。这一相互抵消的平衡机制，在20世纪初以前都保持得相当好。但是，20世纪以来，由于死亡率不断下降，男性死亡率比女性死亡率下降得更为明显，女性生存优势不再那么明显，以至于虽然没有出现出生性别比失衡的情况，但到结婚年龄时男性依然存在过剩的情况。

（三）出生人口数波动

由于夫妻通常并不是同龄的，而是存在夫妻婚龄差，一般情况下丈夫比妻子大2—3岁。25岁的男性通常会从22岁、23岁的女性群体中寻找配偶。当出生人口数出现波动时，相隔2—3岁的出生队列人口是不平衡的。如果出现了出生人口数下降，相对于男性人口，比他们小2—3岁的女性出生队列人口较少，就会出现男性婚姻挤压。相反，如果出现出生人口数增多，就会出现女性婚姻挤压。在现实社会中，男女结婚年龄和年龄差的分布趋于分散，所以出生人数的变化及夫妇年龄差对适婚年龄的男性和女性相对平衡的影响日益复杂。

（四）迁移流动人口的性别结构

人口迁移流动①所带来的人口区域再分布变化改变了不同地区婚姻市场上人口年龄性别比的结构。迁移流动对年龄和性别具有选择性。从年龄来看，中国的人口迁移流动一般是出于婚龄期的年轻人口，因此会对流入地和流出地的婚姻市场造成直接的冲击。至于是否会形成婚姻挤压，主要由于迁移流动的性别差异。男性外出和女性外出是随流入地的需求而变化的。改革开放之初，流入地需要最多的是从事重体力劳动的男性劳动力，这就会加重流入地的男性婚姻挤压。随着工厂和服务业对女工需求的增多，女性劳动力外流日益明显，这就会加重流出地的男性婚姻挤压。

从理论上分析导致婚姻市场上性别比失衡（性别比高于或低于100，即婚姻挤压）的原因，性别结构、年龄结构和夫妇年龄差三个因素共同构成了影响整体婚姻市场变化的内在动力，人口迁移流动则是影响区域性婚姻市场的"外在动力"，婚姻挤压的具体状况就是这四个因素共同作用的结果。

二、婚姻挤压的经济社会原因

有学者指出，婚姻挤压分为狭义的婚姻挤压和广义的婚姻挤压，狭义的婚姻挤压仅考虑男女人口数量的匹配和年龄差规范的规定性；而广义的婚姻拥挤不仅考虑男女量的匹配和年龄差规范的规定性，还考虑社会婚姻实施中实际存在的社会、经济、文化、民族等各种婚姻规范规定性。②经济社会因素（包括文化、政策因素）是影响婚姻市场变化的外生变量，会通过一些中介变量对婚姻挤压的严重程度造成影响。

①注："人口迁移"和"人口流动"本来是两个在理论上没有区别的概念，但在我国的语境中，"人口迁移"是指人口的居住地发生变化并且户籍登记做了相应变更的情况，而"人口流动"是仅有居住地变化但没有变更户籍登记的情况。本书中无须对两种情况做区分，所以统一用"人口迁移流动"的表述。而文中的"婚姻迁移"没有再用"流动"二字是由于结婚一般会随之变更户籍登记，符合人口迁移的概念。

②郭志刚、邓国胜：《中国婚姻拥挤研究》，《市场与人口分析》，2000年第3期。

（一）通过夫妻婚龄差影响婚姻挤压

夫妻婚龄差是婚姻匹配模式的一个方面，表示夫妻双方在年龄上的匹配模式。经济社会因素通过影响夫妇年龄差模式间接影响婚姻市场。处于婚姻挤压状态的男性，由于面临对应的女性队列人口的短缺，如果按传统的婚龄差择偶，一部分人就会难以找到配偶。随着年龄的增大，他们开始感受到社会、家庭的压力，意识到自己面临择偶困境，为此不得不改变对年龄的要求，从年龄更小的群体中去寻找配偶。因此，年龄的增大使夫妇年龄差扩大的空间也增大。

（二）通过择偶标准影响婚姻挤压

择偶标准具有多元性、综合性的特点，同时也具有一定的"弹性"。处于婚姻市场中的个体，会根据自身所处的地位、面临的竞争态势，对自己的择偶标准做出适当的调整。当出现男性婚姻挤压时，男性人口的择偶标准就会降低，而女性人口的择偶标准会有所提高；出现女性婚姻挤压时则相反。当然，随着婚姻挤压形势的日益严峻，女性择偶标准会越来越高，一方面是对某一方面要求比之前更高，另一方面是女性择偶标准越来越精细化、多元化，比如学历、家庭经济条件、个人能力、长相等都成为婚姻选择和评价的标准，这就加大了男性在婚姻市场上积攒"资本"的压力，加剧了婚姻竞争性。

择偶标准也具有对象性、差异性的特点。女性的择偶标准与男性自身条件的差异，决定了哪些人将会承受婚姻挤压的后果。也就是说，女性对择偶标准方面如经济条件、年龄、体貌、学历等的要求，决定了最终不能结婚的男性群体的特征，并逐渐演化为群体结构特征。女性择偶标准强调经济条件，就会导致经济条件较差的男性难以结婚；女性择偶标准强调道德标准，就会导致人品较差的男性结婚较难。

（三）通过婚姻模式影响婚姻挤压

婚姻模式是包括结婚年龄、分年龄的结婚概率、终身不婚比例等多维度婚姻特征的交集。婚姻模式的变迁，尤其是女性的婚姻模式的变迁，包括结婚年龄推迟、不婚比例升高，都会影响婚姻挤压的态势。最明显的是，现代社会女性结婚年龄逐渐推迟和不婚女性比例不断升高，都会直接导致男性婚姻挤压形势进一步恶化。

（四）通过再婚市场影响婚姻挤压

在男性婚姻挤压的背景下，离婚后的女性会比较容易再婚。离婚女性为面临婚姻挤压困境的男性增加了可选择的对象，所以男初婚女再婚的情况会不断增多。但是，离婚后的男性，就要再一次承受婚姻挤压的压力，其再婚的难度要高于女性，长期保持单身的可能性较高。根据石人炳对再婚率指标的考察，中国不同可再婚人口群体的再婚可能性存在一定差异性。总体而言，女性再婚可能性大于男性，低文化程度女性再婚可能高于高文化程度女性，高文化程度男性有相对较高的再婚可能。①因此，离婚和再婚导致男初婚女再婚情形增多，这有助于减少终身不婚人口的数量，但不能减少社会上存在的单身人口数量。当前中国不婚率有不断上升的趋势，对婚姻市场的影响也会越来越明显，单身人口和未婚人口的差距可能会越来越大。

（五）通过跨越婚姻市场影响婚姻挤压

通常情况下，通婚圈都保存在一定范围内，大部分人是在自己生活地的一定范围内寻找对象。所以，全国各地实际是被划分为无数个区域性婚姻市场。每个人能够成功结婚，都取决于自己在所处的区域性婚姻市场中的相对地位。但是，在城乡和地区经济发展水平不平衡的情况下，经济较为富裕地区的男性感受到婚姻挤压时，就可能到其他更能体现自身优势的婚姻市场中去寻找对象。在婚姻梯度选择规律的作用下，这种策略较容易得到成功。这实际上是跨区域的婚姻梯度选择，导致各地区之间的婚姻市场更加不平衡，使经济落后地区面临更严重的婚姻挤压。这实际上是将婚姻挤压的后果逐级推向经济落后地区，即经济落后地区的男子更加难找对象。

（六）通过彩礼影响婚姻挤压

目前全国大部分地区存在彩礼习俗，近年来媒体关于各地出现"天价彩礼"的报道屡见不鲜，主要出现在农村地区。彩礼一直无形地发挥着婚姻市场指向标的作用。人们对性别比升高、适婚男性明显多于女性的感知，使他们按照"物以稀为贵"的逻辑自然而然地抬高女性的身价，所以就出现了彩礼随婚姻挤压的加重而不断上涨的局面。不断上涨的彩礼数额，让一些经济条件较差男性结婚的希望变得越来越渺茫。

从实际效果来看，彩礼发挥了"筛选"男性的作用。高额的彩礼就如同

---

① 石人炳：《中国离婚丧偶人口再婚差异性分析》，《南方人口》，2005 年第 3 期。

一道高高的"门槛"，直接剥夺了一些家庭经济条件较差男性的结婚机会。其实，彩礼只是代表了靠物质水平"筛选"男性的一种机制，而这种"筛选"的"门槛"不仅彩礼一道，还包括住房和车。结婚对住房和车的具体要求也越来越高。即使通过强制手段取消了彩礼，但是对其他物质的要求，照样如同彩礼一样，发挥着"门槛"的作用，直接将物质条件不够的男性拒之婚姻门外。

随着男性婚姻挤压的不断加重，女性择偶标准还会出现多元化，这种多元化是在原有常用标准基础上的多元化。当常用标准不能使选择对象唯一时，就会增加更多的标准来"筛选"。比如，以相貌为标准可选择的对象不唯一时就再看谁更有事业心，当事业心还不能筛选出唯一对象时，就会在有事业心的人中看谁的人品更好。所以，在面临严重的婚姻挤压时，物质条件可能不是首要标准，但也难免会是使人落选的因素之一。

三、婚龄调节机制

事实上完全均衡的婚姻市场是不存在的，各种程度、各种类型的婚姻挤压充斥于各个社会阶段。当婚姻市场上出现挤压时，受挤压一方无法从适龄异性中寻找到配偶，就会被迫从年龄更小的群体中去寻找。这样的结果就是，出现男性婚姻挤压时，会使夫妇年龄差趋于扩大，而女性婚姻挤压则使夫妇年龄差趋于缩小。表面上看，是婚姻挤压对传统的择偶年龄偏好产生了影响，但也可以理解为婚姻市场中的男女婚龄调节机制减少了终身不婚的人数。从历史经验来看，一般轻微的婚姻挤压问题能够通过打破传统的择偶标准比较容易地消解掉。当然，男女失衡较为严重时，单靠婚龄差的改变无法消解过剩人口时，就会出现终身不婚的情况。国内外以往婚姻挤压程度及其人口学影响见表2-1。

表2-1 国内外以往婚姻挤压程度及其人口学影响比较[①]

国家（年份）	婚配性别比	终身不婚比例	夫妻婚龄差
中国（1965年）	109.91	影响极小。1995年这批男性在50岁以上时终身不婚比例在5%以下	由20世纪50年代的3.08扩大到20世纪60年代的3.22
日本（1950年）	85.71	1960—1980年日本45—49岁男女终身不婚比例在5%以下，但女性未婚比例均高于男性	夫妇婚龄差趋于缩小
美国（1970年）	92.42	几乎没有影响	夫妇年龄差趋于缩小

[①]郭志刚、邓国胜：《中国婚姻拥挤研究》，《市场与人口分析》，2000年第3期。

邓国胜根据对国内外历史上出现过的大量婚姻挤压现象及其后果的研究发现，婚姻挤压的程度会造成不同的婚姻状况。具体情况见表2-2。

表2-2　不同婚姻挤压程度可能导致的婚姻挤压状况[①]

婚配性别比	婚姻挤压程度	婚姻挤压状况
101—110	低度婚姻挤压	只对夫妇年龄差和男、女初婚年龄会有一定的影响
110—120	中度婚姻挤压	对夫妇年龄差和男、女初婚年龄影响较为明显，而且会导致少数人口终身不婚
120—130	高度婚姻挤压	夫妇年龄差和男、女初婚年龄显著变化，会有相当比例的人口终身不婚
130以上	严重婚姻挤压	大量人口终身不婚

由此可以说明两点：第一，婚龄差既是影响婚姻挤压的原因之一，也是婚姻市场上性别结构变化的结果。第二，婚姻挤压并不意味着出现终身不婚的群体，男性被迫推迟结婚造成的夫妻婚龄差不断拉大，或者女性被迫推迟结婚造成的婚龄差缩小，也是婚姻挤压的表现形式，而且是首先出现的表现形式。只有婚姻挤压不断加重，才会出现终身不婚群体。但同时也说明，虽然婚姻挤压的影响可以通过调节婚龄差的方式得到部分解决，但婚龄差的调节是有限的，如果婚姻挤压状态一直持续下去，过剩人口还是会越积越多，最后还是会形成大量的不婚群体。

四、婚姻梯度选择规律

婚姻梯度是反映择偶偏好的一个术语。在大多数社会中，男女都倾向于与他们处于同一阶层或有相同文化背景的人结婚，即通常所说的"同类婚"。但在这种大体上的同类婚中，社会学家发现，男性倾向于选择社会地位、受教育程度、职业阶层、薪金收入比自己稍差的女性为伴侣，而女性倾向于选择社会地位、受教育程度、职业阶层、薪金收入等高于自己的男性为伴侣，呈现出婚姻中的"男高女低"模式。也就是说，当男性在择偶时，常常倾向于"下向婚"；而女性倾向于"上向婚"，所以就形成了"男高女低"的梯度形态。这种婚姻模式现象叫作"婚姻梯度"。男性"向下婚"和女性"向上婚"倾向在中国从年龄、受教育程度、职业地位等方面都能得到

[①] 邓国胜：《中国生育率下降的代价：婚姻拥挤》，《社会科学》，2000年第7期。

体现。[①]也就是说，婚姻梯度选择规律是在"同类婚"前提下的婚姻梯度选择，也可以说是"门当户对"前提下的"向上婚"。

婚姻挤压的出现会加剧或减缓婚姻梯度的形态。当婚姻市场上出现男女比例失衡，人口较多的一方面临择偶困难时，自然就会降低择偶标准，从而使结婚的夫妻双方在各方面的差距发生变化。如果出现的是男性婚姻挤压，那么男性会降低择偶标准，使"向下婚"的特征更加明显。而当出现女性婚姻挤压时，女性的择偶标准就会降低，夫妻之间的各方面差距会变得更小，甚至出现"下嫁"的可能。所以，男性婚姻挤压会加大婚姻梯度的跨度，而女性婚姻挤压会减小婚姻梯度的跨度。

社会上存在一种"甲女丁男"现象，称这两种人存在嫁不出、娶不上的婚姻难题。究其缘由，这种现象就是婚姻梯度选择的结果。把男性分为甲、乙、丙、丁4个等级，女性也分为甲、乙、丙、丁4个等级，按照婚姻梯度选择规律，男性一般不愿娶比自己地位高、学历高的女性，所以就是乙女嫁甲男、丙女嫁乙男、丁女嫁丙男，最终剩下的就是甲女和丁男。但才疏学浅的"丁男"，又无法接近有成就的优秀的"甲女"，所以造成了"糟男难娶""才女难嫁"的局面。"甲女丁男"表明，由于婚姻选择梯度规律的存在，即使出现大量的优秀女性难以结婚，也对缓解男性婚姻挤压无益。

婚姻梯度选择规律也可能在地区之间发挥作用。当地经济条件好坏差异是影响婚姻梯度走向的重要因素，体现为逐级上嫁或逐级下娶的通婚趋势：落后山区女性流向平原较发达地区，较发达农村地区女性流向城郊地区，城郊地区女性流向城镇，城镇女性流向大都市。如果这种地区间的婚姻梯度大量存在，最终男性婚姻挤压就会集中在贫困落后地区。

第三节　婚姻挤压空间分布格局的形成机制

从出生人口性别比失衡到男性婚姻挤压的形成，中间存在多种具有复杂联系的因素。这些中间因素决定了婚姻挤压会呈现出地区差异。需要逐一厘清各种因素之间的关系，才能完整勾勒出婚姻挤压空间分布格局的形成

---

①叶文振、林擎国：《中国大龄未婚人口现象存在的原因及对策分析》，《中国人口科学》，1998年第4期。

机制。

一、关于婚姻挤压空间分布的几个理论观点

以人口学基本理论为基础，借鉴关于婚姻挤压的理论观点，从理论上分析婚姻挤压地区差异的形成过程。

（一）适婚人口性别比偏高是婚姻挤压的根本原因

出生性别比长期偏离正常范围、出生人口数减少和死亡率性别差异，这三个人口学原因造成的适婚年龄人口性别比失衡是导致婚姻挤压的根本原因。这一点在前文已有详细论述。需要进一步指出的是，并不是三个因素同时出现才会导致适龄人口性别比偏高。单独一个出生人口数减少就能导致适婚人口性别比偏高，单独一个出生性别比长期偏离正常范围也会导致适婚人口婚配性别比偏高，二者同时出现，会加重婚姻挤压的形势。比较特殊的是死亡率的性别差异，在一定时期会保持相对稳定，自身和适婚人口性别比偏高没有直接关系，只有当自然的死亡率性别差异与出生人口性别比不匹配时，才会出现婚姻挤压。

（二）婚姻选择是在区域性的婚姻市场中进行的

适婚年龄的男女，需要先有机会认识对方，才有可能考虑是否合适谈婚论嫁，最后才会确定婚姻关系。所以，一般情况下，人都是在以自己生活或工作的一定范围内择偶。尽管出现了远距离的跨省婚姻，那是因为先有了跨省的人口迁移流动，然后在现居住地出现婚姻选择过程并结婚。据调查，已婚夫妻结识对方的主要途径，就是自己结识和他人介绍两种，通过婚恋平台和网络结识而最终结婚的概率极低。即使是他人介绍的，介绍人也一般至少和夫妻一方是亲戚或朋友或其他紧密关系。[①]所以，尽管地理通婚圈会不断扩大，但总是存在一定的局限，体现为扩张性与有限性的平衡。总之，婚姻选择过程都是在自己所处的区域性的婚姻市场中进行的。正因为如此，分析婚姻挤压状况需要分析区域性的婚姻市场中的性别结构状况。

（三）女性的择偶标准会直接决定男性过剩人口的群体特征

婚姻选择与匹配过程中女性的择偶标准对男性婚姻挤压有着直接的、

---

① 郭显超、黄玲：《城市青年社会网络对其择偶方式的作用》，《当代青年研究》，2015 年第 4 期。

决定性影响。当区域性婚姻市场范围内出现适婚年龄人口性别比大幅度提升时，男性可选择的女性较少，而女性可选择的男性较多，客观上使女性在婚姻市场上具有更高的"价位"、"谈判"优势和选择优先权。于是女性的择偶标准各个方面，包括收入、职业、学历、年龄、相貌、人品、家庭条件等，都会有一定程度的提高。在女性较为关注的择偶标准方面，就形成"筛选"男性的一道道"门槛"，适婚男女人数差别越多、性别比越高，"门槛"就会越多、越高。最终，在女性关注的方面资源相对较差的男性，就会承受婚姻挤压的苦果，成为"大龄剩男"。

（四）区域性婚姻市场存在优劣差异

区域性婚姻市场的优势是以当地的资源禀赋为基础。区域性婚姻市场覆盖的范围是城市还是农村，经济状况发达还是落后，就业机会多还是少，生活压力大还是小，交通是否便利，地理环境是山区还是平原，气候是否适宜人类居住，等等，都是判别区域性婚姻市场优劣的标准。婚配年龄人口性别比失衡会使区域性婚姻市场的优劣反映得更加显著化。

（五）区域性婚姻市场之间存在竞争关系

当发生婚姻挤压时，区域性婚姻市场之间，尤其是相邻的区域性之间，会存在竞争关系。当区域内适婚人口性别比出现大幅度提升时，男性就会被迫扩大择偶范围，这就导致通婚圈扩大，也就是区域性婚姻市场范围的扩张。在区域性婚姻市场内出现男性婚姻挤压的背景下，区域性婚姻市场的扩张就意味着从邻近或其他区域性婚姻市场内吸纳女性人口嫁入。受婚姻梯度选择规律的影响，女性选择配偶时倾向于向上流动，这就会导致女性由相对劣势的区域性婚姻市场嫁入具有相对优势的区域性婚姻市场。区域性婚姻市场扩张的范围（也包括方向），不仅取决于当地男性过剩的数量，还取决于其与邻近地区的比较优势。具备的比较优势越明显，扩张成功的可能性就越大。如果不具备比较优势，而是处于相对劣势，就只能承受外在区域性婚姻市场的挤压。

需要指出的是，婚姻市场的扩张未必只是发生在邻近区域，也可能随人口迁移流动、工作业务联系等其他因素，向地理上不相连的区域扩张。

（六）人口迁移流动会重构区域性婚姻市场的性别结构

迁移流动人口在年龄和性别上具有选择性。年龄方面，迁移流动人口主要以劳动年龄人口为主。2020年第七次全国人口普查显示，流动人口65岁以上人口仅占0.55%，而20—34岁的占31.38%，15—49岁的占64.46%。这就意味着容易发生迁移流动的年龄与适婚年龄高度重叠，迁移流动人口中必然存在大量的适婚年龄人口。性别方面，流入地的产业结构可能对不同性别的人口具有不同的吸引力。而对于流出地而言，流出人口的性别主要取决于外面是否有自己工作就业或发展的机会。从第七次全国人口普查数据来看，流动人口各年龄组均存在明显的男多女少（见图2-1）。其中20—34岁年龄段男性流动人口比女性多609.87万。与总人口性别比，各年龄段流动人口的性别比都比较高（见图2-2）。总之，男性迁移流动更加活跃。所以，人口迁移流动会造成流出地区域性婚姻市场和流入地区域性婚姻市场中适婚人口性别结构的"重新洗牌"。

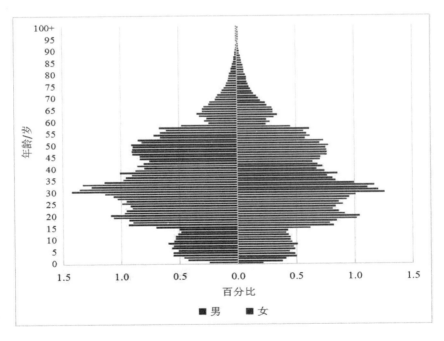

图2-1　2020年全国流动人口金字塔

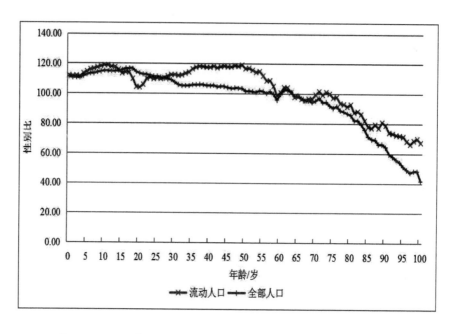

图2-2　2020年流动人口与全部人口分年龄的性别比对比

二、婚姻挤压空间分布格局形成机制的理论框架

从上述分析中可以发现，从出生人口性别比失衡到出现婚姻挤压，这个过程是在一个个区域性婚姻市场内完成的。区域内婚姻市场中适婚人口的性别结构，决定了女性的"优势"地位，使之能够相应地提高择偶标准。这些择偶标准最终筛选出"剩男"。但区域性婚姻市场之间并不是孤立的，有两条脉络搭建起了区域性婚姻市场之间的关联：一是区域性婚姻市场之间优劣差异，在性别比攀升的背景下出现的竞争性扩张；二是人口迁移流动重构区域性婚姻市场内适婚人口的性别结构。婚姻挤压空间分布格局的形成机制理论示意见图2-3。

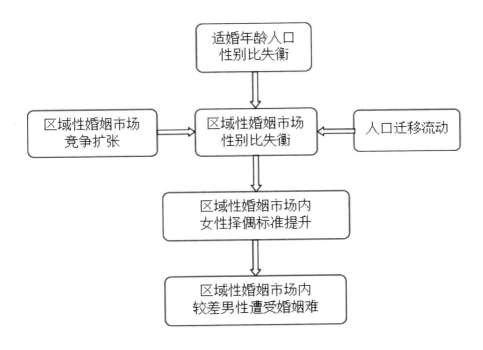

图2-3　婚姻挤压空间分布格局的形成机制理论示意

三、关于婚姻挤压空间分布格局的几个启示

总结关于婚姻挤压空间分布格局的理论观点和具体的形成机制，可以得出如下几点启示。

（一）启示一：必须分区域进行婚姻挤压测度

由于婚姻选择是在区域性婚姻市场内发生并完成的，婚姻挤压导致的男性过剩人口都是分区域出现的，不同地区出现的比例、数量会有不同。所以，必须分区域进行婚姻挤压测度。

（二）启示二：必须分析各区域性婚姻市场之间的联系

区域性婚姻市场之间优劣差异与竞争性扩张，还有人口迁移流动，搭建起了区域性婚姻市场之间的关联，最终导致各地区婚姻挤压形势的差异。所以，一个地区婚姻挤压的形势会与周边或有其他关联的地区是存在一定的相互影响的关系。这就要求在分析各地区的婚姻挤压时注意分析地理空间之间的联系。地理空间之间的联系，或称相关性，需要运用地理空间分析技术来研究。

（三）启示三：需要分清人口迁移流动与婚姻迁移的关系

中国规模庞大的流动人口，其迁移流动的主要原因是工作就业。2020年第七次全国人口普查数据显示，流动人口中婚姻嫁娶占"户口登记地在外省的人口"的比重仅为2.46%，而工作就业占68.31%。其中婚姻嫁娶的人口，除邻近省份、地理位置很近的之外，一般是先因为工作就业发生了人口流动，然后在流入地结识异性、谈婚论嫁、最终结婚。如果结婚是嫁给当地人，或者嫁给来自其他地方的外地人并且追随回到流出地，这就是实现了婚姻迁移。因此，远距离的婚姻迁移一般伴随在工作就业迁移流动的潮流之中。

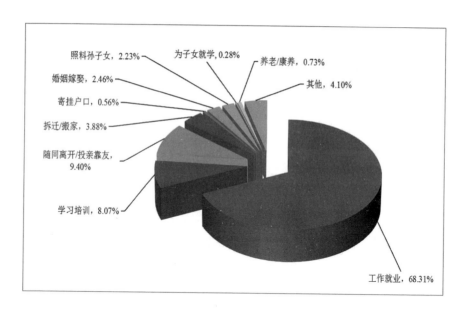

图2-4 2020年全国按迁移原因分的户口登记在外省的人口

（四）启示四：人口迁移流动可能会使城市成为婚姻挤压的聚集地

不能简单地认为，人口迁移流动能够减缓流入地的婚姻挤压而加重流出地的婚姻挤压，因为人口迁移流动是男女都有参与。由于中国从20世纪80年代以来中国出生人口性别比就在不断攀升，以年轻劳动力为主的迁移流动人口的性别比就会比较高。2020年第七次全国人口普查数据显示，流动人口的性别比是112.18，其中城市的流动人口性别比为113.70，都明显高于总人口的性别比105.07。再者，当前的流动人口，包括新生代农民工，在城市立足的比例较高，返回农村的比例较低，这种情况会不会导致婚姻挤压最终是在作为流入地的城市形成集聚？这种可能性还一直没有引起足够的重视。

第四节　测度婚姻挤压空间分布格局的指标

测度婚姻挤压地区分布和测度婚姻挤压既有统一性又有特殊性。测度婚姻挤压地区分布实际上测度的就是不同地区婚姻挤压的差异，所以还是要测度婚姻挤压的指标，但是选取的指标要能够用于不同地区之间的对比。

一、测度指标的选取原则

（一）科学性

科学性是选取测度指标最重要的原则。一是要求所选取的指标必须能够科学反映婚姻挤压的内涵与特征，有充分的理论依据。二是要求选取的指标要有科学的计算方法，能够量化并满足运用地理空间分析软件对数据进行处理的要求。

（二）客观性

客观性要求每项指标的数据来源必须可靠、准确。为此，所选用的指标应该是正式出版的统计年鉴、普查数据资料等统计出版物，以及相关出版物中能够直接得到或者能够间接推算出来的指标。

（三）可行性

在选取测度婚姻挤压空间分布格局的指标时，要解决好理论上的科学性与实际操作的可行性之间的矛盾。要充分考虑计算指标所需数据的可得性，以及得出的结果便于做地区对比。

（四）简洁性

选取测度指标应该突出研究重点，选取相对重要、代表性较强、计算简便的典型指标，避免使用计算复杂、信息价值有限的指标，更加避免运用过多信息重复的指标，力求所选的指标简洁易用。

二、测度婚姻挤压的常用指标及其优劣

反映婚姻挤压状况的测量指标，一般是充分考虑适婚年龄人口的性别结构和年龄结构特征，并且尽可能严格按照社会一般的婚姻匹配模式，构建出反映婚姻市场上婚姻供求状况的指标。这些方法都是将适婚人口做尽可能细致的划分，有些指标还会排除在婚状态的人口，将婚姻匹配模式（主要是婚龄差）做出尽可能符合实际的假设，从而使对婚姻市场整体状况的分析尽可能准确。

（一）同龄性别比和相对性别比

1.同龄性别比

同龄性别比即相同年龄（同岁组）人口的性别比，表示每100名同岁的女性对应的与她们年龄相同的男性人数。运用一般的分年龄性别结构数据，对比的同岁组男女人口的比例。

同龄性别比的优点是计算简单，结果直观，属于时点指标，对男女人口数量对比状况反应非常敏感。但其缺点在于没有考虑婚姻模式、择偶规范中的男女婚龄差，所以反映的只是婚姻挤压的可能状况，而不是真实状况。

2.相对性别比

相对性别比是根据男女平均初婚年龄差来看，不同年龄的男女数量是否平衡，从而考察婚姻市场是否存在婚姻挤压现象。[①]可见，相对性别比测度的是按一定年龄差进行匹配情形下的婚姻市场。具体是指每100名同岁的女性对应的比她们大一个婚龄差的男性人数。其中，婚龄差是假设的理想婚龄差。

相对性别比同样也有计算简单、结果直观的优点，并且考虑了男女婚龄差，比同龄性别比有一定的优势。但是，相对性别比的婚龄差只是一种假定的婚龄差，在设置时只能参考平均初婚年龄差来计算，但平均初婚年龄差可能是小数，计算相对性别比设置的婚龄差只能是整数，所以与真正的婚配模式还是存在一定的差距。总之，相对性别比反映的只是婚姻挤压的可能状况，而不是真实状况。

---

① 于学军：《论我国婚姻市场"挤压"的人口学因素》，《人口学刊》，1993 年第 2 期。

（二）未婚人口性别比和单身人口性别比

未婚人口性别比是指未婚人群的同龄性别比或相对性别比。[1]一般在分析未婚人口性别比时只选取15岁及以上年龄段的人口。

单身状态的人口包括未婚、离婚和丧偶的人口，又称非在婚人口，或者非婚人口。[2]单身人口性别比是指单身状态人群的同龄性别比或相对性别比，又称非在婚人口性别比。

这两个指标的共同优点是，在分析研究婚姻挤压问题时将已婚人口从要分析的适婚人口中剔除出去，这样更能反映婚姻市场的真实情况。二者的区别在于未婚人口性别比只反映了初婚的婚姻挤压状况，而单身人口性别比反映了初婚和再婚的情况。

（三）婚配性别比和年龄别婚配性别比

婚配性别比是指婚姻市场中人们按理想的夫妇年龄差模式择偶，可供选择的男性人口与可供选择的女性人口之比。婚配性别比与相对性别比的不同之处在于：相对性别比中的婚龄差是设定的唯一的值，一般是根据平均婚龄差来设定；而婚龄性别比的婚龄差是一个范围，比如1—3岁、1—4岁等，并且根据现实情况设定夫妻年龄差模式，即每个年龄差占所有比重为多少。

年龄别婚配性别比是指不同年龄的男性或女性与可供选择的异性人口之比（以女性为100）。对于X岁男性而言，其婚配性别比为X岁男性人口数量与可供其选择的理想婚龄差的女性人口数量之比。同样，Y岁女性婚配性别比为可供其选择的理想婚龄差的男性人口数量与Y岁女性人口数量之比。年龄男、女婚配性别比反映的是不同年龄的男、女面临的婚姻拥挤的程度。然而，对于整个初婚市场来说，其婚配性别比为初婚市场所有可供选择的男性与所有可供选择的女性之比。[3]

婚配性别比也有未婚人口婚配性别比和单身人口婚配性别比，将已婚或在婚群体排除在外，只考虑婚姻市场上可供选择的男性和可供选择的女性之间的对比。

婚配性别比的结果非常直观，并且对夫妻婚龄差的设置更加接近实际情况，所以能够更真实地反映婚姻市场状况，也可对未来婚姻挤压状况进行

① 陈友华、米勒·乌尔里希：《中国婚姻挤压研究与前景展望》，《人口研究》，2002年第3期。
② 陈友华、米勒·乌尔里希：《中德婚姻市场供需情况的比较研究》，《人口与经济》，2000年第5期。
③ 郭志刚、邓国胜：《中国婚姻拥挤研究》，《市场与人口分析》，2000年第3期。

分析，这是比相对性别比的优越之处。但这个指标也有明显的缺点，就是对男女婚龄差模式的设置过于细致，因而增加了计算的难度，使计算过程比相对性别比要复杂得多。而且，男女婚龄差模式的设置实际上还是一种假定模式，反映的仍然是婚姻挤压的可能情况。综合来看，婚配性别比的优势并不明显。

（四）潜在初婚比和潜在性别比

潜在初婚比以男性按龄初婚频率加权的男性人数与以女性按龄初婚频率加权的女性人数之比。这一指标在考察两性婚龄人口相对规模时把初婚模式作为一个加权要素考虑进来，使之更能反映未婚市场上的男女可婚对比状况。[①]如果将再婚市场的状况也考虑进去，就构成了潜在性别比指标。

潜在初婚比和潜在性别比把婚姻模式作为加权依据，这在全面反映婚姻市场的真实情况方面比婚配性别比更胜一筹。但是由于考虑的因素过多，并且也需要加权，导致计算过程非常复杂。

（五）婚姻挤压指数、初婚挤压指数和婚姻寿命指数

1. 婚姻挤压指数

婚姻挤压指数（Marriage Squeeze Index），具体定义如下：

$$S = \frac{l_0^{m;c} - l_0^{f;c}}{l_0^{mf;c}}$$

式中：$l_0^{m;c}$ 为男性结婚表初始出生队列男性人口中 l_0 结婚的男性人数；$l_0^{f;c}$ 为女性结婚表初始出生队列女性人口 l_0 中结婚的女性人数；$l_0^{mf;c}$ 为双性别结婚表初始出生队列男性或女性人口 l_0 中结婚的男性人数或女性人数。当 S 为正时，男性结婚比例高于女性，这意味着婚姻市场上存在着女性婚姻挤压问题；当 S 为负时，男性结婚比例低于女性，这意味着婚姻市场上存在着男性婚姻挤压问题；当 S 为0时，男女结婚的比例是一样的，这意味着婚姻市场暂时达到平衡。

婚姻挤压指数的计算建立在婚姻表的基础上，而婚姻表的计算非常复杂，所以婚姻挤压指数是一个非常难以计算的指标。并且，婚姻挤压造成的

---

① 李南：《高出生性别比及其婚姻后果》，《中国人口科学》，1995年第1期。

男女终身不婚的比例非常低，所以计算出来的指数对婚姻挤压状况的反应很迟钝，而且不能对婚姻市场供需情况给出一个总体的概括。

2.初婚挤压指数

初婚挤压指数是通过对比男女初婚人数来分析婚姻市场的供需矛盾，其原理是，当婚姻市场上出现男性婚姻挤压时，将会有些未婚男子选择与离婚或丧偶女子结婚，这时，男性初婚人数就要多于同期女性初婚人数。具体定义如下：

$$初婚挤压指数 = \frac{M^m - M^f}{\max\{M^m, M^f\}} \times 100\%$$

式中：M^m、M^f 分别为男、女初婚人数。当该指数的值为正时，表示存在男性婚姻挤压问题；当该指数的值为负时，则意味着存在女性婚姻挤压。初婚挤压指数的绝对值越高，婚姻挤压情况越严重。[1]

初婚挤压指数是一个时期指标，不具有累积效应，对婚姻市场供需情况变化的反映比较敏捷。但需要根据初婚人数计算，对数据的要求比较高。

3.婚姻寿命指数

婚姻寿命指数是通过计算15岁时男女人口的平均期望婚姻寿命（假设15岁为男女人口的最低结婚年龄）来测度婚姻挤压的类别及程度。具体定义如下：

$$婚姻寿命指数 = \frac{e_{15}^m(m) - e_{15}^f(m)}{\max\{e_{15}^m(m), e_{15}^f(m)\}} \times 100\%$$

式中：$e_{15}(m)$ 为15岁时的平均期望婚姻寿命，该数据需要通过婚姻表来计算，其右上角的 m 与 f 分别为男性和女性。婚姻寿命指数绝对值的大小反映了婚姻挤压的程度，而符号反映了婚姻挤压的类别。[2]

婚姻寿命指数优点在于能够综合反映婚姻市场状况，结果也很直观。但是，由于需要用婚姻表来计算，过程十分复杂，并且计算涉及各年龄组的已婚（有偶）比例，而已婚（有偶）比例的高低是各年龄组人口以往婚姻事件（初婚、再婚、离婚和丧偶）作用的累积结果，因而婚姻寿命指数是对以往婚姻市场供需情况的累积和综合反映，所以其价值不大。

---

①陈友华、米勒·乌尔里希：《中德婚姻市场供需情况的比较研究》，《人口与经济》，2000年第5期。
②同上。

（六）计算过剩的男性人口数量

这种方法是基于人口年龄性别结构，计算适婚年龄的男性人口超过女生人口的人数。为了使计算结果尽量严谨，可以根据设置的婚姻模式，包括男女结婚年龄差、分年龄的结婚概率、再婚比例等因素，计算男性过剩人口的总数。计算的结果可以分为男性过剩人口数、未婚男性过剩人口数、非在婚男性过剩人口数等。

其计算过程与各种性别比的算法没有本质区别，只是性别比的计算结果表示为男女比例，而过剩人数是直接计算人口数量。这种算法在两种情况下有较强的实用价值：一种情况是分析适婚年龄人口规模较小的区域时，由于需要对比的人口数量较少，性别比的变化反而会过于敏感出现偏高、偏低的情况，失去了科学性，反而是过剩人数更能反映婚姻挤压的实际情况。另一种情况是对比适婚人口数量差别较大的区域时，可能出现适婚人口较少的一方虽然性别比较高但过剩人数较少的情况，只有对比过剩人数才能这种反映地区间婚姻挤压状况的差距。

三、测度婚姻挤压空间分布格局的指标

（一）具体的测度指标

关于测量婚姻挤压的指标，包括性别比、相对性别比、婚配性别比、单身人口性别比、潜在初婚比、潜在婚姻比、婚姻挤压指数、初婚挤压指数、婚姻寿命指数、男性过剩人口数，每种分析方法与测度指标，都是建立在一定的理论或假设基础上的，都能从一个侧面反映婚姻挤压情况[1]，也都具有各自的优势与不足。那么，如何选择一个测度婚姻挤压的合理指标？综合考虑指标选择的科学性、客观性、可行性和简洁性，本书选择同龄性别比和男性过剩人口数作为测度指标。但为了更加全面地反映婚姻挤压的状况，还要未婚人口性别比、非在婚人口性别比、未婚男性过剩人口数、非在婚男性过剩人口数几项指标作为辅助。

之所以不选择相对性别比和婚配性别比，是因为它们需要设置男女结婚的年龄差，但理论分析中已经指出，当出现男性婚姻挤压时男女结婚年龄差就会扩大，所以用假定的固定婚龄差分析婚姻挤压状况，最终反映的也只是婚姻挤压可能出现的情况，与同龄性别比相比没有优势。

---

[1]陈友华：《中国和欧盟婚姻市场透视》，南京大学出版社2004年版，第13页。

之所以不选择潜在初婚比、潜在性别比和各种婚姻挤压指数，是由于这些指标的计算过于复杂，需要较多的数据来支持才能完成。而本书需要分区域计算这些指数才能对比，那么计算这些指数的工作量将是巨大的，但计算出来的结果也有各种弊端，价值并不大。

综合考虑指标的科学性和数据客观性、可得性，并力求简洁，最终选取的测量婚姻挤压地区分布的指标包括：（1）20—34岁人口性别比；（2）15—49岁人口性别比；（3）15岁及以上未婚人口性别比；（4）15岁及以上非在婚人口性别比；（5）20—34岁男性过剩人口数量；（6）15—49岁男性过剩人口数量；（7）15岁及以上未婚男性过剩人口数量；（8）15岁及以上非在婚男性过剩人口数量。

（二）对选取指标的说明

选取这么多项指标是为了能够从多层次、多角度反映婚姻挤压状况，综合起来对婚姻挤压状况形成清晰的认识。

同时选择同龄性别比和过剩人口数，一是考虑在分析具体地区时，尤其是县一级，人口数量较少，其人口性别比容易出现极值。二是对比各地区之间的差异时，由于地区间适婚人口数量差异较大，单看性别比无法反映婚姻挤压严重程度的真实情况，有些人口数量很少的地区，性别比虽然比较高，但实际的男性过剩人口数量并不多。所以，在分析中除了性别比，还需要对比男性过剩人口数，使分析结果更加全面、可信。

同时分析未婚人口和非在婚人口的情况，是为了将已婚群体排除在外，并对比考虑再婚和不考虑再婚两种情形的差异。其实，按照婚姻匹配的一般规律，对于一方初婚一方再婚的情形，再婚是低、初婚是高，按照婚姻梯度选择规律，男再婚女初婚的情况应该多于男初婚女再婚的情况。随着婚姻挤压日益严重，"男初婚女再婚"情况会不断增多，这本身就是婚姻挤压加重的后果之一。

（三）选择年龄阶段的依据

所选取的指标涉及三个阶段：20—34岁，15—49岁和15岁及以上。

选择20—34岁的依据在于：20—34岁是结婚高峰期。研究婚姻市场状况，需要分析的是结婚（尤其是初婚）比较集中年龄段的人口的性别结构。本书选择将20—34岁作为结婚高峰期，依据在于：首先，中国法定结婚年龄为女性20岁、男性22岁，因此宜将20岁作为结婚高峰年龄段的起点。二是全国人口普查数据显示，2020年中国平均初婚年龄为28.84岁（男性为29.54岁，女性为28.14岁），初婚年龄在20—34岁年龄段的人口占全部初婚人口的比例也高达85.16%，在1980—2020年，初婚年龄在20—34岁年龄段的人口占全部初婚人口的86.36%，而且各年度的比例也都在85%左右（见图2-5）。因此20—34岁阶段的人口性别结构即可反映婚姻市场的主要状况。

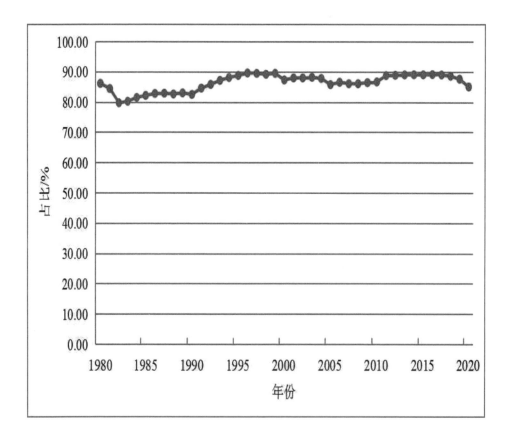

图2-5　初婚年龄在20—34岁年龄段的人口占全部初婚人口的比例

数据来源：《中国人口普查年鉴2020》。

选择15—49岁的依据在于：15—49岁是女性生育期，从人口再生产的角度来看，婚姻的目的是为人口再生产的确定并保持稳定关系，所以女性在这个年龄段结婚才真正有意义。也正是这个原因，人口学通常将50岁尚未结婚视为终身不婚。无论男女都按照这个年龄标准，在男女结婚年龄普遍相差不大的环境下是可取的。全国人口普查数据显示，2020年全国50岁及以上的未婚人口仅占50岁及以上人口的1.75%，其中男性占3.11%，而女性只占0.40%；50岁及以上未婚人口占全部未婚人口的比重为3.78%，其中男性占5.55%，女性占1.19%。所以15—49岁年龄段人口性别结构基本反映了整个婚姻市场的状况。

但是，由于普查数据的限制，分省的20—34岁和15—49岁两个年龄段的人口数据不包含婚姻状况信息。在提供各省分性别、分婚姻状况的人口数据中，却只提供了15岁及以上年龄段人口的婚姻状况，没有进一步细分。严格来讲，"15岁及以上"存在年龄范围过宽的问题，因为这个年龄段是把老年人也包括在内了。在分析15岁以上非在婚人口性别比和过剩人数时，由于女性生存优势的规律，老年人口性别比偏低，2020年全国人口普查数据显示，中国人口分年龄的性别比大致呈现出逐岁降低的趋势，从64岁开始人口性别比低于100，即男性少于女性。再考虑婚姻状况，老年人口中可能丧偶的女性要多于丧偶的男性，老年群体的性别结构对测度婚姻挤压状况没有任何意义，导致15岁及以上人口的婚姻状况中包括了对婚姻挤压没有价值的信息。但考虑到这部分人所占比重较小，2020年人口普查数据显示，中国60岁以上老年人口有配偶的占到了75.21%，65岁及以上的也占到了70.25%，而丧偶的分别仅占21.81%和27.15%；60岁以上老年丧偶人口占全部。15岁及以上非在婚人口的比重仅为17.83%，65岁及以上的仅占15.92%。况且，丧偶人口的性别比一直比较高，各个年龄的丧偶人口性别比都在300左右，而老年丧偶人口的性别比都在300以下（见图2-6）。总之，15岁及以上人口中的老年人口对婚姻状况的信息干扰不大。

由于同龄性别比和过剩人口数没有考虑婚姻匹配模式，计算得出的结果是可能的状况而不是真实状况。为了弥补这个弊端，就需要连续几次人口普查的数据，反映婚姻状况及其地区分布特征的变化趋势，也能达到深入反映婚姻挤压状况的目的。

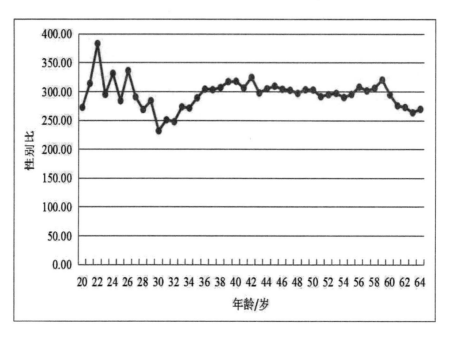

图2-6 2020年丧偶人口分年龄的性别比

数据来源：《中国人口普查年鉴2020》。

四、测度指标的应用范围

本书以分析省级的差异即各省婚姻挤压的差异为主。研究各省之间的婚姻挤压状况差异是有其必要性。

第一，各省出生性别比一直存在较大差异。从2000年、2010年和2020年三次人口普查数据来看，西藏的出生人口性别比一直在各省区市中最低的，只有100左右，而2000年最高的江西达到了138.01，2010年最高的安徽也高达131.07，2020年最高的还是江西为122.73，最高与最低的差距都非常大（见表2-3）。

表2-3 全国各省区市出生人口性别比

地区	2000年	2010年	2020年
合计	119.92	121.21	112.28
北京	114.58	112.15	110.06
天津	112.97	114.59	108.36
河北	118.46	118.71	108.60
山西	112.75	113.07	102.94
内蒙古	108.48	108.87	105.60
辽宁	112.17	112.91	107.15
吉林	109.87	115.67	104.06
黑龙江	107.52	115.10	105.51
上海	115.51	111.49	109.12
江苏	120.19	121.38	110.73
浙江	113.11	118.36	110.82
安徽	130.76	131.07	114.54
福建	120.26	125.71	120.10
江西	138.01	128.27	122.73
山东	113.49	124.28	112.52
河南	130.30	127.64	111.04
湖北	128.02	123.94	115.28
湖南	126.92	125.78	116.91
广东	137.76	129.49	117.52
广西	128.80	122.00	115.97
海南	135.04	129.43	120.55
重庆	115.80	113.80	107.51
四川	116.37	112.98	111.45
贵州	105.37	126.20	113.59
云南	110.57	113.61	107.25
西藏	97.43	100.08	101.14
陕西	125.15	116.10	108.51
甘肃	119.35	124.79	108.41
青海	103.52	112.69	110.63
宁夏	107.99	114.36	105.67
新疆	106.65	105.56	105.89

数据来源：《中国2000年人口普查资料》《中国2010年人口普查资料》《中国人口普查年鉴2020》。

第二，各省人口迁移流动状况差异较大。当前我国的跨省流入人口的流入地主要是广东、浙江、江苏、上海和北京几个省份，而流出较多的省份主要是河南、安徽、四川、湖南、广西和贵州等地（见表2-4）。人口净流入量以及流动人口的性别比结构差异，会使各省适婚人口的性别结构存在明显的差异。

表2-4　2020年跨省流动人口状况

地区	外省流入人口数量/万人	流出外省人口数量/万人	外省流入人口占全国的比重/%	流出外省人口占全国的比重/%
北京	841.84	47.03	6.74	0.38
天津	353.48	79.86	2.83	0.64
河北	315.53	548.03	2.53	4.39
山西	162.05	198.54	1.30	1.59
内蒙古	168.64	177.77	1.35	1.42
辽宁	284.73	187.43	2.28	1.50
吉林	100.15	241.40	0.80	1.93
黑龙江	82.92	393.24	0.66	3.15
上海	1047.97	38.37	8.39	0.31
江苏	1030.86	435.21	8.26	3.49
浙江	1618.65	236.22	12.97	1.89
安徽	155.05	1152.05	1.24	9.23
福建	488.99	261.40	3.92	2.09
江西	127.90	633.97	1.02	5.08
山东	412.90	425.92	3.31	3.41
河南	127.36	1610.09	1.02	12.90
湖北	224.96	598.58	1.80	4.79
湖南	157.76	804.11	1.26	6.44
广东	2962.21	168.72	23.73	1.35
广西	135.94	810.91	1.09	6.50
海南	108.81	42.28	0.87	0.34
重庆	219.36	417.65	1.76	3.35
四川	259.00	1035.82	2.07	8.30
贵州	114.65	845.47	0.92	6.77
云南	223.04	296.18	1.79	2.37
西藏	40.71	13.76	0.33	0.11
陕西	193.37	298.80	1.55	2.39
甘肃	76.56	344.83	0.61	2.76
青海	41.73	43.09	0.33	0.35
宁夏	67.51	36.64	0.54	0.29
新疆	339.07	60.34	2.72	0.48

数据来源：根据《中国人口普查年鉴2020》数据计算。

　　第三，各省经济社会发展条件差异较大。2000年各省人均GDP最高的是北京市，高达16.49万元，其次为上海的15.58万元，还有天津、江苏、浙江、福建的人均GDP在10万元以上，但还有5个省份人均GDP在5万元以下，最低的甘肃只有3.60万元。悬殊的经济社会条件会造成各省婚姻市场的禀赋存在明显差异。

第四，尽管中国通婚圈有所扩大，但当前大多数人仍是省内通婚。通过对2011—2013年流动人口动态监测调查数据统计分析发现，跨省通婚的比例2011年为6.94%，2012年为7.27%，2013年为6.59%，其中，3年中邻省通婚比例分别为3.22%、3.32%、2.92%，分别占相应年份跨省通婚的46.33%、45.66%、44.33%。[①]可见，跨省通婚的比例并不高，并且邻省通婚比例却非常高。所以，总体来看，距离较远的省区间通婚比例的很低。

出于以上几个方面的原因，各省婚姻挤压形势的难免存在较大差异，是我国婚姻挤压空间分布格局的重要体现。

选择省级层面研究，还有一个重要原因就是数据的可获得性。完成对婚姻挤压空间分布格局的分析需要详细分地区的人口年龄性别结构和婚姻状况信息，这些信息只有普查数据能够提供。但全国人口普查信息中，只有省一级的人口信息数据比较翔实，能够开展省一级的地域研究。

为了对比更小范围的区域性婚姻市场的空间分布格局与省级层面的婚姻挤压是否存在明显区别，本书也将利用有限的县域人口婚姻状况数据，做一些探索性研究。

五、测度指标的数据来源

本书基于人口普查数据对婚姻挤压状况的测度。所需数据包括分年龄、性别的人口数据，各地区分年龄、性别的人口数据，各地区分性别、婚姻状况的人口数据，各地区城市、镇和乡村的分年龄、性别的人口数据，各地区城市、镇和乡村的分年龄、性别、婚姻状况的人口数据等。做婚姻挤压的趋势分析和对比分析，需要1990年、2000年、2010年和2020年四次全国人口普查的数据。这些数据分别来自《中国1990年人口普查资料》《中国2000年人口普查资料》《中国2010年人口普查资料》《中国人口普查年鉴2020》。县级层面婚姻挤压的分析数据来源于《中国2000年人口普查分县资料》《中国2010年人口普查分县资料》。

---

① 梁海艳、代燕、骆华松：《中国流动人口通婚圈地域结构分析》，《南方人口》，2017年第2期。

第三章　中国婚姻挤压的总体形势及变化历程

2020年第七次全国人口普查数据为分析当前全国婚姻挤压总体形势提供了最新数据。与之前几次人口普查数据的对比，总结婚姻挤压的变化趋势，更能反映当前婚姻挤压的特点。

第一节　2020年中国婚姻挤压基本情况

一、人口性别比

（一）15—49岁年龄段同龄性别比均高于100

第七次全国人口普查数据显示，15—49岁年龄段人口的分年龄（同龄）性别比均高于100，其中最高的达到116.93（17岁），最低的也有103.68（46岁）（见表3-1）。

（二）年龄越小则性别比越高

2020年15—49岁年龄段的同龄性别比大致可以分三个阶段：15—20岁的性别比在115左右，21—29岁的性别比在110左右，30岁及以上的性别比在105左右，呈现出年龄越低其性别比就越高的趋势。这是由中国从20世纪80年代初到2005年出生人口性别比逐年升高造成的。

表3-1　2020年15—49岁分年龄性别比

年龄/岁	出生年份	性别比	年龄/岁	出生年份	性别比
15	2005	115.90	33	1987	105.42
16	2004	116.71	34	1986	105.31
17	2003	116.93	35	1985	105.98
18	2002	116.62	36	1984	106.01
19	2001	114.50	37	1983	106.14
20	2000	113.52	38	1982	106.00
21	1999	112.88	39	1981	105.51
22	1998	112.64	40	1980	105.31
23	1997	112.20	41	1979	105.64
24	1996	111.42	42	1978	104.63
25	1995	111.58	43	1977	105.03
26	1994	110.82	44	1976	104.87
27	1993	110.08	45	1975	104.13
28	1992	109.80	46	1974	103.68
29	1991	109.25	47	1973	104.00
30	1990	107.63	48	1972	103.69
31	1989	105.97	49	1971	103.79
32	1988	105.40	—	—	—

数据来源：《中国人口普查年鉴2020》。

二、未婚人口性别比

（一）20岁以后各年龄未婚人口性别比高于人口性别比

2020年全国人口普查长表数据显示，15—20岁年龄段的未婚人口性别比基本与人口性别比持平，但20岁以后各年龄的未婚人口性别比都明显高于人口性别比（见图3-1）。由于20岁是女性的法定结婚年龄，20岁之后结婚人数增加，本来男性人口多于女性人口，而结婚的男女人数基本相同，单计算未婚人口性别比，使各年龄组的未婚人口数都有所减少，而且减少的数量基本相同，最终剩下的男性与女性的比例就会变得更高。

（二）年龄越大未婚人口性别比越高

从20岁开始，未婚人口性别比大致呈现逐岁上升的趋势。从29岁开始，未婚人口性别比高于200，43岁突破300，到49岁时已经达到了406.20（见图3-1）。这种趋势还是由于男性人口多于女性人口，年龄越大男女已婚人数就越多，剩下的未婚人口就越来越少，而结婚的男女人数是基本相同的数量，所以剩下的男性与女性的比例就会变得越来越高。

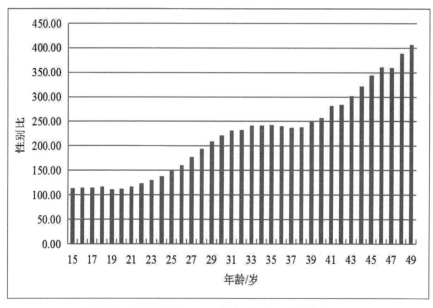

图3-1 2020年15—49岁未婚人口性别比

数据来源：根据《中国人口普查年鉴2020》数据计算。

三、非在婚人口性别比

（一）20岁以上非在婚人口的性别比低于未婚人口

非在婚人口性别比也是从20岁以后开始高于人口性别比的水平，从22岁开始一直在120以上。但与未婚人口性别比相比，20岁以后非在婚人口性别比的值明显较低，大部分年龄的值是130—200，最高值只有208.62（见图3-2）。

需要指出的是，非在婚人口性别比低于未婚人口性别比，并不一定意味着非在婚人口中的离婚和丧偶人口中女性人口多于男性人口，由于人口性别比的计算公式是男性人口数与女性人口数之比（再乘100），这种比例公式中，只要新增加的分子和分母之比低于原有的比值，就会导致比值的下降。因此，非在婚人口性别比低于未婚人口，只能表明离婚和丧偶人口的性别比低于未婚人口性别比。

（二）非在婚人口性别比呈先升后降的趋势

非在婚人口性别比从21岁开始逐岁增长，在31岁出现峰值208.62，之后会逐岁下降，到49岁时降至129.40（见图3-2）。非在婚人口性别比的变化趋势与人口性别比、未婚人口性别比迥异，可能是由于随着年龄的增长离婚和丧偶人口数量不断增长。

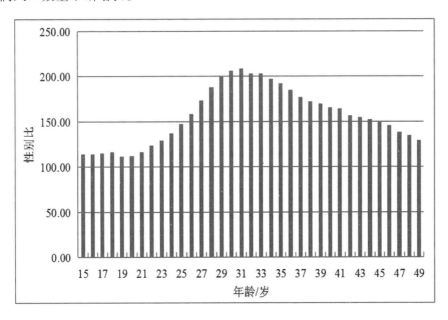

图3-2　2020年15—49岁非在婚人口性别比

数据来源：根据《中国人口普查年鉴2020》数据计算。

四、男性过剩人口数

（一）男性过剩人口规模较大

人口普查数据计算发现，各年龄组均是男性多于女性，都存在男性过剩，其过剩人口数都在40万人以上，15—49岁男性过剩人口的总和高达2522.85万人（见表3-2），占15—49岁男性合计人口数（34 751.98万）的7.26%。由于每一岁的男性都有过剩，靠扩大夫妻年龄差解决婚姻挤压是不现实的，任何一个年龄组的过剩男性与低年龄组的女性结婚，都会导致低年龄组男性更多地过剩。

表3-2 2020年全国15—49岁分年龄男性过剩人口数量

年龄/岁	人口数/万人		男性过剩人口数/万人
	男	女	
合计	34751.98	32229.16	2522.85
15	822.60	709.72	112.88
16	819.59	702.22	117.37
17	740.10	632.96	107.15
18	756.02	648.30	107.72
19	767.02	669.88	97.15
20	774.29	682.05	92.24
21	738.94	654.61	84.33
22	807.82	717.16	90.66
23	810.35	722.25	88.10
24	836.21	750.50	85.71
25	904.25	810.40	93.85
26	884.52	798.18	86.34
27	958.84	871.05	87.79
28	997.54	908.53	89.01
29	1071.08	980.35	90.73
30	1346.39	1250.92	95.48
31	1309.46	1235.66	73.81
32	1233.51	1170.26	63.24
33	1331.60	1263.09	68.51
34	1166.22	1107.41	58.81
35	1007.74	950.89	56.85
36	1003.43	946.57	56.86
37	981.57	924.80	56.77
38	1121.71	1058.22	63.50
39	978.75	927.61	51.14
40	899.73	854.34	45.39
41	993.50	940.46	53.04
42	949.22	907.20	42.02
43	909.70	866.12	43.58
44	1011.12	964.13	46.98
45	1033.51	992.48	41.03
46	1130.53	1090.37	40.16
47	1184.43	1138.91	45.52
48	1214.71	1171.49	43.22
49	1255.98	1210.07	45.91

数据来源：《中国人口普查年鉴2020》。

（二）低年龄组男性过剩人口较多

男性过剩人口数大致呈现随着年龄增长而逐年下降的特征，15—18岁在100万以上，19—30岁在80万—100万，35岁以后的年龄组的过剩人口基本在40万—60万。需要注意的是，15—28岁的分年龄的男女人口数在1000万以下，在基数这么低的前提下，男性过剩人口数却在80万甚至100万以上，这就意味着每一岁有8%以上的男性人口过剩，其中占比最高的17岁，男性过剩人口数占到了同龄男性人口的14.48%。可见男性过剩人口的严重性。

五、未婚男性过剩人口数量[①]

（一）未婚男性过剩人口的占比较高

根据人口普查长表数据计算发现，2020年15—49岁未婚男性过剩人口占15—49岁人口数的比例高达10.33%。这一比例明显高于男性过剩人口数占15—49岁人口数的比例。出现这种情况的原因可能有两个：一是存在49岁以上的男性与49岁及以下女性结婚的情况，会使15—49岁范围内的女性已婚人数多于男性人数，导致未婚男性人数与未婚女性人数之差增大；二是15—49岁范围内存在"男再婚—女初婚"的婚配模式，会使已婚的女性数量大于已婚的男性数量，同样导致未婚男性过剩人口数量增多。

（二）未婚男性过剩人口主要集中于22—30岁

22—30岁的未婚男性过剩人口占其对应年龄的男性人口数的比例都高于15%（见表3-3）。这一年龄段正是适婚年龄，也是结婚高峰年龄。这表明当前全国婚姻市场上正面临未婚男性严重过剩的局面。

（三）高年龄段的未婚男性过剩人口数量不大

虽然图3-1显示的年龄越大未婚人口性别比越高，但高年龄段的未婚男性人口数并不多，占同龄人口的比例低于5%，而且呈现出年龄越大所占比例越低的趋势。可见，高年龄组未婚人口性别比偏高仅是男女比例偏高，而其人数并不多，所以这个年龄段的实际婚姻挤压状况并不严重。

---

① 由于未婚男性过剩人数和非在婚男性人数需要依据人口普查的长表数据计算，而长表数据是10%抽样调查的统计结果，计算出的未婚男性过剩人数不能直接与按短表（总体）数据计算出的男性过剩人口数结果对照。为避免混乱，本书中所有涉及计算未婚和非在婚男性过剩人口数之处，均增加了各年龄或各地区的过剩人口数占相应的男性人口数的百分比，以反映其分布特征和变化趋势。

六、非在婚男性过剩人口数量

（一）非在婚男性过剩人口的占比较高

15—49岁非在婚男性过剩人口占15—49岁人口数的比例为10.37%，和未婚人口基本一致（见表3-3）。这反映出丧偶和离婚的人数在整个15—49岁人口中的占比非常低。

（二）分年龄的非在婚男性过剩人口数基本与未婚男性一致

从表3-3可以发现，各年龄非在婚男性过剩人口数、占同岁男性人口数的比重都和未婚人口非常接近，这表明各年龄段离婚和丧偶人口无法起到缓解男性婚姻挤压的作用。

在男性婚姻的背景下，女性离婚或丧偶人口的增加，会通过"男初婚—女再婚"的匹配模式使男性未婚人口结婚的概率增大，但男性离婚人口再婚的难度却比女性要大，可能最终又重新沦落为"过剩人口"。所以，即使考虑再婚市场的情况，也无法缓解婚姻挤压、男性过剩的情况。

表3-3　2020年15—49岁未婚和非在婚男性过剩人口

年龄/岁	未婚人口		非在婚人口	
	过剩人口数量/万人	过剩人口占比/%	过剩人口数量/万人	过剩人口占比/%
合计	356.83	10.33	358.27	10.37
15	10.39	12.30	10.39	12.30
16	11.70	12.53	11.70	12.53
17	10.81	13.08	10.80	13.08
18	10.67	14.12	10.66	14.10
19	7.97	10.27	7.96	10.26
20	8.63	10.97	8.61	10.94
21	10.12	13.91	10.07	13.85
22	13.58	17.89	13.51	17.78
23	15.06	20.11	14.96	19.97
24	17.24	22.20	17.09	22.00
25	20.25	23.91	20.08	23.71
26	20.02	23.96	19.85	23.75
27	21.33	23.27	21.19	23.12
28	20.66	21.42	20.61	21.37
29	19.70	18.79	19.78	18.87
30	21.18	15.94	21.48	16.18
31	17.33	13.36	17.73	13.67
32	13.59	11.07	14.05	11.45

表3—3　2020年15—49岁未婚和非在婚男性过剩人口

续表

33	12.60	9.45	13.27	9.95
34	9.46	8.10	10.12	8.66
35	7.13	7.06	7.75	7.68
36	6.08	6.05	6.68	6.64
37	5.22	5.30	5.78	5.87
38	5.29	4.69	5.98	5.30
39	4.29	4.37	4.81	4.90
40	3.68	4.09	4.06	4.51
41	3.88	3.90	4.25	4.27
42	3.46	3.65	3.56	3.76
43	3.26	3.59	3.30	3.64
44	3.49	3.47	3.39	3.37
45	3.60	3.50	3.30	3.20
46	3.82	3.40	3.34	2.97
47	3.77	3.21	2.97	2.52
48	3.77	3.13	2.74	2.28
49	3.77	3.04	2.44	1.96

数据来源：《中国人口普查年鉴2020》。

第二节　婚姻挤压状况的纵向对比

将2020年人口性别结构和婚姻状况数据与1990年、2000年和2010年的数据做对比，分析全国婚姻挤压形势的演变趋势，反映当前婚姻挤压的特点。

一、人口性别比

（一）适婚年龄男多女少的情况长期存在

从1990年到2020年四次全国人口普查15—49岁分年龄的性别比，除2010年的24岁（99.34）接近100之外，其他均高于100（见表3-4）。可见男多女少、男性过剩的婚姻挤压状况是一直都存在的现象。

表3-4　1990年以来历次人口普查全国15—49岁人口性别比

年龄/岁	1990年	2000年	2010年	2020年
15	105.74	107.81	112.06	115.90
16	105.24	106.33	108.89	116.71
17	105.24	104.97	107.45	116.93
18	105.36	104.13	107.33	116.62
19	105.32	104.07	105.88	114.50
20	102.70	102.61	102.71	113.52
21	103.64	101.83	101.20	112.88
22	105.19	102.22	100.72	112.64
23	105.02	103.50	100.45	112.20
24	105.66	103.76	99.34	111.42
25	105.59	103.83	100.06	111.58
26	105.11	104.23	100.50	110.82
27	106.94	105.35	101.26	110.08
28	104.65	105.54	102.00	109.80
29	103.41	105.75	102.70	109.25
30	108.61	105.73	103.01	107.63
31	110.12	105.05	104.28	105.97
32	110.54	105.99	103.60	105.40
33	108.02	105.01	104.49	105.42
34	106.88	105.58	104.59	105.31
35	107.78	106.58	104.32	105.98
36	106.46	105.15	104.23	106.01
37	106.16	106.42	104.92	106.14
38	106.38	106.67	104.93	106.00
39	106.38	103.51	105.40	105.51
40	110.18	107.54	104.39	105.31
41	109.66	109.29	104.01	105.64
42	110.17	110.25	104.02	104.63
43	110.17	108.56	103.40	105.03
44	108.39	106.11	104.20	104.87
45	110.00	107.68	104.63	104.13
46	111.64	105.97	103.29	103.68
47	111.65	104.97	104.83	104.00
48	111.07	105.51	103.80	103.69
49	112.23	103.74	100.49	103.79

数据来源：《中国1990年人口普查资料》《中国2000年人口普查资料》《中国2010年人口普查资料》《中国人口普查年鉴2020》。

（二）我国历史上曾出现过较为严重的婚姻挤压

从1990年15—49岁人口的性别结构可以发现，30—33岁、40—49岁年龄段的人口性别比都在110左右，可以肯定这两个年龄段的人口当时存在一定程度的婚姻挤压。性别比110，就意味着有10%的男性过剩。从年龄上推断，当时40—49岁年龄段的人都是出生在20世纪40年代，结婚主要应该发生在20世纪60年代。需要指出的是，由于在大部分年龄的男性死亡率高于女性，20世纪60年代婚姻市场上适婚人口的性别比可能会比1990年40—49岁的人口性别比还高，即高于110。从中可以推断，20世纪60年代中国经历过一次较为严重的婚姻挤压。

（三）2020年15—49岁的人口性别比出现回升

将15—49岁年龄段每一岁的人口性别比做纵向对比，15—29岁年龄段每一岁的人口性别比都是2020年高于前三次人口普查，即2020年15—29岁阶段的人口性别比是1990年以来最高的。更进一步看，21—49岁年龄段每一岁的人口性别比都存在1990年、2000年和2010年依次降低的特征，但是2020年在30—39岁年龄段都高于2000年和2010年，40—49岁年龄段都高于2010年。综合来看，1990年人口性别比较高，2000年和2010年的人口性别比相对较低，而2020年的性别比又出现了回升态势。

（四）当前是婚姻挤压最严重的时期之一

表3-4的数据实际上反映了20世纪60年代以来的婚姻市场上20—29岁结婚高峰期人口的性别比状况，从中可以判断，20世纪60年代结婚高峰期人口的性别比在110以上，70年代的在105以上，80年代的在105左右，90年代的也在105左右，2000—2010年降到了100左右，但在2011—2020年则升到了110以上，又恢复到了20世纪60年代的水平，成为婚姻挤压最严重的时期之一。

（五）婚姻挤压还会进一步加重

从表3-4可知，15—18岁年龄段的性别比都超过了115，是四次人口普查各年龄段人口性别比中最高的。而这几个年龄的人口尚未达到法定结婚年龄，也没有进入结婚高峰期，所以还没有真正造成全国婚姻市场的挤压。在未来几年，这个年龄段的人将依次步入结婚年龄，中国婚姻市场上就会出现20世纪60年代以来前所未有的婚姻挤压。

需要进一步指出的是，数据显示，中国2020年0—14岁的人口性别比在110以上，其中10—14岁的在115左右（见图3-3）。可以判断，2020年时分年龄的人口性别比是17岁最高，但小于17岁的年龄组的性别比只是随着年龄变小而缓慢下降，但其实际水平并不低。这也就意味着，从2020年开始算起未来20年内，尤其是未来10年内，新步入婚姻市场的人口会造成男性"挤压"更加严重。

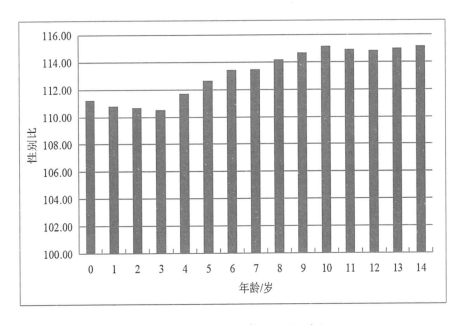

图3-3　2020年0—14岁人口性别比

数据来源：《中国人口普查年鉴2020》。

二、未婚人口性别比

（一）年龄越大未婚人口性别比越高的特征一直存在

四次全国人口普查中20岁以后各年龄的未婚人口性别比都明显高于人口性别比，而且随着年龄增长，未婚人口性别比快速攀升，最高值出现在49岁前后（见表3-5）。

（二）20岁以后的未婚性别比呈不断降低的趋势

纵向对比20岁以后每一岁的未婚人口性别比都存在1990年、2000年和2010年依次降低的特征，2020年的未婚人口性别比与2010年相差不大，所以总体上看，自1990年以来，20岁以后各年龄未婚人口性别比越来越低（见表3-5）。将其与2020年各年龄人口性别比高于2010年的结论做对比，可以推断，未婚人口性别比的这种特点，应该不是由历史上出生人口性别比变化造成的，而可能是由于2020年男女未婚人口数量都相对较多，虽然拉低了未婚人口的性别比，但男性过剩人口数不一定比2010年低。所以，还需要进一步对比其男性过剩人口数才能真正反映婚姻挤压形势。

表3-5 1990年以来历次人口普查全国15—49岁未婚人口性别比

年龄/岁	1990年	2000年	2010年	2020年
15	105.86	109.38	113.09	114.03
16	105.75	108.37	110.17	114.33
17	106.81	107.41	108.70	115.08
18	109.75	107.10	109.72	116.51
19	114.64	107.37	109.46	111.56
20	126.37	113.63	110.93	112.57
21	147.23	125.01	116.34	116.87
22	170.22	140.82	122.37	123.91
23	208.11	159.77	129.66	129.81
24	258.28	189.31	137.87	137.75
25	327.43	228.22	148.55	148.82
26	413.82	274.05	160.26	160.69
27	496.12	320.35	172.05	176.89
28	574.63	372.15	184.14	194.09
29	636.08	415.99	196.12	209.71
30	867.29	475.30	207.02	221.32
31	1117.60	533.75	229.81	231.47
32	1374.79	585.93	245.92	233.01
33	1463.52	678.83	269.93	241.98
34	1594.45	764.23	298.43	242.01
35	1799.91	809.05	329.33	243.20
36	1932.19	835.55	351.75	240.83
37	2120.42	844.92	380.12	237.38
38	2152.35	864.92	415.15	238.84
39	2165.43	854.25	438.21	249.03
40	2266.09	1010.72	473.04	257.19
41	2321.02	1236.12	549.46	281.45
42	2286.98	1491.28	568.90	283.59

表3-5　1990年以来历次人口普查全国15—49岁未婚人口性别比

续表

43	2447.73	1663.30	644.39	302.29
44	2887.64	1703.07	683.25	322.35
45	3010.29	1865.73	704.16	344.45
46	3145.61	1805.88	708.29	360.26
47	3272.39	2089.87	721.32	359.66
48	3237.40	2211.93	727.49	388.40
49	3336.00	2162.47	706.35	406.20

数据来源：《中国1990年人口普查资料》《中国2000年人口普查资料》《中国2010年人口普查资料》《中国人口普查年鉴2020》。

三、非在婚人口性别比

（一）20岁以后非在婚人口性别比一直都低于未婚人口

对比发现，四次全国人口普查，20岁以后每一岁的非在婚人口性别比都明显低于其对应的未婚人口性别比（见表3-5、3-6）。

（二）各年龄之间非在婚人口性别比的对比特征一直没变

四次全国人口普查的非在婚人口性别比存在先升高后降低的特征，其峰值都出现在30—35岁，其中1990年是32岁（641.87），2000年是30岁（348.96），2010年是35岁（217.71），2020年是31岁（208.62）。

（三）四次人口普查的非在婚人口性别比依次下降

1990年、2000年和2010年20岁以后各年龄的非在婚人口性别比大致呈现出依次降低的特征。20—32岁，2020年的非在婚人口性别比与2010年基本持平，但33岁以后，2020年性别比明显低于2010年。所以，总体来看，1990年以来非在婚人口性别比呈不断下降的趋势。与未婚人口性别比的不同之处在于，2020年33—44岁阶段的非在婚人口性别比明显低于2020年，这可能是由2020年离婚和丧偶人口数增多导致的。

表3-6 1990年以来历次人口普查全国15—49岁非在婚人口性别比

年龄/岁	1990年	2000年	2010年	2020年
15	105.86	109.38	113.09	114.03
16	105.74	108.37	110.17	114.33
17	106.78	107.40	108.70	115.07
18	109.67	107.06	109.70	116.50
19	114.55	107.31	109.42	111.55
20	126.20	113.49	110.87	112.53
21	146.98	124.84	116.24	116.77
22	169.64	140.42	122.19	123.70
23	206.65	159.06	129.38	129.46
24	254.18	187.67	137.29	137.07
25	314.88	224.03	147.48	147.69
26	381.34	264.30	158.52	158.67
27	429.72	298.95	168.83	173.31
28	462.64	328.62	178.16	187.88
29	464.30	341.71	186.52	199.55
30	534.86	348.96	191.07	206.42
31	608.34	346.16	201.80	208.62
32	641.87	335.68	205.58	203.47
33	617.37	342.52	211.35	203.20
34	596.25	327.99	214.74	197.01
35	578.91	299.03	217.71	192.45
36	550.61	267.26	212.64	185.01
37	522.56	247.75	210.11	177.27
38	479.76	236.55	206.81	172.37
39	424.24	215.82	196.46	170.18
40	385.83	218.41	188.36	165.96
41	350.53	225.09	181.57	164.69
42	318.27	236.08	173.78	156.41
43	287.70	220.54	171.36	154.94
44	259.06	206.02	162.51	152.11
45	235.63	204.27	148.97	149.11
46	218.52	187.54	134.42	145.89
47	199.45	181.54	126.63	138.24
48	183.60	169.47	118.68	134.48
49	112.23	153.98	110.99	129.40

数据来源:《中国1990年人口普查资料》《中国2000年人口普查资料》《中国2010年人口普查资料》《中国人口普查年鉴2020》。

四、男性过剩人口数

（一）2020年男性过剩人口最多

1990年15—49岁男性过剩人口数共计2051.67万，2000年也有1903.05万，与1990年基本持平；2010年降至1426.88万，但2020年增长到了2522.85万，明显超过了1990年的水平（见表3-7）。可见，1990年以来中国婚姻市场上一直存在男性人口过剩，其中1990年男性过剩较为严重，2000年和2010年有所缓和，但2020年是1990年以来男性人口过剩最严重的时期。

（二）低龄男性人口在2020年过剩最严重

由表3-7可见，15—31岁年龄段基本上每一岁的男性人口过剩数量都是2020年明显超过其他三个年份，而这个年龄段正处于或即将步入结婚高峰年龄的阶段，表明2020年中国婚姻市场上的男性婚姻挤压是1990年以来最为严重的，而且还将变得更加严重。

表3-7　1990年以来历次人口普查15—49岁男性人口过剩人数

单位：万人

年龄/岁	1990年	2000年	2010年	2020年
合计	2051.67	1903.05	1426.88	2522.85
15	60.35	76.76	102.53	112.88
16	60.02	62.30	79.98	117.37
17	62.61	48.63	74.63	107.15
18	63.97	46.70	73.38	107.72
19	67.33	38.13	61.53	97.15
20	34.66	23.72	37.52	92.24
21	48.56	17.13	15.89	84.33
22	62.06	20.71	8.81	90.66
23	55.89	30.82	5.71	88.10
24	69.31	37.86	-7.47	85.71
25	66.71	39.73	0.63	93.85
26	63.05	47.43	4.94	86.34
27	90.63	61.57	12.24	87.79
28	36.18	66.89	22.11	89.01
29	19.27	70.32	26.11	90.73
30	59.62	78.04	28.11	95.48
31	69.26	61.59	41.67	73.81
32	95.41	80.58	34.48	63.24
33	70.72	53.08	39.90	68.51

表3-7　1990年以来历次人口普查15—49岁男性人口过剩人数

续表

34	58.65	67.37	46.39	58.81
35	72.57	79.01	44.83	56.85
36	57.40	60.59	47.43	56.86
37	51.51	86.67	57.65	56.77
38	52.17	67.57	59.47	63.50
39	44.94	19.71	66.24	51.14
40	74.33	53.32	58.90	45.39
41	59.97	58.00	49.11	53.04
42	59.96	83.56	53.27	42.02
43	57.83	78.01	35.67	43.58
44	44.33	51.45	49.39	46.98
45	49.85	68.85	54.25	41.03
46	54.75	53.65	37.85	40.16
47	51.99	40.61	63.54	45.52
48	50.73	46.23	37.45	43.22
49	55.07	26.48	2.74	45.91

数据来源：《中国1990年人口普查资料》《中国2000年人口普查资料》《中国2010年人口普查资料》《中国人口普查年鉴2020》。

五、未婚男性过剩人口

（一）1990年和2020年未婚男性过剩人口占比较高

15—49岁未婚男性过剩人口总数占该年龄段男性人口总数的比例，1990年为10.53%，2000年为8.72%，2010年为7.86%，2020年又升至10.33%，大致判断，1990年和2020年未婚男性过剩人口数量较多，而2000年和2010年数量相对较少，这与1990年出现过婚姻挤压、2000年和2010年相对缓和、2020年又变严重的趋势一致。

（二）男性过剩人口较多的年龄段都出现在20—30岁

分年龄看，未婚男性过剩人口总数占该年龄段男性人口总数的比例超过10%的年龄，1990年是19—27岁，2000年是20—28岁，2010年是21—29岁，2020年则出现在15—32岁，其峰值分别出现在22岁、24岁、25岁和26岁。总体来看，结婚高峰年龄的未婚男性人口过剩严重，而高年龄段过剩人口数较少（见表3-8）。

需要指出的是，这里计算的是同龄男女未婚人口数之差，反映的是可能出现的形势，与实际的婚姻市场存在差别。每次全国人口普查20岁的人口到下一次人口普查就是30岁人口的情况。2000年、2010年和2020年三次人口普查是30—39岁年龄段的过剩人口所占比例都明显低于上一次人口普查20—29岁男性过剩人口的占比（见表3-8）。出现这种情况的原因可能是，实际婚姻市场男性不一定只寻找同龄的女性，面临婚姻挤压还会从其他年龄段寻找，所以结婚高峰时期男性过剩人口比较多，但过完结婚高峰期之后，一些受挤压的男性从其他年龄段寻找女性结婚，所以30岁以后仍未婚的人过剩的人口就减少了。

表3-8 1990年以来历次人口普查15—49岁男性未婚人口过剩情况

年龄/岁	过剩人口数量/万人①				过剩人口占比/%			
	1990年	2000年	2010年	2020年	1990年	2000年	2010年	2020年
合计	3442.93	295.19	286.28	356.83	10.53	8.72	7.86	10.33
15	61.54	8.71	10.60	10.39	5.53	8.58	11.58	12.30
16	65.35	7.59	8.43	11.70	5.43	7.73	9.23	12.53
17	79.60	6.50	7.83	10.81	6.33	6.89	7.99	13.08
18	109.32	6.97	8.60	10.67	8.70	6.61	8.79	14.12
19	161.28	5.81	8.44	7.97	12.10	6.80	8.48	10.27
20	242.79	9.24	12.08	8.63	18.41	11.64	9.45	10.97
21	343.91	15.43	15.49	10.12	24.88	18.72	12.92	13.91
22	323.79	19.79	17.04	13.58	25.73	24.11	15.34	17.89
23	282.01	20.16	19.44	15.06	24.12	25.40	16.74	20.11
24	274.73	23.18	17.80	17.24	21.23	25.60	17.41	22.20
25	221.42	22.07	15.75	20.25	17.58	23.72	17.50	23.91
26	181.98	20.32	14.76	20.02	14.04	19.89	16.51	23.96
27	150.11	17.18	13.10	21.33	10.75	16.05	14.79	23.27
28	74.64	14.41	13.05	20.66	9.16	12.77	12.69	21.42
29	48.17	11.67	9.81	19.70	8.24	9.98	10.88	18.79
30	55.20	10.54	8.20	21.18	7.34	8.20	9.38	15.94
31	53.38	7.89	7.39	17.33	7.08	6.75	8.02	13.36
32	66.71	7.51	6.51	13.59	6.67	5.77	7.18	11.07
33	58.36	5.26	5.50	12.60	6.12	5.13	6.43	9.45
34	53.76	5.40	5.69	9.46	5.90	4.55	5.85	8.10
35	57.62	5.00	5.58	7.13	5.73	4.21	5.57	7.06
36	52.83	4.43	5.53	6.08	5.59	3.83	5.10	6.05
37	48.86	4.63	5.38	5.22	5.51	3.41	4.72	5.30
38	45.71	3.29	5.20	5.29	5.25	3.24	4.40	4.69

①1990年的过剩人口数量是对1990年人口普查资料数据的汇总，统计的是总体人口；而2000年、2010年和2020年汇总的普查长表数据是10%抽样调查的结果。因此，不能做直接对比。

表3-8　1990年以来历次人口普查15—49岁男性未婚人口过剩情况

续表

39	37.57	1.77	4.86	4.29	5.02	3.23	4.02	4.37
40	40.44	2.42	5.04	3.68	5.03	3.39	3.83	4.09
41	33.62	2.22	4.23	3.88	4.94	3.39	3.55	3.90
42	32.04	3.22	4.28	3.46	4.93	3.75	3.30	3.65
43	30.52	3.40	3.32	3.26	4.87	3.57	3.24	3.59
44	28.63	3.08	3.59	3.49	5.00	3.57	3.08	3.47
45	27.56	3.50	3.43	3.60	5.03	3.75	2.95	3.50
46	25.73	3.40	3.15	3.82	4.90	3.68	2.79	3.40
47	24.30	3.18	3.40	3.77	4.88	3.81	2.59	3.21
48	25.24	3.33	2.42	3.77	4.96	3.86	2.48	3.13
49	24.19	2.67	1.34	3.77	4.79	3.73	2.50	3.04

数据来源：《中国1990年人口普查资料》《中国2000年人口普查资料》《中国2010年人口普查资料》《中国人口普查年鉴2020》。

六、非在婚男性过剩人口数量

（一）非在婚男性过剩人口的变化特征与未婚男性过剩人口一致

从变化趋势来看，1990年到2020年非在婚男性过剩人口的变化特征与未婚男性过剩人口的变化特征一致，都是2000年和2010年相对较轻、2020年又变严重。分年龄来看，非在婚男性过剩人口数量的对比，其特征也与未婚男性人口一致，结婚高峰年龄的未婚男性人口过剩严重，而高年龄段过剩人口数较少。

（二）高低两个年龄段非在婚男性过剩人口少于未婚男性过剩人口

将非在婚过剩男性人口占比与未婚人口男性过剩人口相比发现，在25岁之前和45岁之后，四次全国人口普查基本都是非在婚男性过剩人口占同龄人口的比重略高于未婚男性过剩人口的占比，但在25—45岁，四次全国人口普查都是非在婚男性过剩人口占同龄人口的比重低于未婚男性过剩人口的占比（见表3-8、表3-9）。

表3-9　1990年以来历次人口普查15—49岁非在婚男性人口过剩人数

年龄/岁	过剩人口数量/万人				过剩人口占比/%			
	1990年	2000年	2010年	2020年	1990年	2000年	2010年	2020年
合计	3522.07	298.47	280.76	358.27	10.78	8.81	7.71	10.37
15	61.51	8.71	10.60	10.39	5.53	8.58	11.57	12.30
16	65.25	7.59	8.43	11.70	5.42	7.72	9.22	12.53
17	79.36	6.49	7.83	10.80	6.31	6.88	7.98	13.08
18	108.54	6.94	8.58	10.66	8.64	6.57	8.78	14.10
19	160.50	5.76	8.41	7.96	12.04	6.75	8.45	10.26
20	241.82	9.16	12.02	8.61	18.33	11.54	9.40	10.94
21	343.39	15.36	15.41	10.07	24.85	18.63	12.86	13.85
22	323.62	19.69	16.96	13.51	25.71	23.99	15.27	17.78
23	282.57	20.09	19.37	14.96	24.17	25.31	16.68	19.97
24	275.99	23.14	17.73	17.09	21.32	25.55	17.34	22.00
25	223.27	22.08	15.72	20.08	17.73	23.73	17.44	23.71
26	184.52	20.39	14.77	19.85	14.24	19.96	16.51	23.75
27	153.68	17.33	13.14	21.19	11.00	16.18	14.83	23.12
28	77.27	14.66	13.11	20.61	9.49	12.99	12.75	21.37
29	50.15	12.01	9.92	19.78	8.57	10.27	11.00	18.87
30	58.63	11.00	8.32	21.48	7.80	8.56	9.52	16.18
31	57.54	8.38	7.55	17.73	7.64	7.16	8.19	13.67
32	72.60	8.08	6.68	14.05	7.25	6.21	7.37	11.45
33	64.11	5.82	5.71	13.27	6.73	5.67	6.67	9.95
34	59.49	6.06	5.89	10.12	6.53	5.11	6.06	8.66
35	64.33	5.58	5.80	7.75	6.40	4.71	5.79	7.68
36	59.53	4.89	5.68	6.68	6.30	4.23	5.24	6.64
37	55.52	5.13	5.53	5.78	6.26	3.79	4.86	5.87
38	52.39	3.60	5.35	5.98	6.02	3.54	4.53	5.30
39	43.00	1.86	4.87	4.81	5.74	3.40	4.04	4.90
40	46.41	2.55	4.97	4.06	5.77	3.56	3.78	4.51
41	38.42	2.38	4.11	4.25	5.65	3.64	3.45	4.27
42	36.04	3.47	4.08	3.56	5.55	4.04	3.14	3.76
43	33.53	3.48	3.08	3.30	5.35	3.66	3.00	3.64
44	29.92	3.01	3.16	3.39	5.22	3.49	2.71	3.37
45	27.90	3.36	2.70	3.30	5.09	3.59	2.32	3.20
46	25.72	3.06	2.02	3.34	4.90	3.31	1.79	2.97
47	23.09	2.77	1.88	2.97	4.63	3.32	1.43	2.52
48	22.62	2.67	1.03	2.74	4.45	3.10	1.05	2.28
49	19.84	1.91	0.37	2.44	3.93	2.66	0.70	1.96

数据来源：《中国 1990 年人口普查资料》《中国 2000 年人口普查资料》《中国 2010 年人口普查资料》《中国人口普查年鉴 2020》。

第三节　分城乡的婚姻挤压情况对比

城乡婚姻状况的差异是婚姻挤压形势的重要部分，为全面分析2020年婚姻挤压基本情况，对普查数据显示城市、镇和乡村的性别结构和过剩人口数做逐一分析。

一、人口性别比

（一）城乡人口性别比随着年龄变化的特点基本相同

城市、镇和乡村分年龄的人口性别比大致表现为随着年龄增长而下降的趋势。其中30—34岁的性别比都相对较低。但是，城乡都是男多女少。城市和乡村在49岁之前每一岁的性别比都高于100，镇除了31—34岁性别比略低于100，其他在100以上（见表3-10）。

（二）乡村人口性别比明显高于城镇

城市、镇和乡村分年龄的人口性别比做对比，每一岁的特征也基本一致，都表现为乡村最高，城市和镇比较接近但城市略高于镇。其中乡村的性别比高的非常严重，15—29岁人口性别比都在120以上，43岁及以下都在110以上（见表3-10）。

（三）结婚高峰年龄段乡村人口性别比明显高于城市和镇

城乡对比，在20岁之前，乡村人口性别比高于城市和镇，但这一年龄段城市和镇的性别比也比较高。20岁及之上，乡村人口各年龄的性别比依然都在120以上，而城市和镇的性别比都在105左右，在35岁之下，乡村的人口性别比都在115以上，而城镇只是在105以下（见表3-10）。这表明2020年结婚高峰年龄的婚姻挤压状况虽然在城市和镇存在，但乡村要明显严重。

表3-10　2020年分城乡的15—49岁分年龄人口性别比

年龄/岁	城市	镇	乡村
15	113.53	112.88	121.57
16	114.49	112.10	127.24
17	114.52	111.97	128.75
18	111.61	116.00	126.99
19	107.08	117.28	128.76
20	105.99	116.86	128.69
21	106.47	114.95	124.86
22	107.67	112.54	121.69
23	107.82	110.34	121.04
24	107.13	108.58	120.83
25	107.45	107.46	121.72
26	106.96	105.90	121.39
27	106.53	104.17	120.93
28	106.66	103.26	120.54
29	106.44	102.28	120.00
30	104.95	100.28	118.66
31	103.44	99.09	116.64
32	102.91	98.90	115.90
33	102.57	99.05	116.59
34	102.38	99.56	116.05
35	103.20	100.60	115.89
36	103.42	100.65	115.54
37	103.35	100.93	116.08
38	102.95	100.82	116.43
39	102.84	100.18	114.86
40	103.24	100.49	112.82
41	103.28	100.82	113.64
42	102.61	100.71	111.03
43	102.85	101.45	111.16
44	103.11	101.92	109.60
45	102.62	101.23	108.29
46	102.62	101.05	106.85
47	103.25	101.59	106.53
48	103.48	101.65	105.26
49	103.12	102.34	105.44

数据来源：《中国人口普查年鉴2020》。

二、未婚人口性别比

（一）城市、镇和乡村都表现出随着年龄增长而不断升高的特点

未婚人口性别比在城市、镇和乡村都存在随年龄增长而不断升高的特点，尤其是20岁以后非常明显。城市未婚人口性别比是在20岁以上由110左右增长到49岁的193.92。镇是由15岁的111.69提升到49岁的413.02，乡村由15岁的117.51提高到1185.04（见表3-11）。

（二）城乡未婚人口性别比差距较大

城乡对比来看，每一岁的未婚人口性别比基本都是城市高于镇、镇高于乡村，城市和镇之间的差距较小，而乡村和二者的差距很大。随着年龄的增长，城市、镇和乡村之间的相互差距明显拉大（见表3-11）。

（三）城乡未婚人口性别比开始快速升高的年龄有差异

未婚人口性别比，按比上一岁的高出5以上作为开始快速升高的标准，那么城市未婚人口性别比开始升高的年龄为24岁，镇为21岁，而乡村是20岁（见表3-11）。这种现象是由城乡结婚年龄的差异造成的。

表3-11 2020年分城乡的15—49岁分年龄未婚人口性别比

年龄/岁	城市	镇	乡村
15	112.45	111.69	117.51
16	112.90	111.90	118.87
17	114.31	111.69	120.00
18	113.13	115.68	122.34
19	104.51	114.23	123.01
20	104.67	114.90	128.62
21	107.63	120.96	134.62
22	113.69	126.44	143.83
23	117.62	132.50	154.82
24	123.22	141.28	169.73
25	131.23	153.25	189.49
26	139.70	165.88	213.84
27	151.34	183.43	243.04
28	163.42	201.36	276.54
29	174.47	216.56	306.02
30	180.68	229.05	334.43
31	183.74	242.17	378.29
32	181.53	248.20	400.20

表3-11　2020年分城乡的15—49岁分年龄未婚人口性别比

续表

33	183.31	258.65	440.24
34	181.14	261.43	452.28
35	177.80	258.51	490.03
36	173.06	257.10	500.00
37	165.82	264.65	531.04
38	163.61	268.74	537.23
39	165.28	259.85	571.11
40	166.07	264.57	598.62
41	170.83	294.42	697.77
42	165.35	294.78	747.28
43	169.66	314.55	793.48
44	175.09	323.76	864.75
45	180.50	341.68	956.02
46	180.85	362.01	1019.94
47	176.70	363.78	1092.03
48	191.60	389.75	1109.87
49	193.92	413.02	1185.04

数据来源：《中国人口普查年鉴2020》。

三、非在婚人口性别比

（一）城乡非在婚人口性别比都存在先升后降的变化特征

分年龄来看，城市、镇和乡村的非在婚人口性别比都呈现出先随着年龄增长不断提高，之后出现随年龄增长不断下降。但城乡非在婚人口性别比的峰值差异较大，出现的时间也略有不同。城市是在30岁达到峰值170.86，之后出现持续下降；镇是在31岁达到峰值209.97，之后持续下降；乡村是在35岁出现峰值344.55（见表3-12）。

（二）城乡非在婚人口性别比差距较大

城乡对比各年龄基本都存在城市低于镇、镇低于乡村的特点，这一点与未婚人口性别比一致，但城乡非在婚人口性别比普遍低于未婚人口性别比。随着年龄的增长，城市、镇和乡村的非在婚人口性别比的差距逐渐拉大。其中城市和镇的差距相对较小，而乡村与二者的差距较大（见表3-12）。可以发现，考虑到离婚和丧偶的情况，乡村婚姻市场的性别失衡也比城镇更加严重。

表3-12　2020年分城乡的15—49岁分年龄非在婚人口性别比

年龄/岁	城市	镇	乡村
15	112.45	111.69	117.51
16	112.90	111.90	118.86
17	114.30	111.69	119.99
18	113.13	115.66	122.30
19	104.51	114.21	122.96
20	104.66	114.86	128.45
21	107.59	120.86	134.32
22	113.60	126.27	143.21
23	117.44	132.09	153.90
24	122.86	140.40	167.98
25	130.60	151.91	186.38
26	138.48	163.03	208.62
27	149.18	178.82	233.07
28	159.39	193.16	260.19
29	167.95	202.31	280.35
30	170.86	207.90	297.80
31	168.59	209.97	318.80
32	161.96	205.42	321.70
33	157.29	203.17	337.74
34	150.57	195.22	337.92
35	144.66	186.68	344.55
36	136.92	176.39	342.08
37	128.87	175.71	338.27
38	123.44	168.31	337.50
39	118.96	157.10	341.26
40	115.47	150.08	325.64
41	111.81	148.38	334.82
42	104.87	139.94	321.76
43	102.06	137.77	318.24
44	99.87	132.03	307.44
45	97.26	128.27	298.01
46	94.71	126.97	281.69
47	90.24	120.87	267.01
48	90.54	116.45	244.30
49	85.88	114.42	232.75

数据来源：《中国人口普查年鉴2020》。

四、男性过剩人口数

（一）男性过剩人口在乡村的居多

2020年全国城市男性过剩人口763.77万，镇295.37万，乡村1463.68万，三者差距较大。分年龄来看，每一岁的男性过剩人口数都是乡村最多，城市多于镇（见表3-13）。这种差距主要是由人口基数的差距造成的。

（二）低龄段城镇男性过剩问题严重

在22岁以下，城市和镇男性过剩人口数量之和超过了乡村，并且年龄越小超过得越多。这反映出在低年龄段城镇男性人口过剩比乡村更加严重。而在大部分年龄段，乡村的男性过剩人口数都要明显多于城镇。所以总体来看，乡村男性人口过剩情况更为严重，城镇只是在22岁及以下的年龄段更为严重（见表3-13）。

需要进一步指出的是，我国城乡年龄结构有一定的差别，城市人口年龄结构更为年轻，从另一个角度来讲就是年轻人城市化水平较高。《中国人口普查年鉴2020》数据显示，城市15—34岁年龄段的人口占城市总人口的比例为30.49%，镇的为26.08%，而乡村的只占20.31%。城镇15—34岁年龄段的人口比重明显高于乡村。

五、未婚男性过剩人口数量

（一）城镇未婚男性人口数量多过乡村

从合计数来看，城市和镇的过剩人口数量之和明显大于乡村。分年龄来看，37岁之前，每一岁的城镇和镇的男性过剩人口数量之和也高于乡村。可见，在37岁之前年龄段的城镇未婚男性人口数量多于乡村（见表3-14）。

（二）乡村未婚男性过剩人口的占比更高

从未婚男性过剩人口占同龄男性人口的比例来看，乡村明显高于城市和镇。乡村15—49岁男性过剩总人口数占该年龄段男性人口数的比例是14.59%，明显高于城市的7.95%和9.14%。分年龄来看，15—49岁乡村每一岁的未婚男性过剩人口占同龄男性人口的比例都明显高于城市和镇，特别是15—35岁乡村未婚男性过剩人口的占比都在10%以上，最高的达到了32.16%。而城市最高的占比只有19.82%，镇最高的占比是23.84%（见表3-14）。

综合判断，从性别失衡的角度看，乡村男性面临的婚姻挤压更为严重，但由于城镇青年人口较多，所以其男性过剩人口数量较多。

表3-13 2020年15—49岁分城乡的男性人口过剩人数

单位：万人

年龄/岁	城市	镇	乡村
合计	763.77	295.37	1463.68
15	36.44	27.54	48.90
16	44.04	28.11	45.22
17	41.20	24.57	41.37
18	36.88	26.80	44.04
19	25.91	24.45	46.79
20	23.09	22.62	46.53
21	23.10	19.27	41.96
22	28.18	18.34	44.14
23	28.32	15.42	44.36
24	26.80	13.41	45.51
25	30.04	12.90	50.91
26	27.72	10.25	48.36
27	27.99	8.16	51.64
28	29.56	6.79	52.66
29	30.52	5.27	54.93
30	29.69	0.86	64.93
31	20.71	-2.72	55.82
32	16.74	-3.10	49.60
33	16.07	-2.90	55.33
34	13.11	-1.17	46.87
35	14.95	1.36	40.55
36	15.89	1.47	39.50
37	15.43	2.03	39.30
38	15.58	2.06	45.86
39	12.74	0.40	38.00
40	13.04	1.01	31.34
41	14.52	1.89	36.62
42	10.92	1.56	29.54
43	11.19	3.07	29.32
44	13.18	4.51	29.29
45	11.21	2.95	26.88
46	11.96	2.74	25.47
47	15.38	4.30	25.84
48	16.54	4.56	22.12
49	15.13	6.58	24.20

数据来源：《中国人口普查年鉴2020》。

表3-14　2020年15—49岁分城乡的未婚男性人口过剩情况

年龄/岁	过剩人口数量/万人			过剩人口占比/%		
	城市	镇	乡村	城市	镇	乡村
合计	123.78	73.51	159.54	7.95	9.14	14.59
15	3.25	2.53	4.62	11.07	10.46	14.89
16	4.14	3.05	4.51	11.42	10.63	15.86
17	4.16	2.64	4.02	12.51	10.45	16.61
18	3.74	2.69	4.24	11.58	13.51	18.12
19	1.60	2.19	4.19	4.30	12.35	18.40
20	1.76	2.13	4.74	4.42	12.71	21.52
21	2.54	2.53	5.04	6.95	16.60	24.11
22	4.23	3.06	6.30	11.50	19.14	27.16
23	4.91	3.28	6.87	13.68	20.98	29.41
24	6.03	3.67	7.54	16.14	22.74	31.21
25	7.49	4.25	8.51	18.54	23.84	32.16
26	7.80	4.09	8.13	19.51	23.04	31.46
27	8.55	4.30	8.47	19.82	21.65	29.60
28	8.46	4.07	8.13	18.78	19.15	26.98
29	8.12	3.85	7.73	16.69	16.35	23.68
30	8.60	4.10	8.47	14.12	13.46	20.45
31	6.98	3.29	7.07	11.52	11.09	17.87
32	5.39	2.55	5.64	9.30	9.09	15.39
33	4.84	2.33	5.43	7.67	7.67	13.64
34	3.58	1.73	4.15	6.43	6.50	12.01
35	2.60	1.28	3.25	5.45	5.53	10.78
36	2.13	1.08	2.88	4.47	4.67	9.61
37	1.74	0.94	2.54	3.68	4.21	8.78
38	1.67	0.96	2.65	3.10	3.76	7.99
39	1.26	0.74	2.29	2.76	3.30	7.64
40	1.03	0.63	2.03	2.49	3.01	7.24
41	1.01	0.68	2.20	2.23	2.91	7.08
42	0.83	0.59	2.04	1.95	2.66	6.77
43	0.75	0.56	1.96	1.87	2.61	6.61
44	0.78	0.58	2.14	1.81	2.42	6.31
45	0.78	0.60	2.22	1.80	2.46	6.26
46	0.78	0.64	2.40	1.69	2.44	5.99
47	0.75	0.62	2.40	1.56	2.27	5.66
48	0.78	0.63	2.35	1.64	2.25	5.30
49	0.76	0.63	2.38	1.57	2.20	5.07

数据来源：《中国人口普查年鉴2020》。

表 3-15　2020 年 15—49 岁分城乡的非在婚男性过剩人口

年龄/岁	过剩人口数量/万人			过剩人口占比/%		
	城市	镇	乡村	城市	镇	乡村
合计	110.68	72.29	175.30	7.11	8.99	16.03
15	3.25	2.53	4.62	11.07	10.46	14.89
16	4.14	3.05	4.51	11.42	10.63	15.85
17	4.15	2.64	4.01	12.50	10.45	16.60
18	3.73	2.69	4.24	11.58	13.50	18.09
19	1.60	2.19	4.18	4.30	12.34	18.37
20	1.76	2.13	4.72	4.42	12.69	21.43
21	2.53	2.53	5.02	6.92	16.54	23.99
22	4.21	3.05	6.25	11.44	19.07	26.96
23	4.87	3.26	6.83	13.57	20.84	29.24
24	5.96	3.63	7.49	15.96	22.50	31.01
25	7.40	4.21	8.47	18.31	23.64	31.99
26	7.67	4.04	8.14	19.20	22.75	31.47
27	8.40	4.27	8.52	19.47	21.49	29.74
28	8.27	4.06	8.28	18.37	19.09	27.47
29	7.93	3.85	8.00	16.32	16.34	24.51
30	8.37	4.13	8.98	13.75	13.57	21.66
31	6.70	3.35	7.68	11.06	11.30	19.42
32	5.10	2.63	6.32	8.80	9.37	17.23
33	4.48	2.45	6.34	7.10	8.05	15.94
34	3.23	1.82	5.06	5.80	6.85	14.65
35	2.29	1.37	4.09	4.81	5.92	13.54
36	1.77	1.14	3.76	3.73	4.97	12.57
37	1.35	1.04	3.39	2.87	4.65	11.70
38	1.21	1.05	3.72	2.24	4.11	11.21
39	0.79	0.77	3.25	1.72	3.44	10.85
40	0.56	0.62	2.87	1.37	2.98	10.27
41	0.46	0.66	3.13	1.01	2.83	10.10
42	0.18	0.52	2.86	0.43	2.35	9.50
43	0.07	0.47	2.76	0.18	2.20	9.32
44	0.00	0.45	2.95	-0.01	1.85	8.71
45	-0.10	0.41	3.00	-0.24	1.67	8.44
46	-0.21	0.42	3.13	-0.46	1.58	7.81
47	-0.42	0.34	3.05	-0.88	1.24	7.19
48	-0.40	0.28	2.86	-0.84	0.99	6.45
49	-0.63	0.25	2.82	-1.30	0.86	6.01

数据来源：《中国人口普查年鉴 2020》。

六、非在婚男性过剩人口数量

（一）城镇非在婚男性过剩人口数量与乡村基本持平

非在婚男性过剩人口数量与未婚人口相比相差不多，总体来看城市和镇的非在婚男性过剩人口数量有所降低，而乡村的有所升高。所以从数量上看，2020年15—49岁城市和镇非在婚男性过剩人口数之和与乡村基本相等。这就意味着，城市和镇离婚和丧偶人口以女性较多，而乡村男性较多（见表3-15）。

（二）离婚和丧偶对男性过剩人口的影响主要发生在高年龄段

分年龄对比非在婚男性人口过剩数量和未婚人口过剩数量可以发现，城市非在婚男性过剩人口数明显超过未婚人口的情况主要发生在35岁及以后，而镇主要发生在45岁及以后，乡村非在婚男性过剩人口数明显低于未婚人口的情况也主要发生在35岁及以后（见表3-15）。出现这种情况可能是由于35岁及以后离婚和丧偶人口的数量开始增多，其对婚姻市场的影响变得更加明显。

第四节　城乡婚姻挤压的纵向对比

城乡婚姻挤压情况都在发生不断的变迁，其变迁过程的异同也是我国婚姻挤压的总体特征的重要方面。

一、城乡人口性别比变化

（一）乡村人口性别比变化较大

由前文表3-4可知，四次人口普查中15—29岁年龄段每一岁的人口性别比都是2020年高于前三次人口普查。但分城乡来看，在20—29岁年龄段，四次全国人口普查中城市和镇的人口性别比没有明显变化，1990年和2020年相对较高也都是在105—110，2000年和2010年相对较低在100左右。但乡村2020年20—29岁人口性别比则都在120以上，明显高于前三次普查的水平（见表3-16）。

表3-16　1990年以来历次人口普查分城乡的15—49岁人口性别比

年龄/岁	1990年			2000年			2010年			2020年		
	城市	镇	乡村	城市	镇	乡村	城市	镇	乡村	城市	镇	乡村
15	105.57	106.13	105.64	101.01	110.63	109.23	109.80	111.22	113.51	113.53	112.88	121.57
16	104.56	105.27	105.57	95.27	109.71	109.97	106.03	106.87	111.81	114.49	112.10	127.24
17	105.01	104.87	105.54	93.52	105.82	110.99	104.18	105.76	110.76	114.52	111.97	128.75
18	106.69	104.29	105.09	95.73	101.47	110.03	103.97	108.13	109.40	111.61	116.00	126.99
19	108.15	103.25	104.57	101.50	96.74	107.60	102.25	109.70	107.11	107.08	117.28	128.76
20	108.37	99.86	100.55	105.63	93.15	103.33	101.56	106.41	102.19	105.99	116.86	128.69
21	108.54	99.69	102.47	106.36	92.79	101.71	103.20	103.57	98.50	106.47	114.95	124.86
22	109.50	101.02	104.58	105.48	93.81	102.78	104.97	101.40	96.97	107.67	112.54	121.69
23	108.35	101.70	104.71	103.50	95.82	105.57	104.61	99.64	97.53	107.82	110.34	121.04
24	107.82	102.72	105.80	102.89	97.42	105.89	103.05	98.08	96.98	107.13	108.58	120.83
25	108.34	103.01	105.11	102.46	98.25	105.97	102.97	98.44	98.47	107.45	107.46	121.72
26	107.24	102.67	104.85	103.15	99.43	106.00	102.19	98.17	100.15	106.96	105.90	121.39
27	108.20	104.82	107.15	104.74	101.68	106.60	101.67	98.62	102.13	106.53	104.17	120.93
28	107.10	103.10	103.71	106.71	102.95	105.68	101.39	98.91	104.07	106.66	103.26	120.54
29	105.43	101.78	102.48	106.87	103.54	105.81	102.39	99.51	104.56	106.44	102.28	120.00
30	108.68	107.01	109.52	108.49	104.86	104.78	103.69	100.33	103.73	104.95	100.28	118.66
31	109.39	108.37	111.86	107.81	104.15	104.09	103.97	101.05	106.22	103.44	99.09	116.64
32	109.27	109.27	112.37	109.52	105.82	104.62	103.60	101.22	104.83	102.91	98.90	115.90
33	107.13	106.63	109.51	109.60	105.03	103.36	104.14	101.64	106.26	102.57	99.05	116.59
34	106.41	105.87	107.80	109.84	105.03	104.15	105.03	102.53	105.27	102.38	99.56	116.05
35	106.83	107.32	108.76	111.77	106.68	104.53	104.85	102.52	104.81	103.20	100.60	115.89
36	105.76	106.29	107.09	110.74	106.00	102.55	105.45	102.62	104.10	103.42	100.65	115.54
37	105.54	106.69	106.34	110.62	106.61	104.44	106.47	103.68	104.36	103.35	100.93	116.08
38	106.06	106.97	106.30	112.67	107.98	103.88	107.27	104.38	103.50	102.95	100.82	116.43
39	106.27	107.61	105.82	109.16	105.79	100.30	107.36	104.98	104.21	102.84	100.18	114.86
40	109.68	111.86	109.68	110.91	109.57	105.35	107.34	104.76	102.26	103.24	100.49	112.82
41	108.28	111.38	109.76	110.46	110.19	108.48	106.71	104.25	102.16	103.28	100.82	113.64
42	109.30	112.36	109.68	111.23	111.07	109.59	107.26	104.98	101.64	102.61	100.71	111.03
43	110.09	113.05	108.80	108.23	108.26	108.04	107.61	104.04	100.86	102.85	101.45	111.16
44	108.47	112.28	106.42	106.56	105.76	105.99	107.97	104.07	102.21	103.11	101.92	109.60
45	108.46	114.04	109.06	107.19	107.39	107.95	109.10	105.12	101.87	102.62	101.23	108.29
46	109.04	114.68	111.90	105.33	105.78	106.27	108.65	103.98	99.78	102.62	101.05	106.85
47	108.06	114.86	112.53	103.89	104.58	105.46	108.95	105.23	102.03	103.25	101.59	106.53
48	107.55	113.42	112.36	104.06	105.48	106.05	109.64	104.53	100.21	103.48	101.65	105.26
49	109.00	115.14	113.09	103.05	103.60	104.03	106.29	101.54	96.49	103.12	102.34	105.44

数据来源：《中国1990年人口普查资料》《中国2000年人口普查资料》《中国2010年人口普查资料》《中国人口普查年鉴2020》。

（二）2020年城乡差异最为明显

前三次人口普查中，城市、镇和乡村的15—49岁之间人口性别比差异不大，不同的年龄和不同普查城乡对比互有高低。但是在2020年，就出现了城乡的明显分化，其中主要是乡村和城镇的分化，即乡村在较低年龄段人口性别比明显高于城市和镇，而城市和镇的分化不明显（见表3-16）。

二、城乡未婚人口性别比变化

（一）乡村未婚人口性别比一直高于城镇

乡村未婚人口性别比高于城镇的特点一直没有改变。每次普查都是年龄越大，城乡未婚人口性别比的差距越大（见表3-17）。

（二）城乡之间的差距越来越小

几次人口普查相比，城市、镇和乡村的未婚人口性别比都有明显下降，城乡之间的差距越来越小。其中，城市49岁的未婚人口性别比从1990年的1092.16下降到2020年的193.92，而乡村则是由4310.51下降到1185.04。对比来看，各年龄组的城乡差距都有明显缩小。以30岁为例，城市、镇和乡村的未婚人口性别比分别是419.28、423.91和1871.35，而到了2020年则分别降为180.68、229.05和334.43，城乡差距明显缩小（见表3-17）。

（三）城乡未婚人口性别比开始快速升高的年龄变化有一定差异

以比上一岁升高5以上为开始快速升高，城市未婚人口性别比开始快速升高的年龄变化较大，从1990年的19岁增长到2020年的24岁，镇是由20岁增长到21岁，乡村是由19岁增长到20岁（见表3-17）。

三、城乡非在婚人口性别比变化

（一）城乡非在婚人口性别比都经历了先下降后回升的过程

2010年城市、镇和乡村各年龄的非在婚人口性别比为比1990年基本都有明显降低，但到2020年又都出现了回升，但都没升高到1990年的程度（见表3-18）。

（二）城市、镇和乡村的对比有变化

1990年各年龄的非在婚人口性别比都是呈现出城市高于镇但乡村高于城

市的特征。而到了2010年和2020年，表现为城市、镇和乡村依次升高的特征（见表3-18）。

表3-17　1990年以来历次人口普查分城乡的15—49岁未婚人口性别比[①]

年龄/岁	1990年			2010年			2020年		
	城市	镇	乡村	城市	镇	乡村	城市	镇	乡村
15	105.52	105.74	105.94	110.56	112.81	114.32	112.45	111.69	117.51
16	104.23	103.27	106.27	106.80	108.41	113.01	112.90	111.90	118.87
17	105.57	103.61	107.41	104.33	106.89	112.64	114.31	111.69	120.00
18	109.52	105.84	110.24	103.61	110.17	113.97	113.13	115.68	122.34
19	115.12	108.02	115.28	101.37	112.67	114.83	104.51	114.23	123.01
20	125.52	115.01	128.12	102.77	115.35	116.91	104.67	114.90	128.62
21	139.18	128.83	153.10	107.87	120.80	123.70	107.63	120.96	134.62
22	155.90	149.86	180.01	114.09	125.57	130.43	113.69	126.44	143.83
23	192.68	184.59	219.35	120.15	131.69	140.09	117.62	132.52	154.82
24	239.16	225.65	275.18	126.70	139.59	151.74	123.22	141.28	169.73
25	292.13	271.35	364.48	136.49	151.65	163.90	131.23	153.25	189.49
26	335.76	312.63	514.35	146.47	164.23	179.21	139.70	165.88	213.84
27	356.58	340.26	691.88	155.50	177.38	197.18	151.34	183.43	243.04
28	367.85	360.72	888.38	166.29	187.74	211.71	163.42	201.36	276.54
29	381.40	376.63	1183.30	172.94	198.88	229.97	174.47	216.56	306.02
30	419.28	423.91	1871.35	177.18	207.83	248.13	180.68	229.05	334.43
31	421.59	470.26	2716.43	182.25	231.45	299.07	183.74	242.17	378.29
32	428.56	525.80	3618.90	182.17	252.85	338.16	181.53	248.20	400.20
33	392.95	538.30	4015.84	188.43	262.55	393.65	183.31	258.65	440.24
34	382.46	574.80	4611.56	191.82	289.34	452.98	181.14	261.43	452.28
35	387.64	650.48	5055.73	198.36	312.19	521.60	177.80	258.51	490.03
36	394.32	667.05	5379.08	195.69	339.10	578.77	173.06	257.10	500.00
37	417.74	753.40	5392.49	205.52	366.34	651.29	165.82	264.65	531.04
38	417.85	801.59	5238.01	211.85	395.03	737.30	163.61	268.74	537.23
39	417.79	869.96	5176.42	210.47	416.18	829.56	165.28	259.85	571.11
40	453.87	852.41	4986.24	218.07	453.43	886.27	166.07	264.57	598.62
41	468.99	892.61	4818.89	234.99	538.59	1057.41	170.83	294.78	697.77
42	517.40	897.84	4065.91	228.24	517.71	1133.15	165.35	294.78	747.28
43	587.02	938.25	4082.60	245.55	527.23	1240.17	169.66	314.55	793.48
44	718.76	1139.92	4595.09	241.97	542.97	1361.76	175.09	323.76	864.75
45	806.66	1188.65	4549.51	254.07	581.37	1408.91	180.50	341.68	956.02
46	925.73	1296.82	4492.53	262.77	601.19	1461.31	180.85	362.01	1019.94
47	1018.00	1562.98	4447.04	251.39	630.22	1766.09	176.70	363.78	1092.03
48	1092.16	1403.02	4261.63	252.62	663.81	1569.94	191.60	389.75	1109.87
49	1173.04	1516.03	4310.51	262.60	615.99	1642.74	193.92	413.02	1185.04

数据来源：《中国1990年人口普查资料》《中国2010年人口普查资料》《中国人口普查年鉴2020》。

---

①2000年第五次全国人口普查没有公布分城乡、分婚姻状况的数据，所以无法计算2000年的未婚人口性别比、非在婚人口性别比、未婚男性过剩人口、非在婚男性过剩人口。

表3-18　1990年以来历次人口普查分城乡的15—49岁非在婚人口性别比

年龄/岁	1990年			2010年			2020年		
	城市	镇	乡村	城市	镇	乡村	城市	镇	乡村
15	105.52	105.74	105.93	110.56	112.81	114.32	112.45	111.69	117.51
16	104.23	103.27	106.25	106.80	108.41	113.01	112.90	111.90	118.86
17	105.57	103.60	107.38	104.33	106.89	112.63	114.30	111.69	119.99
18	109.51	105.81	110.14	103.60	110.16	113.93	113.13	115.66	122.30
19	115.10	107.97	115.16	101.36	112.65	114.75	104.51	114.21	122.96
20	125.47	114.89	127.90	102.76	115.31	116.78	104.66	114.86	128.45
21	139.03	128.59	152.79	107.84	120.70	123.47	107.59	120.86	134.32
22	155.51	149.28	179.30	114.02	125.39	130.07	113.60	126.27	143.21
23	191.40	183.03	217.74	120.02	131.35	139.55	117.44	132.09	153.90
24	235.51	221.29	270.70	126.38	138.92	150.62	122.86	140.40	167.98
25	281.78	259.35	349.63	135.85	150.55	161.86	130.60	151.91	186.38
26	311.92	283.61	469.89	145.32	161.61	176.29	138.48	163.03	208.62
27	315.44	287.42	584.81	153.30	172.10	191.90	149.18	178.82	233.07
28	309.26	281.08	678.46	161.73	178.01	203.43	159.39	193.16	260.19
29	293.92	258.64	799.71	165.26	184.42	217.20	167.95	202.31	280.35
30	289.86	251.21	985.01	164.50	182.97	228.53	170.86	207.90	297.80
31	271.20	245.97	1215.84	161.09	189.13	262.94	168.59	209.97	318.80
32	257.27	234.08	1271.21	154.23	192.23	282.56	161.62	205.42	321.70
33	229.04	212.66	1199.82	150.05	185.06	310.67	157.29	203.17	337.74
34	212.03	203.66	1128.43	142.34	182.32	330.44	150.57	195.22	337.92
35	199.95	193.86	1026.20	136.55	180.52	351.62	144.66	186.68	344.55
36	191.91	181.13	933.10	126.28	171.70	359.16	136.92	176.39	342.08
37	185.98	176.01	822.69	124.07	168.84	366.40	128.87	175.71	338.27
38	176.72	164.95	718.61	118.71	165.97	368.27	123.44	168.31	337.50
39	163.73	156.57	612.66	109.96	158.09	361.87	118.96	157.10	341.26
40	161.11	150.97	525.30	106.30	153.64	333.12	115.47	150.08	325.64
41	149.04	140.78	466.39	102.90	143.85	321.06	111.81	148.38	334.82
42	143.55	132.19	407.69	97.29	139.50	298.78	104.87	139.94	321.76
43	135.66	125.75	359.92	94.84	134.08	278.08	102.06	137.77	318.24
44	128.67	118.68	315.53	90.77	122.57	261.70	99.87	132.03	307.44
45	120.07	111.08	283.20	88.48	115.78	234.47	97.26	128.27	298.01
46	113.11	105.84	260.20	84.74	105.55	207.67	94.71	126.97	281.69
47	102.54	97.50	237.73	81.99	100.12	195.77	90.24	120.27	267.01
48	94.78	88.85	218.07	79.93	91.48	170.50	90.54	116.45	244.30
49	86.67	81.55	197.10	79.42	90.22	155.22	85.88	114.42	232.75

数据来源：《中国1990年人口普查资料》《中国2010年人口普查资料》《中国人口普查年鉴2020》。

四、城乡男性过剩人口数量变化

（一）城乡男性过剩人都经历了先下降后增多的过程

2000年城市、镇和乡村的男性过剩人口比1990年都有明显下降，但之后又有回升，2020年城市和乡村都超过了1990年的水平，镇仍低于1990的水平（见表3-19）。这可能与镇的人口数量减少有关。

（二）城乡男性过剩人口数量对比有明显变化

四次人口普查中15—49岁各年龄的乡村男性过剩人口数基本都高于城市。如果与城市和镇的和相比，前三次人口普查中，在较高年龄段乡村过剩人口则会相对较低，比如1990年的18岁及以上、2000年的30岁及以上，2010年的34岁及以上。但到了2020年，各年龄的乡村过剩人口基本都高于城市和镇之和（见表3-19）。从这一点来看，乡村男性过剩人口增加较快。

表3-19　1990年以来历次人口普查分城乡的15—49岁男性过剩人口

单位：万人

年龄/岁	1990年			2000年			2010年			2020年		
	城市	镇	乡村	城市	镇	乡村	城市	镇	乡村	城市	镇	乡村
合计	722.87	417.25	911.54	536.26	179.43	1187.37	652.64	263.14	511.09	763.77	295.37	1463.68
15	14.63	14.92	30.80	1.94	13.66	61.15	20.56	22.01	59.96	36.44	27.54	48.90
16	13.27	14.00	32.74	−11.42	13.48	60.24	15.67	15.55	48.77	44.04	28.11	45.22
17	16.46	13.56	32.59	−19.04	8.57	59.11	12.94	14.71	46.97	41.20	24.57	41.37
18	22.88	11.95	29.14	−15.67	2.46	59.90	13.00	18.77	41.62	36.88	26.80	44.04
19	30.34	9.55	27.44	4.57	−4.33	37.89	8.42	20.12	32.99	25.91	24.45	46.79
20	31.72	−0.41	3.34	15.70	−8.70	16.72	8.12	16.07	13.33	23.09	22.62	46.53
21	34.06	−0.96	15.46	18.08	−9.78	8.84	16.19	8.37	−8.67	23.10	19.27	41.96
22	33.27	2.85	25.94	14.58	−8.54	14.66	22.36	3.09	−16.64	28.18	18.34	44.14
23	26.26	4.51	25.13	8.59	−5.64	27.87	21.07	−0.87	−14.48	28.32	15.42	44.36
24	28.15	7.98	33.18	7.82	−4.02	34.06	12.34	−4.19	−15.59	26.80	13.41	45.51
25	30.54	8.69	27.48	6.85	−2.82	35.69	10.50	−3.03	−6.84	30.04	12.90	50.91
26	29.29	7.83	25.94	9.30	−0.98	39.11	7.84	−3.53	0.63	27.72	10.25	48.36
27	35.66	15.11	39.86	14.67	2.94	43.95	6.18	−2.63	8.69	27.99	8.16	51.64
28	17.76	5.94	12.48	21.35	5.37	40.17	5.99	−2.39	18.51	29.56	6.79	52.66
29	11.36	2.39	5.51	22.15	6.46	41.71	8.74	−0.96	18.33	30.52	5.27	54.93
30	22.10	11.59	25.93	29.37	9.74	38.94	12.71	0.63	14.76	29.69	0.86	64.93
31	22.99	14.03	32.24	24.23	7.40	29.97	14.52	2.16	24.99	20.71	−2.72	55.82
32	29.41	20.17	45.83	31.33	11.30	37.96	12.71	2.49	19.28	16.74	−3.10	49.60
33	21.50	13.83	35.39	22.98	7.54	22.56	13.43	3.16	23.30	16.07	−2.90	55.33

表3-19 1990年以来历次人口普查分城乡的15—49岁男性过剩人口

续表

34	18.50	11.74	28.40	27.15	8.72	31.50	17.91	5.59	22.89	13.11	-1.17	46.87
35	21.10	16.02	35.45	33.93	11.66	33.41	17.41	5.71	21.72	14.95	1.36	40.55
36	16.80	13.04	27.56	32.38	10.24	17.97	20.51	6.39	20.53	15.89	1.47	39.50
37	14.83	12.98	23.70	38.64	12.87	35.17	25.52	9.27	22.86	15.43	2.03	39.30
38	15.81	13.17	23.19	32.19	11.53	23.85	28.82	11.32	19.32	15.58	2.06	45.86
39	14.29	12.46	18.19	14.22	4.50	0.99	29.41	12.95	23.88	12.74	0.40	38.00
40	22.55	20.07	31.71	22.27	9.31	21.74	31.09	13.47	14.34	13.04	1.01	31.34
41	16.25	16.29	27.44	18.95	8.84	30.21	25.55	10.85	12.71	14.52	1.89	36.62
42	17.31	16.62	26.03	25.52	12.34	45.70	28.88	13.67	10.71	10.92	1.56	29.54
43	18.11	16.83	22.89	20.02	10.02	47.97	22.28	8.70	4.68	11.19	3.07	29.32
44	13.98	14.74	15.62	14.34	6.37	30.75	26.15	9.85	13.39	13.18	4.51	29.29
45	13.10	15.87	20.88	16.26	8.59	44.00	30.84	12.30	11.10	11.21	2.95	26.88
46	13.16	15.56	26.03	12.13	6.69	34.84	29.88	9.23	-1.25	11.96	2.74	25.47
47	11.34	14.99	25.66	7.71	4.74	28.16	36.73	13.76	13.05	15.38	4.30	25.84
48	11.00	13.96	25.77	8.00	5.76	32.46	27.49	8.88	1.08	16.54	4.56	22.12
49	13.10	15.39	26.57	5.17	3.15	18.16	10.91	1.65	-9.82	15.13	6.58	24.20

数据来源：《中国1990年人口普查资料》《中国2000年人口普查资料》《中国2010年人口普查资料》《中国人口普查年鉴2020》。

五、城乡未婚男性过剩人口数量变化

（一）城乡未婚男性人口占比都经历了先降后升

从合计情况看，城市、镇和乡村未婚男性过剩人口占其男性人口数的比重，都是2010年比1990年低，但2020年又有所升高，其中城市没有恢复到1990年的水平，镇和乡村则超过了1990年的水平。分年龄来看，每一岁基本都经历了一样的变化（见表3-20）。

（二）城乡男性过剩人口占比最高的年龄都在不断推迟

1990年，城市男性过剩人口占同龄男性人口比例最高的年龄为23岁（31.37%），到2010年推迟到了25岁（17.65%），2020年又进一步提高到了27岁（19.82%）。镇则由1990年的23岁提高到了26岁，乡村是由21岁提高到25岁（见表3-20）。

表3-20　1990年以来历次人口普查分城乡的15—49岁未婚男性过剩人口占比

单位：%

年龄/岁	1990年			2010年			2020年		
	城市	镇	乡村	城市	镇	乡村	城市	镇	乡村
合计	10.66	8.04	11.87	6.03	6.82	9.61	7.95	9.14	14.59
15	5.23	5.42	5.60	9.55	11.35	12.53	11.07	10.46	14.89
16	4.05	3.16	5.88	6.37	7.76	11.50	11.42	10.63	15.86
17	5.26	3.47	6.84	4.14	6.44	11.18	12.51	10.45	16.61
18	8.63	5.46	9.05	3.47	9.18	12.12	11.58	13.51	18.12
19	12.91	7.21	12.39	1.34	11.07	12.56	4.30	12.35	18.40
20	19.47	12.15	18.77	2.64	12.80	13.57	4.42	12.71	21.52
21	25.54	19.14	25.30	7.03	15.83	16.88	6.95	16.60	24.11
22	28.82	24.47	25.02	11.33	16.86	18.13	11.50	19.14	27.16
23	31.37	26.64	22.06	14.08	17.08	18.74	13.68	20.98	29.41
24	29.95	24.34	18.59	15.93	17.05	18.74	16.14	22.74	31.21
25	24.99	18.97	15.24	17.65	16.85	17.64	18.54	23.84	32.16
26	19.28	13.19	12.39	17.53	15.27	16.18	19.51	23.00	31.46
27	13.93	8.82	9.95	15.87	13.11	14.55	19.82	21.65	29.60
28	11.34	6.66	8.81	13.71	10.65	12.66	18.78	19.15	26.98
29	9.06	4.87	8.40	11.27	8.70	11.50	16.69	16.35	23.68
30	6.78	3.67	8.11	9.04	7.27	10.59	14.12	13.46	20.45
31	5.33	3.02	8.31	6.92	5.90	9.95	11.52	11.09	17.87
32	4.40	2.52	8.02	5.66	5.21	9.39	9.30	9.09	15.39
33	3.54	2.18	7.48	4.71	4.35	8.84	7.67	7.67	13.64
34	3.07	1.99	7.33	3.86	3.85	8.38	6.43	6.50	12.01
35	2.72	1.94	7.14	3.47	3.57	8.13	5.45	5.53	10.78
36	2.50	1.79	7.02	2.90	3.31	7.55	4.47	4.67	9.61
37	2.40	1.76	6.88	2.73	3.00	6.99	3.68	4.21	8.78
38	2.24	1.68	6.55	2.45	2.78	6.54	3.10	3.76	7.99
39	2.05	1.63	6.33	2.16	2.51	6.01	2.76	3.30	7.64
40	2.07	1.65	6.33	2.01	2.43	5.67	2.49	3.01	7.24
41	2.06	1.60	6.16	1.82	2.22	5.26	2.23	2.91	7.08
42	2.04	1.56	6.16	1.56	2.05	4.89	1.95	2.66	6.77
43	1.97	1.51	6.14	1.49	1.97	4.71	1.87	2.61	6.61
44	2.04	1.57	6.29	1.30	1.86	4.53	1.81	2.42	6.31
45	2.13	1.63	6.25	1.27	1.78	4.39	1.80	2.46	6.26
46	2.15	1.63	6.04	1.26	1.70	4.19	1.69	2.44	5.99
47	2.04	1.64	6.08	1.16	1.60	3.92	1.56	2.27	5.66
48	2.03	1.65	6.20	1.11	1.53	3.65	1.64	2.25	5.30
49	1.93	1.54	6.05	1.21	1.52	3.70	1.57	2.20	5.07

数据来源：《中国1990年人口普查资料》《中国2010年人口普查资料》《中国人口普查年鉴2020》。

（三）城乡未婚男性过剩对比有变化

1990年时，22—28岁年龄段的城乡未婚男性过剩人口的占比都偏高，对比来看城市明显高于镇和乡村。但是到了2010年，这个年龄段的占比依然偏高，但城市与镇、乡的差距不大。2020年时，这一年龄段城市明显低于镇和乡村（见表3-20）。

六、城乡非在婚男性过剩人口数量变化

（一）城乡非在婚男性人口占比都经历了先降后升

和未婚男性过剩人口占比的变化特征一致，城市、镇和乡村非在婚男性过剩人口占其男性人口数的比重，从1990年到2020年也都经历了先下降后升高的过程（见表3-21）。

（二）城乡非在婚过剩人口变化差异显著

城市和镇非在婚男性过剩人口的比重，无论是综合还是单岁，都要低于未婚男性过剩人口，但是低年龄段差别都微乎其微，表明城市和镇离婚和丧偶群体对婚姻市场的影响都不大。但随着年龄的升高，在35岁以上，非在婚男性过剩人口的占比和未婚男性过剩人口的占比差距有明显拉大，以至于在45岁以上年龄段城市非在婚人口出现了女多男少，这一点在1990年、2010年和2020年都有出现。比较特殊的是乡村，在1990年，乡村非在婚男性过剩人口的占比是低于未婚人口占比的，表明当时离婚和丧偶人口起到了缓和乡村婚姻挤压的作用，但是，在2010年和2020年，乡村非在婚男性过剩人口的占比都高于未婚人口占比，而且2020年比2010年还要明显（见表3-21）。这表明乡村离婚和丧偶人口中男性居多，会让男性婚姻挤压更为明显，而且变得日益严重。

表3-21　1990年以来历次人口普查分城乡的15—49岁非在婚男性过剩人口占比

单位：%

年龄/岁	1990年			2010年			2020年		
	城市	镇	乡村	城市	镇	乡村	城市	镇	乡村
合计	10.36	7.34	11.30	5.13	6.46	10.09	7.11	8.99	16.03
15	5.23	5.42	5.59	9.55	11.35	12.53	11.07	10.46	14.89
16	4.05	3.16	5.87	6.37	7.75	11.50	11.42	10.63	15.85
17	5.26	3.46	6.81	4.14	6.44	11.17	12.50	10.45	16.60
18	8.63	5.43	8.97	3.47	9.18	12.09	11.58	13.50	18.09
19	12.90	7.17	12.31	1.33	11.06	12.50	4.30	12.34	18.37
20	19.44	12.08	18.68	2.64	12.77	13.49	4.42	12.69	21.43
21	25.49	19.04	25.27	7.02	15.77	16.78	6.92	16.54	23.99
22	28.73	24.34	25.04	11.29	16.79	18.03	11.44	19.07	26.96
23	31.25	26.52	22.17	14.02	17.00	18.69	13.57	20.84	29.24
24	29.81	24.20	18.78	15.80	16.96	18.72	15.96	22.50	31.01
25	24.84	18.82	15.51	17.48	16.81	17.66	18.31	23.64	31.99
26	19.11	13.04	12.76	17.33	15.18	16.40	19.20	22.75	31.47
27	13.79	8.70	10.38	15.63	13.03	14.89	19.47	21.49	29.74
28	11.20	6.58	9.33	13.39	10.54	13.13	18.37	19.09	27.47
29	8.90	4.75	9.03	10.89	8.72	12.10	16.32	16.34	24.51
30	6.69	3.62	8.86	8.58	7.17	11.34	13.75	13.57	21.66
31	5.33	2.99	9.16	6.35	5.85	10.86	11.06	11.30	19.42
32	4.40	2.47	8.89	5.00	5.21	10.40	8.80	9.37	17.23
33	3.53	2.03	8.38	3.99	4.33	10.01	7.10	8.05	15.94
34	3.01	1.82	8.28	3.01	3.75	9.58	5.80	6.85	14.65
35	2.60	1.68	8.17	2.48	3.50	9.43	4.81	5.92	13.54
36	2.37	1.48	8.12	1.73	3.02	8.85	3.73	4.97	12.57
37	2.21	1.41	8.05	1.54	2.75	8.28	2.87	4.65	11.70
38	1.99	1.24	7.75	1.18	2.56	7.84	2.24	4.11	11.21
39	1.70	1.13	7.54	0.64	2.22	7.24	1.72	3.44	10.85
40	1.69	1.10	7.57	0.41	2.10	6.78	1.37	2.98	10.27
41	1.50	0.95	7.39	0.19	1.73	6.31	1.01	2.83	10.10
42	1.38	0.81	7.30	-0.18	1.56	5.85	0.43	2.35	9.50
43	1.18	0.67	7.16	-0.33	1.38	5.47	0.18	2.20	9.32
44	1.02	0.53	7.03	-0.59	0.97	5.19	-0.01	1.85	8.71
45	0.80	0.36	6.86	-0.79	0.72	4.79	-0.24	1.67	8.44
46	0.57	0.21	6.63	-1.13	0.27	4.23	-0.46	1.58	7.81
47	0.12	-0.10	6.49	-1.38	0.01	3.83	-0.88	1.24	7.19
48	-0.28	-0.51	6.39	-1.54	-0.46	3.15	-0.84	0.99	6.45
49	-0.77	-0.90	5.93	-1.78	-0.57	2.80	-1.30	0.86	6.01

数据来源：《中国1990年人口普查资料》《中国2010年人口普查资料》《中国人口普查年鉴2020》。

第五节 反映婚姻挤压状况的其他方面

按照理论分析，当出现男性婚姻挤压时，会出现男性结婚年龄推迟、男女结婚年龄差扩大等现象。运用2020年全国人口普查数据分析当前的婚姻模式，判断是否出现了反映男性婚姻挤压的现象。

一、初婚年龄情况

（一）初婚年龄不断推迟

全国人口普查数据显示，1995年之前，中国初婚年龄一直在23岁左右波动，之后开始持续上升，到2020年达到了28.67岁。尤其是2010年之后，中国平均初婚年龄快速提升，2011年突破25岁，2014年突破26岁，2017年突破27岁，2020年突破28岁（见图3-4）。

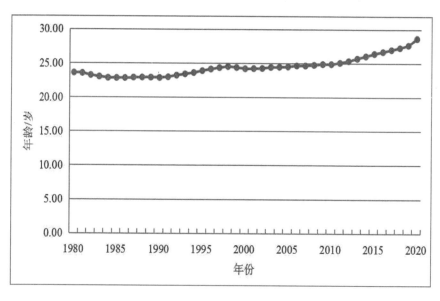

图3-4 1980—2020年平均初婚年龄

数据来源：《中国人口普查年鉴2020》。

分城乡来看，城市平均初婚年龄一直明显高于镇和乡村，并且城市平均初婚年龄提升较早，2000年之后就开始逐年提升，2003年就突破25岁，2012年突破26岁，但这期间镇和乡村平均初婚年龄基本保持不变，所以城市和镇、乡村的平均初婚年龄差逐渐拉大，城市和镇的差由2000年的0.84岁扩大到2011年的1.42岁，城市和乡村的差则由1.01岁扩大到2.02岁。2012年之后，镇和乡村的平均初婚年龄也开始快速提升，城市和镇、乡村的平均初婚年龄差开始逐渐缩小，到2018年之后，城市和镇的差距缩小到1岁之内，城市和乡村的差距缩小到1.5岁以内。[1]镇和乡村的平均初婚年龄及其变化趋势基本一致（见图3-5）。

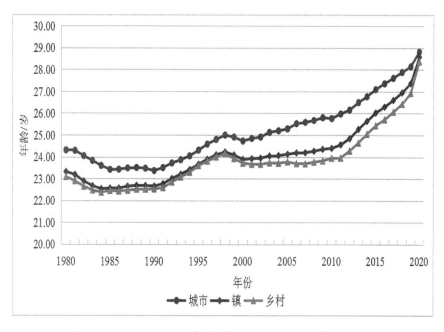

图3-5　1980—2020年分城乡的平均初婚年龄

数据来源：《中国人口普查年鉴2020》。

（二）男女平均初婚年龄同步提升

分性别来看，男性平均初婚年龄一直高于女性，但男女变化趋势一致，都是从1995年前后开始持续上升，2020年男性的平均初婚年龄已经达到29.38岁，女性为27.95岁（见图3-6）。分城乡来看，城市男女的平均初婚年龄的变化趋势也是一致的，男女平均初婚年龄都是基本从同一年份开始持续提

---

[1]第七次全国人口普查的标准时点为2020年11月1日0时。2020年的结婚数据是前10个月的数据，而不是全年数据。

升，镇和乡村也存在这种特征（见图3-7）。

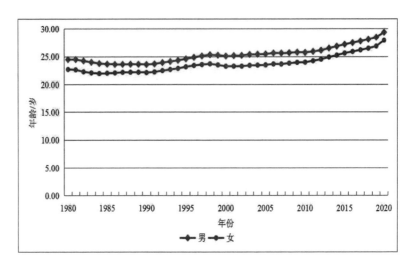

图3-6 1980—2020年分性别的平均初婚年龄

数据来源：《中国人口普查年鉴2020》。

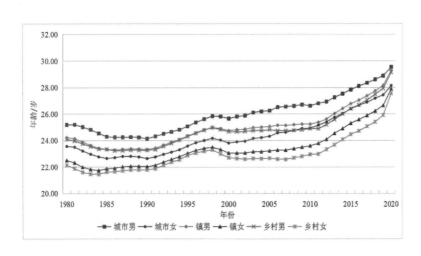

图3-7 1980—2020年分城乡的男女平均初婚年龄

数据来源：《中国人口普查年鉴2020》。

（三）男女平均初婚年龄差并未发生明显变化

男女平均初婚年龄差一直在1.4—2.0岁波动。中国并未出现理论上分析的男女结婚年龄差扩大的现象，反而在2007年以来出现了持续下降，从2007年的1.97岁降低到了2020的1.43岁（见图3-8）。分城乡来看，在多数年份乡村的男女婚龄差都要明显高于城市和镇。城市、镇、乡村平均初婚年龄差的峰值都是出现在2005年前后，城市出现在2004年（1.98岁），镇出现在2006年（1.87岁），乡村出现在2007年（2.16岁）。此后城市和镇大致呈现了持续下降的趋势，而乡村在经历了一段时间下降之后，从2012年开始又出现了逐年提升，但并没有突破2006年的峰值（见图3-9）。所以，即使在乡村，也没有出现男女平均初婚年龄差的明显扩大。

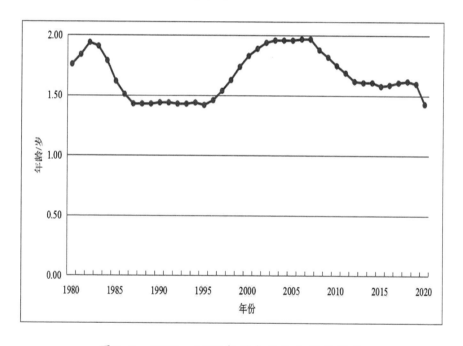

图3-8 1980—2020年男女平均初婚年龄差

数据来源：《中国人口普查年鉴2020》。

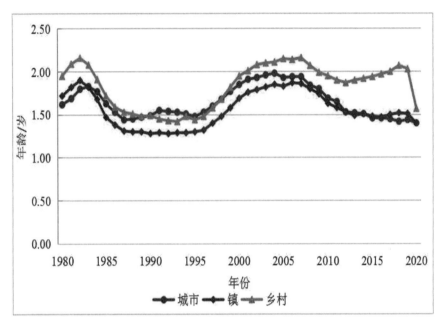

图3-9 1980—2020年分城乡的男女平均初婚年龄差

数据来源：《中国人口普查年鉴2020》。

（四）晚婚占比快速提高

中国法律规定结婚年龄为男不得早于22周岁、女不得早于20周岁。迟于法定婚龄三年以上结婚的是晚婚，即男性25周岁、女性23周岁为晚婚。根据普查数据计算，2000年以前每年结婚的人口中晚婚占比一直低于50%，但从2000年之后晚婚占比快速提升，到2020年已经上升到80%左右，其中男性为77.16%、女性为82.00%。女性晚婚占比长期高于男性，可能是由于女性晚婚年龄标准低于男性。35岁及以后结婚的人口占比在2005年之后开始快速提升，到2019年，男性高达9.98%，女性则达到7.18%，女性的占比一直低于男性（见图3-10）。

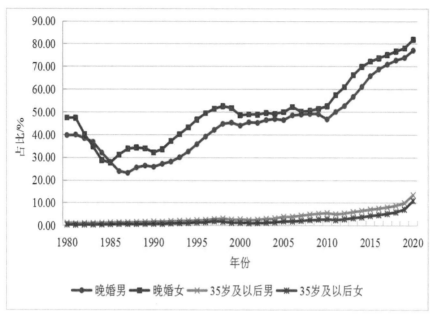

图3-10 1980—2020年晚婚占比

数据来源：《中国人口普查年鉴2020》。

二、初婚模式情况

年龄别初婚率是以各年龄年内的初婚人数除以该年龄的人口数。分年龄性别的初婚率可以反映初婚模式的基本情况。

（一）女性年龄别初婚率总体高于男性

2020年人口普查数据表明，女性年龄别初婚率的峰值高于男性，且达到峰值的年龄早于男性。男性年龄别初婚率的峰值出现在26岁，其峰值为0.068，而女性是在24岁达到峰值0.078。女性初婚率高于0.03的年龄是20—29岁，共10年；而男性是22—29岁，共8年。这表明，女性在较长的年龄段保持较高的初婚率。在26岁及以下，女性初婚率都明显高于男性，26岁以上是男性高于女性，前者的差距要大于后者（见图3-11）。男女初婚率体现出了男性初婚要迟于女性的特征，但总体对比男性初婚率要低于女性。

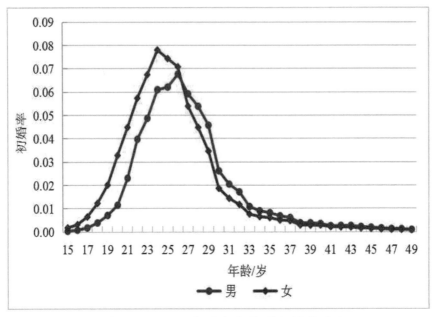

图3-11　2020年男女年龄别初婚率对比

数据来源：《中国人口普查年鉴2020》。

（二）城乡男女初婚模式差异明显

对比图3-12和图3-13可以发现，城市、镇和乡村的初婚模式的曲线特征差异明显，而单看一个地区类型的男女，其曲线特征却基本一致。从中可以看出，城乡初婚模式的差异比性别之间的初婚模式的差异更为明显。

男性和女性的年龄别初婚率，都表现出乡村峰值较低、较早，而城市和镇的峰值较高、较晚的特征。乡村女性的年龄别初婚率在23岁达到峰值0.063，而城市是在25岁达到0.086，镇是在24岁到峰值0.085。乡村男性的年龄别初婚率是在24岁达到峰值0.054，城市是26岁达到0.078，镇是24岁达到0.068。城市、镇和乡村保持高初婚率的年龄跨度基本一致。在早期年龄段，乡村初婚率高于城市和镇，而总体来看，乡村男女年龄别初婚率都低于城市和镇。

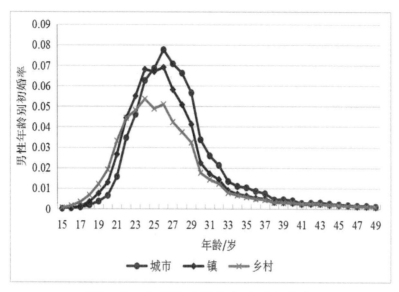

图3-12 分城乡的男性年龄别初婚率

数据来源：《中国人口普查年鉴2020》。

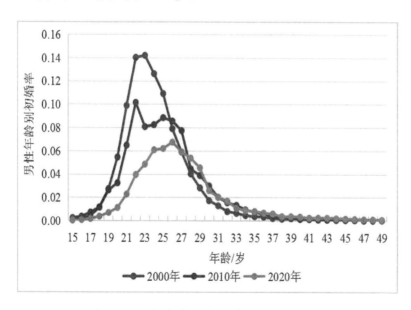

图3-13 分城乡的女性年龄别初婚率

数据来源：《中国人口普查年鉴2020》。

（三）男女年龄别初婚率都在不断降低

将2000年、2010年和2020年的年龄别初婚率相对比，男女初婚年龄别率均表现出峰值不仅降低还有推迟。男性年龄别初婚率峰值，2000年是23岁达到0.157，2010年是22岁达到0.121，2020年是26岁达到0.068。女性2000年在22岁达到峰值0.156，2020年则是24岁达到峰值0.078。2020年男女年龄别初婚率在低年龄段都明显低于2000年和2010年，而在30岁以后的高年龄段三个年份的初婚率没有明显差异，这说明30岁以后结婚的比例在2000—2020年没有发生明显变化（见图3-14、图3-15）。

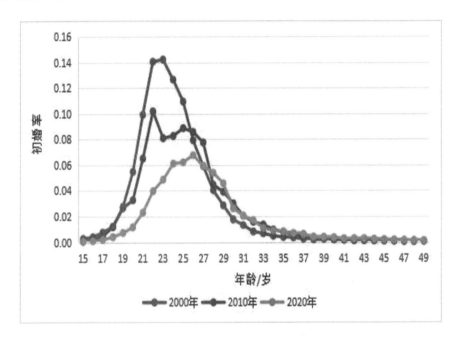

图3-14 男性年龄别初婚率变迁

数据来源：《中国2000年人口普查资料》《中国2010年人口普查资料》《中国人口普查年鉴2020》。

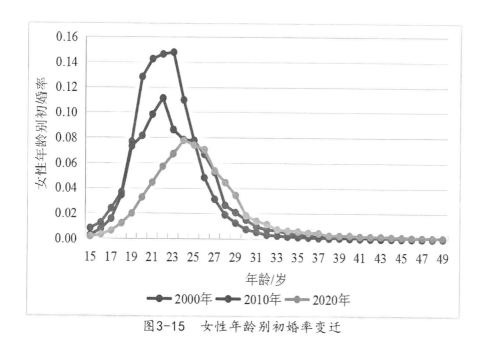

图3-15　女性年龄别初婚率变迁

数据来源：《中国2000年人口普查资料》《中国2010年人口普查资料》《中国人口普查年鉴2020》。

三、终身不婚情况

（一）终身不婚比例基本保持不变

人口学通常把50岁及以上未婚的群体称为终身不婚群体。普查数据显示，2000年、2010年和2020年终身不婚的比例分别为1.91%、1.79%和1.75%，所占比例不高，并且基本保持不变。

（二）男女终身不婚比例差异明显

2000年、2010年和2020年普查长表数据显示，男性终身不婚比例分别为3.63%、3.29%和3.11%，而女性分别为0.19%、0.32%和0.44%。男性长期明显高于女性（见图3-16）。女性不婚水平虽然整体不高，但这些数据是已经度完婚龄期（50岁及以上）妇女的未婚比例，应该注意女性终身不婚比例的变化趋势。从女性年龄别初婚率不断降低可以判断，当目前处于婚龄期的女性年龄到50岁时，其终身不婚的比例比当前会有明显提升。女性终身不婚比例的提升会加重男性面临的婚姻挤压。计算男性过剩人口数量反映婚姻挤压状况，基本上都明确或暗含了女性普遍结婚的假定。但是，当前女性终身不婚率出现了明显提高。尤其重要的是，在婚姻梯度选择作用下，"甲女丁男"是结婚较为困难的群体。男性婚姻挤压主要研究的是不能结婚的"丁男"数量，而单身"甲女"的数量，对于减少过剩"丁男"的数量没有作用。但是仅仅对比男女人数，将不婚或单身的"甲女"也计算进去，就会低估男性的过剩数量。当然，男性人口中也会出现自愿不婚的情况。

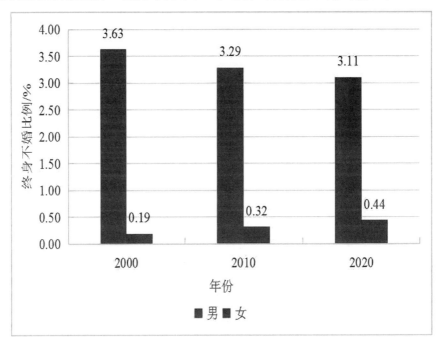

图3-16 分性别的终身不婚比例

数据来源：《中国2000年人口普查资料》《中国2010年人口普查资料》《中国人口普查年鉴2020》。

（三）乡村男性终身不婚比例明显高于城镇

2020年全国人口普查数据显示，城市、镇和乡村男性终身不婚人口占比分别为1.71%、2.50%和4.49%，而女性的比例分别为0.71%、0.37%和0.24%。明显的是，乡村男性终身不婚比例偏高（见图3-17）。

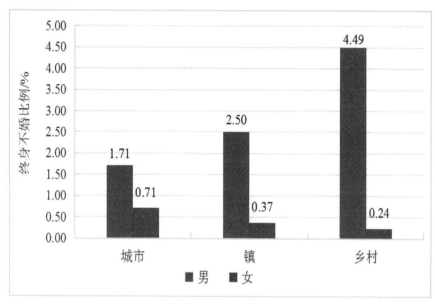

图3-17　2020年分城乡的男女终身不婚比例

数据来源：《中国人口普查年鉴2020》。

四、初婚表反映的婚姻情况

婚姻表是采用生命表的思想、借鉴生命表的计算方法，将结婚视为个人递减的过程，对同期群的结婚过程进行标准化度量。其中，不考虑死亡因素、只计算婚姻的单递减模式生命表叫作粗婚姻表，计算结婚的同时还考虑死亡模式的双递减生命表叫作净婚姻表。只计算同期群初婚过程的婚姻表称为初婚表。初婚表所反映的是一组同龄人，按照当前的结婚模式，从步入适婚年龄（一般以15岁为起点）到度过适婚年龄（一般以49岁为终点）一岁一岁逐步结婚的过程。根据2000年、2010年和2020年全国人口普查数据，构建15—49岁年龄段的初婚表可以发现中国婚姻模式的变迁过程（篇幅所限，不再逐一列出初婚表的计算过程）。

（一）平均预期未婚年限有所增长

从2000年到2010年，男女平均预期未婚年限（15岁时预期保持单身的存活年数）都出现了明显的增长，从2000年到2010年，男性由10.88年增长到

12.23年，女性由7.99年增长到9.65年。到了2020年，男性平均预期未婚年限达到了17.54年，女性则达到了13.46年。这表明男女初婚年龄都有明显推迟，而且从2010年到2020年推迟得更为明显。其中男性推迟的比女性多，以至于男女平均预期未婚年限的差距越来越大，从2000年的2.89年提高到了2020年的4年以上。

（二）终身不婚比例将有明显提高

根据初婚表计算，男性终身不婚比例从2000年的3.53%上升到2010年的4.73%，到2020年进一步提高到14.23%。需要指出的是，此处的终身不婚比例和上文不同。上文的终身不婚比例是2020年现存的终身不婚人口所占的比例，而此处的终身不婚比例是将来的情况，是指一群同龄人，如果按照2020年的初婚模式度过15—49岁的适婚年龄，将来会有14.23%的男性在50岁时仍不能结婚。而女性由2000年的0.07%上升到2010年的1.04%，2020年进一步提升到3.44%。女性不婚水平虽然整体不高，但是提升较快。女性终身不婚比例的提升会加重男性面临的婚姻挤压。之所以男性终身不婚水平提升得较为明显，是由于2020年已经出现较为明显的婚姻挤压，这就表示在当前这种婚姻挤压形势下，并且考虑到有3.44%的女性终身不婚（到50岁仍不结婚），步入婚龄期的男性到50岁仍有14.23%的人不能结婚。

（三）城乡平均预期未婚年限和将来的终身不婚比例存在明显差异

根据2020年全国人口普查时的、初婚数据以及死亡数据，分别构建城市、镇和乡村的男女初婚表（篇幅所限，省略），表明城乡之间婚姻模式的存在较大差异。女性15岁时的平均预期未婚年限都呈现出城市高于镇、镇高于乡村的特点，而男性是乡村高于城市、城市高于镇（见图3-18）。从男女之间的平均预期未婚年限差距来看，乡村男女的差距最大，高达6.45岁，城市男性比女性平均未婚预期年限高2.77岁，镇的差距为4.15岁（见图3-18）。城市、镇、乡村的终身不婚比例，均是男性高于女性。男性方面，城市、镇、乡村的终身不婚比例是依次升高，而且差别较大，尤其是乡村（22.84%）明显高于城市（10.47%）和镇（11.22%）。女性方面，则是城市、镇和乡村依次降低，分别为5.33%、1.70%和1.58%（见图3-19）。总体来看，女性是镇和乡村比较接近，城市平均未婚预期年限明显较长、终身不婚比例明显较高，而男性是城市和镇比较接近，乡村平均未婚预期年限明显较长、终身不婚比例明显较高。

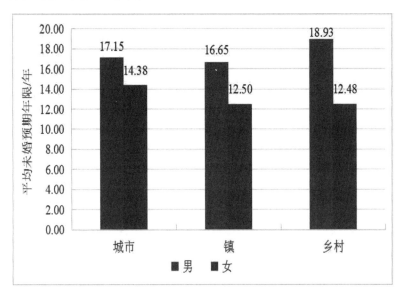

图3-18 2020年分城乡、分性别的15岁时平均未婚预期年限

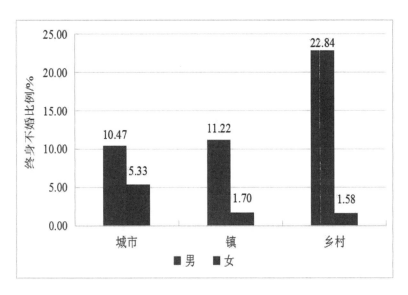

图3-19 根据2020年初婚表计算的分城乡、分性别的终身不婚比例

五、不同类型人口的婚姻状况

（一）小学以下男性未婚比例较高

40岁及以上未婚的群体，未上学、学前教育和小学的男性未婚人口占同类教育程度人口的比例明显偏高，而三者之间存在依次降低的关系，未上学的比例大部分在20%以上，学前教育的大部分在15%以上，小学大部分占5%以上，其他学历层次的相差不大（见表3-22）。

（二）硕博女性未婚比例相对较高

在适婚年龄的各个年龄段，本科及以下学历的人口，女性未婚人口占同类教育程度人口的百分比低于男性，只有硕士和博士学位的女性未婚人口占同类教育程度人口的百分比与男性基本持平。单看女性，高学历女性的未婚比例较高，但并没有明显高于男性（见表3-22）。

表3-22 分教育程度的未婚人口占同类教育程度人口的百分比

单位：%

年龄/岁	未上学		学前教育		小学		初中		高中	
	男	女	男	女	男	女	男	女	男	女
合计	22.80	1.62	21.58	4.80	8.22	1.16	15.24	7.72	34.70	30.51
15—19	99.47	94.08	99.65	99.34	97.68	84.85	99.16	96.08	99.90	99.70
20—24	93.43	63.96	94.13	79.06	79.40	42.00	81.19	49.68	89.96	73.52
25—29	77.12	35.24	66.56	36.57	47.45	15.14	44.45	16.71	51.88	27.60
30—34	61.15	19.44	42.61	17.04	26.58	5.54	19.24	5.35	21.01	9.03
35—39	49.60	11.12	33.09	11.81	17.82	2.77	8.97	2.45	8.91	4.46
40—44	43.19	6.26	28.83	5.42	12.58	1.43	5.22	1.41	4.48	2.65
45—49	38.09	3.39	22.98	3.33	9.20	0.77	3.53	0.90	3.07	1.92
50—54	32.32	1.78	19.09	1.43	6.54	0.44	2.29	0.53	2.05	1.22
55—59	29.46	1.08	15.82	0.89	5.66	0.30	1.75	0.37	1.30	0.70
60—64	22.49	0.56	14.25	0.46	5.34	0.20	1.52	0.32	0.92	0.50
65岁及以上	12.44	0.37	9.00	0.36	3.90	0.21	1.18	0.35	0.65	0.52

表3-22 分教育程度的未婚人口占同类教育程度人口的百分比

续表

年龄/岁	大专		本科		硕士		博士	
	男	女	男	女	男	女	男	女
合计	36.51	34.38	39.39	43.21	36.04	44.44	31.25	37.95
15—19	99.91	99.77	99.97	99.95	100.00	99.23	100.00	100.00
20—24	95.46	89.63	98.53	97.04	99.44	99.13	98.69	98.28
25—29	57.46	40.70	63.60	52.76	79.33	74.69	83.17	80.98
30—34	20.39	12.13	20.12	15.76	24.16	23.09	35.47	34.76
35—39	8.23	5.88	7.30	7.16	7.19	9.56	10.37	11.96
40—44	3.76	3.36	3.22	3.82	3.40	6.11	3.74	6.24
45—49	2.36	2.40	1.91	2.63	2.11	5.03	2.53	4.56
50—54	1.49	1.49	1.25	1.72	1.52	2.94	1.89	3.16
55—59	0.86	0.96	0.81	1.25	0.89	1.46	1.05	2.48
60—64	0.56	0.91	0.57	1.35	1.22	2.39	0.65	3.90
65岁及以上	0.35	0.80	0.36	0.92	0.46	2.29	1.73	3.11

（三）结婚旺盛年龄段初高中男性较多，大学和硕士女性较多

小学及以下的人口性别比很低，表明以女性居多，尤其是年龄越大越明显，这是由历史上女性受教育程度较低造成的。如果单看20—34岁年龄段的人口性别比，初中和高中的性别比基本在110以上，以男性居多；但大专、本科和硕士阶段的性别比基本低于100，表明女性占多数；博士阶段性别比较高，表明女性读到博士的相对较少（见表3-23）。

（四）学历越高未婚人口性别比越低

从小学到硕士阶段，同一年龄的未婚人口性别比依次降低。以30—34岁为例，小学到硕士各个年龄段的未婚人口性别比依次为440.58（小学）、386.78（初中）、272.54（高中）、170.39（大专）、122.05（本科）和88.32（硕士）（见表3-24）。由于表3-23分受教育程度的人口性别比不存在这种规律，则可以认为，学历越高受到的婚姻挤压压力越小。

表3-23 分年龄、受教育程度的人口性别比

年龄/岁	未上学	学前教育	小学	初中	高中	大专	本科	硕士	博士
合计	31.24	47.56	77.37	117.62	123.19	110.09	102.58	99.59	155.41
15—19	137.67	108.16	125.09	135.28	113.15	102.39	84.71	129.12	167.74
20—24	111.73	106.67	114.91	137.44	135.68	98.54	85.58	76.83	117.49
25—29	94.29	90.20	103.18	118.34	125.79	99.76	87.19	77.07	123.10
30—34	79.67	90.41	91.79	107.46	117.12	101.34	95.59	84.41	139.35
35—39	65.37	85.84	83.51	107.24	116.05	105.70	106.00	104.44	149.32
40—44	52.60	68.54	77.89	108.76	117.83	110.01	113.79	134.49	159.28
45—49	42.08	58.31	73.38	110.61	123.63	122.62	135.14	178.29	186.02
50—54	34.44	47.34	71.47	114.33	128.04	133.07	158.21	216.61	261.15
55—59	26.67	39.94	66.07	116.23	125.41	150.52	203.29	304.53	397.95
60—64	27.37	39.53	72.31	133.01	132.61	170.06	209.97	358.33	489.36
65岁及以上	28.34	42.65	82.89	147.42	157.76	191.85	216.26	334.19	379.58

表3-24 分年龄、受教育程度的未婚人口性别比

年龄/岁	未上学	学前教育	小学	初中	高中	大专	本科	硕士	博士
合计	438.60	213.84	546.68	232.10	140.10	116.89	93.51	80.76	127.95
15—19	145.55	108.50	144.01	139.62	113.39	102.54	84.72	130.13	167.74
20—24	163.22	127.01	217.25	224.60	166.02	104.95	86.89	77.08	117.99
25—29	206.34	164.19	323.32	314.81	236.44	140.83	105.11	81.85	126.44
30—34	250.54	226.13	440.58	386.78	272.54	170.39	122.05	88.32	142.21
35—39	291.52	240.46	538.19	391.90	231.57	147.90	108.07	78.46	129.56
40—44	362.65	364.63	682.88	403.17	199.21	123.02	95.72	74.86	95.57
45—49	472.33	402.08	878.58	433.36	197.65	120.55	98.15	74.73	103.24
50—54	625.46	630.38	1071.78	490.23	214.26	132.63	114.99	112.04	156.25
55—59	725.36	708.62	1259.13	549.07	233.28	135.41	130.90	185.39	168.97
60—64	1097.78	1219.51	1907.10	629.37	242.81	103.56	88.68	111.90	81.82
65岁及以上	964.59	1054.00	1513.37	503.30	197.38	84.12	83.99	66.67	211.11

第四章 中国婚姻挤压空间分布的基本状况

历次全国人口普查数据展示的各省婚姻挤压状况的差异和各省分城乡的婚姻挤压状况，能够充分展现中国婚姻挤压的空间分布基本状况。县域之间婚姻挤压状况的描述，可以对中国婚姻挤压的空间分布状况做更深一步的探索分析。

第一节 各省婚姻挤压状况对比

对各地婚姻挤压状况的分类是根据自然间断点分级法将各项指标分为程度不同的五类。自然断点法是一种根据数值统计分布规律分级和分类的统计方法，是对分类间隔加以识别，在数据值的差异相对较大的位置处设置其边界（点），用这些点把研究对象分成性质相似的群组，从而使各个类之间的差异最大化。

一、20—34 岁人口性别比

（一）2020年各省20—34岁人口性别比普遍较高

单看2020年各省20—34岁人口性别比的对比，除河南（99.44）外，其余20个省区市均高于100，超过110的共有12个省区市，最高的为广东，达到了122.46。与1990年、2000年和2010年人口普查情况相比，2020年高于110的省份数量明显增多（见表4-1）。

表4-1　1990年以来历次人口普查20—34岁人口性别比

地区	1990年	2000年	2010年	2020年
合计	105.90	104.56	101.97	108.97
北京	115.46	120.18	107.83	110.37
天津	104.88	108.08	125.28	114.00
河北	102.65	102.83	100.29	103.11
山西	108.40	106.01	104.76	104.77
内蒙古	107.75	106.08	109.52	107.93
辽宁	103.96	103.98	102.88	104.91
吉林	104.36	105.41	101.29	102.83
黑龙江	105.14	105.80	102.29	105.66
上海	111.74	113.41	106.39	115.79
江苏	103.27	97.96	99.01	110.32
浙江	103.41	102.52	105.04	117.43
安徽	104.76	100.10	94.19	104.51
福建	103.66	104.00	102.00	110.56
江西	106.81	102.69	96.77	108.10
山东	102.15	101.07	100.99	106.01
河南	104.33	105.33	93.88	99.44
湖北	107.31	107.18	99.82	110.47
湖南	106.98	106.30	97.98	105.59
广东	104.83	99.82	108.10	122.46
广西	112.05	113.24	106.29	109.75
海南	111.48	111.15	108.11	118.92
重庆	—	103.58	95.90	104.10
四川	108.07	103.51	98.84	105.50
贵州	110.03	110.29	100.84	101.94
云南	108.26	114.18	108.85	112.12
西藏	105.39	107.95	110.26	118.43
陕西	108.33	105.91	104.64	106.98
甘肃	107.39	105.20	99.07	101.23
青海	112.55	108.73	107.27	106.85
宁夏	104.56	103.34	102.28	103.18
新疆	106.32	106.76	103.81	111.24

数据来源：《中国1990年人口普查资料》《中国2000年人口普查资料》《中国2010年人口普查资料》《中国人口普查年鉴2020》。

（二）多数省份20—34岁人口性别比2020年最高

就1990年以来的变化趋势来看，全国20—34岁人口性别比的变化趋势是从1990年到2000年再到2010年依次降低，但2020年得到大幅度提升，超过了1990年的水平，达到了108.97（见表4-1）。在这一大趋势下，各省有相互完全不同的发展变化趋势，没有一个省的变化特征与全国趋势完全吻合。全国多数省份是2020年的性别比在最近四次人口普查中最高。

（三）20—34岁人口性别比较高的省份以东部沿海居多

历次人口普查中20—34岁人口性别比属于高度婚姻挤压的省份多数在东部地区。在1990年、2000年和2010年三次全国人口普查中，20—34岁人口性别比处于高位的省份包括东部地区的北京、上海、天津、广东、海南和西部地区的云南、贵州、广西、西藏，东部地区多于西部地区。到了2020年，东部地区上海、浙江、广东、海南属于高位，而西部地区只有西藏。处于中高位的也是东部地区多于西部中西部地区（见表4-2）。总之，20—34岁人口性别比较高的东部省份明显多于西部。

表4-2　1990年以来历次人口普查各省20—34岁人口性别比的分类

年份	低度区域	中低度区域	中度区域	中高度区域	高度区域
1990	河北、山东、浙江、江苏、福建	天津、黑龙江、吉林、辽宁、安徽、河南、广东、西藏、宁夏	内蒙古、江西、湖北、湖南、甘肃、新疆	陕西、山西、四川、云南、贵州	北京、上海、广西、海南、青海
2000	江苏、安徽、山东、广东	河北、辽宁、浙江、福建、江西、四川、重庆、宁夏	山西、黑龙江、吉林、内蒙古、河南、湖北、湖南、甘肃、新疆	天津、海南、贵州、贵州、西藏、青海	北京、上海、广西、云南
2010	安徽、江西、河南、重庆	河北、吉林、山东、江苏、湖北、湖南、四川、贵州、甘肃	山西、黑龙江、辽宁、浙江、福建、陕西、宁夏、新疆	北京、内蒙古、上海、广东、广西、海南、云南、西藏、青海	天津
2020	河北、吉林、河南、贵州、甘肃、宁夏	山西、黑龙江、辽宁、山东、安徽、湖南、重庆、四川	内蒙古、江西、陕西、青海	北京、天津、江苏、福建、湖北、广西、云南、新疆	上海、浙江、广东、海南、西藏

二、15—49岁人口性别比

（一）2020年15—49岁人口性别比最高

历次人口普查对比，全国15—49岁人口性别比是2020年（107.83）最高。分省来看，超过110的省份数量，2020年为8个，明显高于1990年和2000年的4个以及2010年的2个。总体来看，在四次全国人口普查中2020年的15—49岁人口性别比最高（见表4-3）。

（二）15—49岁人口性别比较高的省份以东部省份居多

15—49岁人口性别比超过110的省份包括1990年的北京、上海、海南和广西，2000年的北京、上海、海南、广西、云南和贵州，2010年的北京、天津和海南，2020年的上海、天津、广东、浙江、海南、广西、云南和西藏，从地理位置上看一直是东部地区的省份居多。

从自然断点分类的结果来看，这些省份属于中高和高度婚姻挤压的省份，且东部省份越来越多。1990年，属于中高和高度婚姻挤压的省份共有8个，其中东部省份3个；2000年东部省份是10个中的3个，2010年是10个中的5个，2020就成了9个中的6个，占到了2/3（见表4-4）。

表4-3　1990年以来历次人口普查15—49岁人口性别比

地区	1990年	2000年	2010年	2020年
合计	106.70	105.44	103.76	107.83
北京	110.15	114.33	110.36	109.92
天津	103.90	105.40	121.80	112.05
河北	104.01	103.03	101.25	103.49
山西	108.78	107.28	105.04	105.60
内蒙古	106.47	106.69	109.88	107.56
辽宁	103.87	104.15	103.62	103.90
吉林	103.48	105.08	103.02	103.11
黑龙江	103.68	104.86	103.78	104.93
上海	111.18	110.86	109.31	113.85
江苏	105.54	101.10	99.91	106.61
浙江	105.57	104.24	105.36	113.38
安徽	107.70	103.11	98.46	104.80
福建	106.59	104.43	104.31	108.40
江西	108.19	105.38	101.45	107.05
山东	103.65	101.98	101.64	105.07
河南	105.63	104.70	97.16	101.35

表4-3　1990年以来历次人口普查15—49岁人口性别比

续表

湖北	107.91	107.96	103.59	108.46
湖南	109.13	107.80	102.52	106.45
广东	106.35	100.18	108.24	118.54
广西	112.31	113.62	108.99	110.20
海南	111.99	112.24	111.81	117.37
重庆	—	106.88	99.34	103.60
四川	108.46	105.85	101.50	104.15
贵州	109.08	111.09	105.14	105.41
云南	107.62	112.51	109.88	112.17
西藏	104.27	106.99	109.91	117.02
陕西	107.37	107.07	106.41	106.99
甘肃	107.43	106.81	101.93	102.99
青海	109.78	108.62	109.47	107.35
宁夏	104.10	104.51	104.19	104.71
新疆	103.92	107.97	106.98	109.61

数据来源：《中国1990年人口普查资料》《中国2000年人口普查资料》《中国2010年人口普查资料》《中国人口普查年鉴2020》。

表4-4　1990年以来历次人口普查各省15—49岁人口性别比的分类

年份	低度区域	中低度区域	中度区域	中高度区域	高度区域
1990	天津、河北、黑龙江、吉林、辽宁、山东、宁夏、新疆、西藏	内蒙古、江苏、浙江、福建、河南、广东	安徽、湖北、江西、四川、云南、陕西、甘肃	北京、山西、湖南、贵州、青海	上海、广西、海南
2000	河北、江苏、山东、安徽、广东	天津、黑龙江、吉林、辽宁、河南、浙江、福建、江西、宁夏	山西、内蒙古、四川、重庆、西藏、陕西、甘肃	湖南、湖北、新疆、青海	北京、上海、广西、海南、云南、贵州
2010	江苏、安徽、河南、重庆	河北、吉林、山东、江西、湖南、四川、甘肃	山西、黑龙江、辽宁、浙江、福建、贵州、陕西、宁夏、新疆	北京、内蒙古、上海、广东、广西、海南、云南、西藏、青海	天津
2020	河北、吉林、辽宁、河南、重庆、甘肃	山西、黑龙江、山东、安徽、贵州、四川、宁夏	内蒙古、江苏、江西、福建、湖北、湖南、陕西、青海、新疆	北京、天津、上海、浙江、广西、云南	广东、海南、西藏

三、15岁及以上未婚人口性别比

（一）15岁及以上未婚人口性别比普遍偏高

1990年以来各省15岁及以上未婚人口性别比基本都在120以上，而且以130—150的居多，最高为重庆在2000年达到了201.34。2020年最高值为175.46，但就全国来看2020年15岁及以上未婚人口性别要高于之前三次人口普查（见表4-5）。

（二）15岁及以上未婚人口性别比较高的省份都在南方地区

由表4-5可见，历次人口普查时15岁及以上未婚人口性别比最高的5个省份：1990年为浙江、广西、海南、湖南和上海；2000年为广西、湖南、贵州、四川和重庆；2010年为湖南、海南、贵州、广西和云南；2020年为湖北、广西、浙江、广东和海南。其中，1990年和2020年是东部地区居多，2000年和2010年主要是中西部地区，但所有省份都是在东南、西南和中南地区。

自然断点分类的结果，15岁及以上未婚人口性别比属于高度区域的省份全是南方地区，其中2000年和2010年都在中西部的南方地区，而到了2020年转移到了中东部的南方地区，并且以东部居多。属于中高度的省份也以南方地区为主，尤其是2000年、2010年和2020年，除了内蒙古、青海和新疆全是南方省份（见表4-6）。

四、15岁及以上非在婚人口性别比

（一）非在婚人口性别比均明显低于未婚人口性别比

对比表4-5和表4-7可以发现，历次普查各省非在婚人口性别比均明显低于未婚人口性别比。各省对比来看，2020年各省非在婚人口性别比与未婚人口性别比差别普遍较为明显，基本都相差30以上。正如前文所述，非在婚人口性别比低于未婚人口，只能说明离婚和丧偶人口的性别比低于未婚人口，但并不一定低于100（女多男少）。

（二）非在婚人口性别比普遍呈不断降低趋势

纵向对比可以发现，全国15岁及以上非在婚人口性别比1990年最高（117.79），2000年降低为114.79，2010年和2020年分别为107.73和108.88，

大致呈现出不断降低的趋势。分省来看，大部分省份呈现出历次普查不断降低的趋势（见表4-7）。

表4-5　1990年以来历次人口普查15岁及以上未婚人口性别比

地区	1990年	2000年	2010年	2020年
合计	144.23	144.99	134.49	147.16
北京	153.16	138.58	119.92	116.78
天津	135.01	123.49	126.28	129.76
河北	140.21	127.68	124.16	137.45
山西	154.60	154.92	130.73	137.60
内蒙古	145.42	147.24	143.47	146.88
辽宁	136.64	138.36	130.73	139.91
吉林	133.49	140.08	129.61	133.21
黑龙江	132.03	139.86	129.48	129.03
上海	170.81	136.66	128.22	133.83
江苏	143.83	135.96	127.85	146.73
浙江	155.11	148.82	142.72	163.04
安徽	142.90	154.16	133.25	149.68
福建	152.44	137.48	133.57	155.49
江西	149.83	171.72	138.04	149.14
山东	128.80	122.78	125.43	135.05
河南	134.34	140.54	123.17	132.82
湖北	146.45	161.19	140.76	161.60
湖南	157.60	176.87	143.79	151.24
广东	140.98	111.63	130.54	164.73
广西	155.88	175.72	156.17	162.82
海南	156.35	158.75	148.14	175.46
重庆	—	201.34	141.57	143.38
四川	150.52	184.04	142.91	142.93
贵州	140.84	182.40	153.47	146.78
云南	142.18	169.09	162.57	156.78
西藏	117.54	117.42	122.55	130.34
陕西	152.61	156.80	136.42	146.78
甘肃	146.36	156.62	131.76	143.37
青海	147.65	149.56	143.19	138.00
宁夏	134.12	133.25	129.64	133.89
新疆	149.08	151.89	139.39	146.94

数据来源：《中国1990年人口普查资料》《中国2000年人口普查资料》《中国2010年人口普查资料》《中国人口普查年鉴2020》。

（三）2020年非在婚人口性别比跨度较大

历次人口普查中，非在婚人口性别比在100以下的省份最多的是2020年，多达6个，分别是山东、天津、辽宁、黑龙江、吉林和北京，是四次全国人口普查中最多的，其中的北京的值（92.81）是四次全国人口普查中最低的。但同时，最高的广东和海南都在130左右，其中广东的值（131.82）是四次全国人口普查中所有省份中最高的（见表4-7）。

表4-6　1990年以来历次人口普查各省15岁及以上未婚人口性别比的分类

年份	低度区域	中低度区域	中度区域	中高度区域	高度区域
1990	山东、西藏	天津、黑龙江、吉林、辽宁、河南、宁夏	河北、内蒙古、江苏、安徽、湖北、广东、贵州、云南、甘肃、青海	北京、山西、浙江、福建、江西、湖南、广西、海南、四川、陕西、新疆	上海
2000	天津、河北、山东、广东、西藏	北京、黑龙江、吉林、辽宁、江苏、上海、福建、河南、宁夏	山西、内蒙古、安徽、浙江、海南、陕西、甘肃、青海、新疆	江西、湖北、云南	湖南、广西、贵州、重庆、四川
2010	北京、天津、河北、山东、河南、西藏	江西、黑龙江、吉林、辽宁、江苏、上海、广东、宁夏、甘肃	安徽、江西、福建、陕西、新疆	内蒙古、浙江、湖北、湖南、海南、重庆、四川、青海	广西、云南、贵州
2020	北京、天津、黑龙江、西藏	河北、山西、吉林、山东、上海、河南、宁夏、青海	辽宁、重庆、四川、甘肃	内蒙古、江苏、安徽、江西、福建、湖南、贵州、云南、陕西、新疆	浙江、湖北、广东、广西、海南

（四）非在婚人口性别比的南北差别逐渐拉大

1990年、2000年和2010年，较高的以南方省份为主，而较低的多是北方省份。2020年以非在婚人口性别比105为分界线，高于105的分别是广东、海南、云南、浙江、湖北、广西、江西、湖南、贵州、陕西、安徽、福建、西藏、重庆和四川，除陕西和安徽之外均为南方地区，低于105的，则除上海之外，均为北方地区。从自然断点分类来看，中度、中高和高度三类区域中，只有中度区域中的陕西属于北方，其他都是南方省份（见表4-8）。

表4-7　1990年以来历次人口普查15岁及以上非在婚人口性别比

地区	1990年	2000年	2010年	2020年
合计	117.79	114.79	107.73	108.88
北京	119.86	113.24	101.39	92.81
天津	107.09	100.01	104.03	98.20
河北	114.96	108.20	104.13	102.55
山西	127.89	123.99	109.84	104.61
内蒙古	130.92	123.86	113.42	101.96
辽宁	115.56	108.97	102.28	95.93
吉林	117.40	115.19	105.64	93.16
黑龙江	117.63	114.47	105.27	95.29
上海	108.93	102.10	101.66	101.28
江苏	108.73	99.49	99.30	103.83
浙江	119.21	111.22	108.56	117.41
安徽	118.79	118.56	104.31	108.89
福建	116.49	109.31	105.56	108.77
江西	120.46	121.06	108.00	112.88
山东	105.81	100.70	99.69	98.68
河南	110.85	113.30	103.68	104.45
湖北	120.88	123.46	111.42	116.73
湖南	129.04	132.66	110.85	110.68
广东	108.71	96.94	111.97	131.82
广西	126.20	136.79	117.59	113.59
海南	120.54	127.20	119.89	129.30
重庆	—	129.94	106.26	106.77
四川	124.40	126.59	109.72	106.62
贵州	124.05	140.85	115.75	110.17
云南	117.39	130.19	122.45	118.17
西藏	93.71	94.73	100.91	108.72
陕西	128.06	125.15	114.01	110.08
甘肃	125.52	125.35	109.99	103.64
青海	124.05	117.48	111.13	105.79
宁夏	118.05	112.35	105.13	101.50
新疆	122.10	121.64	108.35	105.14

数据来源：《中国1990年人口普查资料》《中国2000年人口普查资料》《中国2010年人口普查资料》《中国人口普查年鉴2020》。

表4-8　1990年以来历次人口普查各省15岁及以上非在婚人口性别比的分类

年份	低度区域	中低度区域	中度区域	中高度区域	高度区域
1990		天津、山东、江苏、上海、河南、广东、西藏	河北、黑龙江、吉林、辽宁、安徽、浙江、福建、云南、宁夏	北京、江西、湖北、海南、贵州、四川、青海、新疆	山西、内蒙古、湖南、广西、陕西、甘肃
2000	天津、山东、江苏、上海、广东、西藏	北京、河北、辽宁、浙江、福建、河南、宁夏	黑龙江、吉林、安徽、青海	山西、内蒙古、江西、湖北、海南、四川、陕西、甘肃、新疆	湖南、广西、贵州、云南、重庆
2010	北京、辽宁、山东、江苏、上海、西藏	天津、河北、黑龙江、吉林、安徽、福建、河南、重庆、宁夏	山西、浙江、江西、湖北、湖南、四川、甘肃、青海、新疆	内蒙古、广东、贵州、陕西	广西、云南、海南
2020	北京、天津、黑龙江、吉林、辽宁、山东	河北、山西、内蒙古、江苏、上海、河南、宁夏、甘肃、青海、新疆	安徽、福建、湖南、重庆、贵州、四川、西藏、陕西	浙江、江西、湖北、广西、云南	广东、海南

五、20—34岁男性过剩人口数量

（一）2020年20—34岁男性过剩人口数量最多

在1990年以来的历次人口普查中，全国20—34岁男性过剩人口数量呈现先降后升的趋势。分省来看，各省变化趋势不一。先降后升的省份趋势和国家一致，前三次普查持续下降，2020年明显回升，比如江苏、湖南、陕西、安徽、山东等，不断下降的如山西，但没有一个省份是持续上升。部分省份2020年的男性过剩人口数量明显超过前几次普查数据，如江苏、浙江、山东、广东、上海、新疆、福建，其中广东和浙江上升幅度较大（见表4-9）。

（二）过剩人口较多的省份从中西部向东部地区转移

历次人口普查中，20—34岁男性过剩人口数量超过50万的省份，1990年为四川、广西、湖南、湖北，2000年为云南、广西、河南、湖北、湖南；这些都是中西部省份。但到了2010年超过50万的只有广东，2020年是广东、浙江、江苏、湖北、云南和山东6省，除湖北之外均为东部省份。自然断点法分类的结果，中高度区域和高度区域，在1990年全是中西部省份，2000年除北京之外全是中西部省份，2010年则又增加了东部的上海、浙江和广东，2020年时则全是东部地区的省份（江苏、浙江和广东）（见表4-10）。

表4-9　1990年以来历次人口普查20—34岁男性过剩人口数量

单位：万人

地区	1990年	2000年	2010年	2020年
合计	899.99	756.82	317.03	1248.59
北京	25.01	35.27	25.75	28.39
天津	6.24	9.18	45.53	20.63
河北	21.63	22.71	2.65	21.42
山西	32.83	24.59	19.52	17.50
内蒙古	23.82	19.62	27.76	17.38
辽宁	23.75	20.96	14.17	18.02
吉林	16.25	20.05	4.24	5.94
黑龙江	27.19	29.47	10.42	14.97
上海	21.69	25.78	22.66	47.29
江苏	31.13	-19.90	-9.38	86.66
浙江	20.61	15.97	34.11	117.60
安徽	34.72	0.84	-37.55	26.33
福建	14.73	19.85	10.18	44.66
江西	33.14	15.19	-17.46	32.59
山东	24.79	12.29	11.30	53.15
河南	48.43	62.01	-68.56	-5.31
湖北	54.33	55.98	-1.21	57.65
湖南	56.38	51.93	-15.52	31.93
广东	40.55	-2.51	123.92	348.21
广西	60.80	69.10	33.52	42.02
海南	9.44	10.53	8.79	20.25
重庆	—	14.68	-10.83	12.92
四川	112.49	39.99	-9.21	44.14
贵州	38.05	45.67	2.89	7.49
云南	38.56	84.31	49.09	57.16
西藏	1.46	2.71	4.34	8.17
陕西	36.69	25.66	21.10	29.45
甘肃	22.81	17.82	-2.63	3.06
青海	7.46	6.30	4.92	4.35
宁夏	2.82	2.63	1.79	2.55
新疆	12.20	18.14	10.72	32.02

数据来源：《中国1990年人口普查资料》《中国2000年人口普查资料》《中国2010年人口普查资料》《中国人口普查年鉴2020》。

表4-10　1990年以来历次人口普查各省20—34岁男性过剩人口数量的分类

年份	低度区域	中低度区域	中度区域	中高度区域	高度区域
1990	天津、海南、宁夏、新疆、青海、西藏	北京、河北、内蒙古、吉林、黑龙江、辽宁、上海、浙江、福建、甘肃	山西、江苏、安徽、江西、广东、贵州、云南、陕西	河南、湖北、湖南、广西	四川
2000	江苏、安徽、广东、西藏、宁夏	天津、山东、浙江、江西、海南、重庆、青海	河北、山西、黑龙江、吉林、内蒙古、辽宁、上海、福建、陕西、甘肃、新疆	北京、湖北、湖南、贵州、四川	河南、广西、云南
2010	安徽、河南	江苏、江西、湖北、湖南、重庆、四川、甘肃	河北、山西、黑龙江、吉林、辽宁、山东、福建、海南、贵州、西藏、青海、新疆、宁夏	北京、天津、内蒙古、上海、浙江、广西、云南、陕西	广东
2020	吉林、河南、贵州、重庆、西藏、甘肃、宁夏、青海	北京、天津、河北、山西、内蒙古、辽宁、黑龙江、安徽、江西、湖南、海南、陕西、新疆	山东、上海、湖北、福建、广西、云南、四川	江苏、浙江	广东

六、15—49岁男性过剩人口数量

（一）各省变化趋势与20—34岁男性过剩人口基本一致

全国15—49岁男性过剩人口数量也呈现先降后升的趋势且2020年明显超过1990年的规模。各省在此期间的变化趋势不一，但对比表4-9和表4-11可以发现，各省的变化趋势基本都与20—34岁男性过剩人口的变化趋势一致。

（二）东部地区15—49岁男性过剩人口数量增长较快

在1990年和2000年，15—49岁男性过剩人口数量超过100万的省份主要是在四川、湖南、云南、河南、广西等中西部省份，但2010年广东成为过剩人数最多的省份，而且规模达到200万，远超同期其他各省的规模。2020年，广东过剩人数达到600万，同时江苏、浙江和山东的过剩规模也超过了100万。自然断点分类的结果，中高度和高度区域除2000年之外都是东中西部省

116

份全有，但2010年和2020年东部省份的数量比较多，2010年是5个中的3个，2020年是7个中的4个（见表4-12）。

表4-11　1990年以来历次人口普查15—49岁男性过剩人口数量

单位：万人

地区	1990年	2000年	2010年	2020年
合计	2051.67	1903.05	1426.88	2522.82
北京	30.92	59.02	63.60	55.58
天津	9.74	15.85	79.31	39.24
河北	65.24	57.44	25.36	57.20
山西	67.55	64.75	51.87	46.38
内蒙古	38.74	46.77	70.93	42.22
辽宁	44.59	51.85	43.85	36.12
吉林	25.03	41.59	24.34	16.82
黑龙江	38.05	54.37	42.77	35.63
上海	40.58	52.53	62.42	84.87
江苏	103.94	23.05	-2.15	124.53
浙江	64.96	57.45	85.73	207.87
安徽	115.35	49.10	-26.28	64.36
福建	51.24	44.58	48.24	83.86
江西	79.76	60.25	17.96	71.98
山东	84.87	51.10	43.77	109.59
河南	128.17	115.70	-74.62	29.26
湖北	114.77	134.14	59.78	106.70
湖南	146.87	136.52	45.87	90.64
广东	103.47	4.66	266.02	600.23
广西	125.53	153.60	108.46	111.45
海南	18.94	24.47	28.64	41.44
重庆	—	56.33	-5.06	25.85
四川	260.01	130.29	32.61	77.42
贵州	74.46	96.47	45.35	48.00
云南	72.34	143.10	127.39	137.17
西藏	2.29	4.83	8.61	16.00
陕西	65.33	68.21	69.21	64.06
甘肃	46.44	45.96	14.47	17.05
青海	11.77	11.56	15.56	10.89
宁夏	5.10	6.91	7.72	8.61
新疆	15.64	40.60	45.09	61.84

数据来源：《中国1990年人口普查资料》《中国2000年人口普查资料》《中国2010年人口普查资料》《中国人口普查年鉴2020》。

表4-12　1990年以来历次人口普查各省15—49岁男性过剩人口数量的分类

年份	低度区域	中低度区域	中度区域	中高度区域	高度区域
1990	天津、吉林、宁夏、海南、青海、新疆、西藏	北京、黑龙江、辽宁、内蒙古、上海、福建、甘肃	河北、山西、山东、浙江、江西、贵州、云南、陕西	江苏、安徽、河南、湖北、湖南、广东、广西	四川
2000	天津、江苏、广东、海南、西藏、宁夏、青海	吉林、辽宁、内蒙古、上海、安徽、山东、福建、甘肃、新疆	北京、河北、山西、黑龙江、浙江、江西、重庆、陕西	河南、贵州	湖北、湖南、广西、四川、云南
2010	安徽、河南	河北、吉林、江苏、江西、海南、重庆、四川、西藏、宁夏、甘肃、青海	北京、山西、内蒙古、黑龙江、辽宁、山东、上海、福建、湖北、湖南、贵州、新疆	天津、浙江、广西、云南、	广东
2020	吉林、河南、重庆、西藏、宁夏、甘肃、青海	北京、天津、河北、山西、内蒙古、辽宁、黑龙江、海南、贵州	上海、安徽、福建、江西、湖南、四川、陕西、新疆	山东、江苏、浙江、湖北、广西、云南	广东

七、15岁及以上未婚男性过剩人口数量

（一）15岁及以上未婚男性过剩人口分布先分散、再集中

在1990年和2000年，15岁及以上未婚男性过剩人口数量的占比都较高的省份主要是四川、湖南和河南三个省，但其占全国过剩人口的比重有明显变化。1990年三个省份15岁及以上男性过剩人口占全国的比重分别是12.03%、6.61%和6.06%，表明四川的过剩人口明显多于其他省份，或者说四川集中了大量的男性过剩人口。而2000年三省的占比分别是7.75%、7.16%和6.55%，四川的占比明显降低，前三位的省份男性过剩人口占全国的比重基本持平。这表明男性过剩人口趋于分散。2010年广东省占比最高达到9.94%，超过其他省份但并不明显。到2020年，广东进一步增长到15.50%，远超其他省份过剩人数，而居第二位的四川省仅占全国的6.01%。这就表明到了2020年广东集聚

了大量的15岁及以上未婚男性过剩人口（见表4-13）。

（二）15岁及以上未婚男性过剩人口较多的省份基本没变

在1990年到2020年的四次全国人口普查中，按照自然断点分类的15岁及以上未婚男性过剩人口数量中高度区域和高度区域的省份，基本一致。这表明15岁及以上未婚男性过剩人口较多的省份变化不大。当然，这并不排除这些省份之间的对比发生了明显变化。广东和浙江的快速提升、四川明显下降，就是明显的变化（见表4-14）。

表4-13　1990年以来历次人口普查15岁及以上未婚男性过剩人口情况

地区	过剩人数/万人①				过剩人数占比/%②			
	1990年	2000年	2010年	2020年	1990年	2000年	2010年	2020年
合计	3720.21	335.51	335.62	418.76	100.00	100.00	100.00	100.00
北京	40.14	4.32	4.00	2.98	1.08	1.29	1.19	0.71
天津	19.49	1.62	2.68	2.50	0.52	0.48	0.80	0.60
河北	152.82	13.25	12.83	14.81	4.11	3.95	3.82	3.54
山西	107.41	9.68	8.65	8.18	2.89	2.89	2.58	1.95
内蒙古	75.21	6.95	6.63	5.74	2.02	2.07	1.98	1.37
辽宁	98.92	9.25	9.52	9.58	2.66	2.76	2.84	2.29
吉林	59.17	6.22	5.61	4.16	1.59	1.85	1.67	0.99
黑龙江	85.97	7.99	7.22	5.46	2.31	2.38	2.15	1.30
上海	51.57	4.25	5.43	6.37	1.39	1.27	1.62	1.52
江苏	198.98	13.95	15.32	20.61	5.35	4.16	4.56	4.92
浙江	166.78	13.94	15.86	24.29	4.48	4.15	4.73	5.80
安徽	196.48	16.36	11.92	16.58	5.28	4.88	3.55	3.96
福建	107.49	9.20	9.66	12.86	2.89	2.74	2.88	3.07
江西	135.62	11.81	11.34	16.34	3.65	3.52	3.38	3.90
山东	185.63	14.53	16.58	19.82	4.99	4.33	4.94	4.73
河南	225.55	21.99	16.92	21.26	6.06	6.55	5.04	5.08
湖北	177.03	16.78	16.02	22.78	4.76	5.00	4.77	5.44
湖南	245.93	24.01	18.34	23.58	6.61	7.16	5.46	5.63
广东	224.35	10.65	33.37	64.89	6.03	3.17	9.94	15.50
广西	177.92	21.92	17.55	18.56	4.78	6.53	5.23	4.43
海南	27.42	3.21	3.54	4.94	0.74	0.96	1.05	1.18

　　①2000年、2010年和2020年是根据长表数据汇总的结果，属于10%抽样调查的结果，与1990年总体人口统计结果不能直接对比。

　　②这里的占比是指各省男性过剩数量占全国过剩数量之比。

表4-13　1990年以来历次人口普查15岁及以上未婚男性过剩人口情况

续表

重庆	—	9.88	6.86	9.76	—	2.94	2.04	2.33
四川	447.46	26.01	23.43	25.18	12.03	7.75	6.98	6.01
贵州	106.42	13.58	10.43	10.86	2.86	4.05	3.11	2.59
云南	118.33	16.07	17.80	18.97	3.18	4.79	5.30	4.53
西藏	3.75	0.46	0.69	1.05	0.10	0.14	0.21	0.25
陕西	117.65	10.89	11.30	10.55	3.16	3.25	3.37	2.52
甘肃	80.08	7.68	6.79	5.85	2.15	2.29	2.02	1.40
青海	17.64	1.46	1.67	1.55	0.47	0.44	0.50	0.37
宁夏	12.19	1.16	1.24	1.46	0.33	0.35	0.37	0.35
新疆	56.81	6.69	6.00	7.24	1.53	1.99	1.79	1.73

数据来源：《中国1990年人口普查资料》《中国2000年人口普查资料》《中国2010年人口普查资料》《中国人口普查年鉴2020》。

表4-14　1990年以来历次人口普查各省15岁及以上未婚男性过剩人口的分类

年份	低度区域	中低度区域	中度区域	中高度区域	高度区域
1990	北京、天津、海南、西藏、宁夏、青海	内蒙古、吉林、黑龙江、上海、甘肃、新疆	河北、山西、辽宁、福建、江西、贵州、云南、陕西	山东、江苏、安徽、浙江、河南、湖北、湖南、广东、广西	四川
2000	北京、天津、上海、海南、西藏、宁夏、青海	内蒙古、吉林、黑龙江、甘肃、新疆	山西、辽宁、福建、江西、广东、重庆、陕西	河北、山东、江苏、安徽、浙江、湖北、贵州、云南	河南、湖南、广西、四川
2010	北京、天津、海南、西藏、宁夏、青海	山西、内蒙古、黑龙江、吉林、上海、重庆、甘肃、新疆	河北、辽宁、安徽、江西、贵州、陕西	山东、江苏、浙江、河南、湖北、湖南、广西、云南、四川	广东
2020	北京、天津、西藏、宁夏、青海	山西、内蒙古、黑龙江、吉林、上海、海南、甘肃、新疆	河北、辽宁、安徽、江西、贵州、重庆、陕西	山东、江苏、浙江、河南、湖北、湖南、广西、云南、四川	广东

表4-15　1990年以来历次人口普查15岁及以上未婚男性过剩人口情况

地区	过剩人数/万人				过剩人数占比/单位：%			
	1990年	2000年	2010年	2020年	1990年	2000年	2010年	2020年
合计	2051.67	166.13	112.69	132.74	100.00	100.00	100.00	100.00
北京	30.92	2.05	0.37	-1.92	1.51	1.23	0.33	-1.45
天津	9.74	0.00	0.58	-0.25	0.47	0.00	0.51	-0.19
河北	65.24	5.48	3.13	1.76	3.18	3.30	2.78	1.33
山西	67.55	6.31	3.87	1.64	3.29	3.80	3.43	1.24
内蒙古	38.74	4.91	3.11	0.46	1.89	2.96	2.76	0.35
辽宁	44.59	3.42	1.17	-2.05	2.17	2.06	1.04	-1.54
吉林	25.03	3.53	1.71	-1.82	1.22	2.12	1.52	-1.37
黑龙江	38.05	4.36	2.09	-1.77	1.85	2.62	1.85	-1.33
上海	40.58	0.38	0.47	0.39	1.98	0.23	0.42	0.29
江苏	103.94	-0.33	-0.61	3.04	5.07	-0.20	-0.54	2.29
浙江	64.96	5.06	4.91	11.24	3.17	3.05	4.36	8.47
安徽	115.35	8.88	2.43	5.27	5.62	5.35	2.16	3.97
福建	51.24	3.27	2.33	3.52	2.50	1.97	2.07	2.65
江西	79.76	5.89	3.59	6.68	3.89	3.55	3.19	5.03
山东	84.87	0.65	-0.31	-1.30	4.14	0.39	-0.28	-0.98
河南	128.17	10.72	3.80	4.49	6.25	6.45	3.37	3.38
湖北	114.77	10.27	6.88	10.78	5.59	6.18	6.11	8.12
湖南	146.87	16.59	7.34	8.40	7.16	9.99	6.51	6.33
广东	103.47	-3.49	16.48	43.83	5.04	-2.10	14.62	33.02
广西	125.53	15.67	8.65	6.97	6.12	9.43	7.68	5.25
海南	18.94	2.03	2.00	2.95	0.92	1.22	1.77	2.22
重庆	—	6.04	1.82	2.67	—	3.64	1.62	2.01
四川	260.01	15.61	8.95	6.83	12.67	9.40	7.94	5.15
贵州	74.46	10.58	5.12	4.07	3.63	6.37	4.54	3.07
云南	72.34	10.74	10.15	9.90	3.53	6.46	9.01	7.46
西藏	2.29	-0.20	0.04	0.41	0.11	-0.12	0.04	0.31
陕西	65.33	7.26	6.16	3.80	3.18	4.37	5.47	2.86
甘肃	46.44	5.17	3.08	0.88	2.26	3.11	2.73	0.66
青海	11.77	0.78	0.68	0.39	0.57	0.47	0.60	0.29
宁夏	5.10	0.58	0.31	0.11	0.25	0.35	0.28	0.08
新疆	15.64	4.04	1.98	1.37	0.76	2.43	1.76	1.03

数据来源：《中国1990年人口普查资料》《中国2000年人口普查资料》《中国2010年人口普查资料》《中国人口普查年鉴2020》。

八、15 岁及以上非在婚男性过剩人口数量

（一）非在婚男性过剩人口的集中程度超过了未婚人口

从15岁及以上非在婚男性过剩人口的占比来看，各省之间也经历了先分散再集中的转变，但2000年广东15岁及以上非在婚男性过剩人口数量占全国的比重为14.62%，位居全国第一，超过了1990年四川的水平，并且到了2020年进一步增长到了33.02%（见表4-15）。

（二）各省之间的差距逐渐拉大

一方面，2020年过剩人口数为负数（男性人口数少于女性人口数）的省份明显增多，1990年为0个，2000年为3个，2010年为2个，但到2020年增长到了6个。尽管这些省份女性超过男性人数的幅度都不太大，但表示不存在男性婚姻挤压。同时，在国家层面非在婚人口男多女少的背景下，有些省份男性过剩人口的占比快速提高，除广东已经占据全国的1/3以外，增长幅度较大的还有浙江和湖北两省，其中浙江省的增长幅度有4个百分点（见表4-15）。

（三）非在婚男性过剩人口较多的省份逐渐向南方集中

按照自然断点的分类，非在婚男性过剩人口处于中高度和高度过剩的省份，在1990年时，基本是南方省份，2000年时除安徽外有陕西和山西在北方，2010年时只有陕西在北方，而到了2020年全部成了南方省份（见表4-16）。这一点与未婚男性过剩人口的分布有明显不同。

第二节　各省分城乡的婚姻挤压状况对比

一、20—34 岁人口性别比

由于1990年的人口普查数据中没有提供分城乡的婚姻状况信息，本部分只分析2000年、2010年和2020年的分城乡情况。

（一）乡村高于城市的省份越来越多。

全国20—34岁人口性别比在2000年和2010年都是城市略高于乡村，而2020年形势发生了变化，乡村性别比明显高于城市。分省来看，2000年乡

村高于城市的省份不到一半，差距较大的是海南、广西和内蒙古。到了2020年，全国除西藏之外均出现了乡村高于城市的情况，其中差别较大的是上海、北京、重庆和内蒙古（见表4-17）。

（二）2020年乡村女多男少的省份越来越少，城镇则越来越多

2000年和2010年，乡村20—34岁人口性别比低于100，即女性人口数多于男性人口数的情况，在部分省份有出现，如2000年的广东、江苏、浙江、安徽、天津五个省市，而城市全都高于100。2010年的安徽、河南、江苏、重庆、甘肃、江西六个省市，但城市低于100的多达10个。2020年20—34岁城市人口性别比低于100的省多达12个，但乡村则为0个。镇低于100的省区市数变化不大，分别为9个、10个和8个（见表4-17）。

表4-16　1990年以来历次人口普查各省15岁及以上非在婚男性过剩人口的分类

年份	低度区域	中低度区域	中度区域	中高度区域	高度区域
1990	北京、天津、上海、海南、西藏、宁夏、青海	内蒙古、黑龙江、吉林、辽宁、山东、江苏、浙江、甘肃、新疆	河北、山西、浙江、江西、河南、广东、贵州、云南、陕西	安徽、湖北、湖南、广西	四川
2000	广东	北京、天津、山东、江苏、上海、海南、西藏、青海、宁夏	河北、内蒙古、黑龙江、吉林、辽宁、浙江、福建、甘肃、新疆	山西、安徽、江西、重庆、陕西	河南、湖北、湖南、广西、贵州、四川、云南
2010	北京、天津、山东、江苏、上海、西藏、宁夏、青海	黑龙江、吉林、辽宁、安徽、福建、海南、重庆、新疆	河北、山西、内蒙古、浙江、江西、河南、贵州、甘肃	湖北、湖南、广西、云南、四川、陕西	广东
2020	北京、黑龙江、吉林、辽宁、山东	天津、河北、山西、内蒙古、上海、西藏、宁夏、甘肃、青海、新疆	江苏、安徽、福建、河南、海南、贵州、重庆、陕西	浙江、江西、湖北、湖南、广西、云南、四川	广东

表4-17　2000年以来历次人口普查20—34岁人口性别比

地区	2000年			2010年			2020年		
	城市	镇	乡村	城市	镇	乡村	城市	镇	乡村
合计	106.27	100.77	104.75	103.20	100.76	101.47	105.35	103.92	119.71
北京	122.82	111.07	114.09	106.08	113.16	118.41	105.44	130.66	139.57
天津	113.35	106.58	99.91	130.88	107.68	113.76	111.85	129.85	121.08
河北	102.61	102.60	102.92	96.38	102.13	101.15	97.85	101.81	110.14
山西	103.77	102.77	107.69	99.35	100.92	110.08	95.86	99.37	122.41
内蒙古	102.40	104.72	108.40	106.22	106.88	113.88	100.51	102.77	132.55
辽宁	102.02	100.59	106.91	102.03	101.05	104.96	101.70	102.01	118.31
吉林	103.14	103.66	107.59	100.07	104.75	101.25	97.96	97.95	115.89
黑龙江	104.50	103.20	107.66	102.92	103.71	101.23	101.14	100.73	117.93
上海	116.62	98.65	108.52	103.55	115.52	118.22	110.05	128.21	160.27
江苏	105.66	95.38	94.69	102.54	96.46	95.50	107.16	108.39	122.85
浙江	109.45	99.86	98.97	104.14	103.17	108.08	112.72	120.27	129.58
安徽	103.66	98.55	99.61	101.73	93.76	90.66	97.15	101.60	115.12
福建	109.64	100.81	102.35	104.29	98.56	101.49	107.14	104.89	124.08
江西	101.31	99.42	103.72	94.48	96.41	97.75	101.54	101.14	122.67
山东	101.34	101.46	100.83	100.45	102.99	100.54	102.00	104.92	114.15
河南	106.36	101.29	105.58	96.35	97.53	91.65	94.27	101.24	102.47
湖北	104.90	103.26	109.41	100.46	96.26	100.73	103.94	101.34	128.53
湖南	103.76	99.60	108.18	94.98	96.31	100.08	95.81	101.33	120.70
广东	104.75	94.94	96.92	111.34	108.80	100.01	122.73	115.72	125.38
广西	107.59	107.84	116.07	100.40	104.22	109.74	98.79	105.73	124.46
海南	103.14	106.44	117.30	100.34	109.91	112.88	108.82	118.71	132.39
重庆	107.87	94.08	103.96	98.32	91.54	95.92	97.24	98.87	131.69
四川	104.82	98.62	104.16	96.43	97.87	100.49	96.97	94.69	125.07
贵州	110.73	104.93	111.17	100.63	96.00	102.60	95.30	93.60	115.20
云南	117.10	109.86	114.47	100.59	102.17	113.49	100.24	104.66	126.78
西藏	110.99	113.32	106.49	92.31	120.96	110.84	120.85	116.92	117.80
陕西	110.41	105.86	104.30	100.28	103.50	107.89	101.57	99.20	122.33
甘肃	112.57	107.96	103.14	102.86	100.25	97.06	97.40	91.54	111.27
青海	108.66	110.67	108.38	106.25	109.54	106.90	105.74	102.09	111.39
宁夏	104.29	103.60	102.93	98.08	106.53	104.12	95.00	98.32	121.63
新疆	107.14	103.89	107.15	99.76	102.40	106.07	110.07	111.90	111.99

数据来源：《中国2000年人口普查资料》《中国2010年人口普查资料》《中国人口普查年鉴2020》。

二、15—49岁人口性别比

（一）乡村15—49岁人口性别比大幅度提升

从2000年到2020年，全国城市和镇的15—49岁人口性别比基本没有发生变化，城市保持在105，镇保持在103，但2020年的乡村达到了115.77，明显高于2000年和2010年，而且明显高于2020年的城市和镇。到2020年，全国所有省区市的乡村15—49岁人口性别比都高于100，其中最低的山西省也有103.93（见表4-18）。

（二）城市性别比偏高的省份不多

2020年，城市15—49岁人口性别比在97—103的省区市多达18个，其中就包括四川、河南、山东这样的人口大省。而低于110的多达27个，最高的广东省也只有119.70（见表4—18）。

（三）城乡差距拉大的省份增多

2000年，城市和乡村15—49岁人口性别比差距较大的省市只有海南、广西、天津、西藏，其中西藏和天津是城市高于乡村，其他省份城乡差距不大。但到了2020年，全国除西藏和广东之外的所有省份是乡村高于城市，而且差距普遍较大，性别比之差在10以上的省份多达21个。其中广东的情形比较特殊，广东是唯一一个从2000年到2020年城市、镇和乡村的性别比都大幅度提升的省份，其中乡村提升的幅度最大（见表4-18）。

表4-18　2000年以来历次人口普查15—49岁人口性别比

地区	2000年			2010年			2020年		
	城市	镇	乡村	城市	镇	乡村	城市	镇	乡村
合计	105.81	103.59	105.72	105.12	103.36	102.94	105.01	103.84	115.77
北京	116.53	109.46	108.58	108.88	115.93	117.04	105.24	130.60	137.13
天津	108.07	105.38	99.77	127.71	107.88	109.83	110.51	125.43	115.75
河北	102.77	103.80	102.99	98.74	102.40	101.76	99.09	102.73	109.04
山西	104.92	106.37	108.43	100.53	103.24	108.60	98.10	101.40	120.38
内蒙古	104.08	106.68	107.91	107.38	108.48	112.78	100.92	104.00	123.71
辽宁	103.47	102.38	105.35	102.71	102.21	105.48	100.97	102.49	113.71
吉林	103.34	104.71	106.50	101.15	104.85	103.95	98.55	99.46	112.81
黑龙江	104.30	104.17	105.53	103.66	104.30	103.67	100.97	101.35	113.78

表4—18 2000年以来历次人口普查15—49岁人口性别比

续表

上海	113.24	100.36	105.08	107.02	116.47	117.13	108.32	126.19	152.68
江苏	106.21	100.06	98.81	104.51	98.68	95.33	104.84	104.90	113.96
浙江	107.60	102.48	102.83	105.56	103.81	106.28	110.86	113.22	120.47
安徽	105.41	104.90	102.25	104.23	98.01	96.23	98.26	101.87	114.21
福建	106.61	102.77	103.99	105.64	102.46	104.14	106.42	102.98	118.11
江西	103.40	105.11	105.87	99.60	102.82	101.36	101.90	102.33	117.43
山东	102.32	103.40	101.48	102.81	103.43	100.03	102.44	105.20	109.13
河南	105.48	102.55	104.78	100.60	100.40	94.73	97.33	102.44	103.93
湖北	105.54	108.11	109.24	103.80	102.95	103.70	103.77	101.37	121.88
湖南	104.06	104.46	109.38	99.17	101.88	104.23	98.55	103.39	117.93
广东	103.18	94.26	100.48	112.05	108.63	100.81	119.70	111.88	118.80
广西	106.69	109.74	116.27	104.63	106.18	111.93	101.24	105.20	122.78
海南	105.62	109.57	116.41	106.28	111.61	115.60	108.93	116.29	128.44
重庆	108.26	99.93	107.71	101.31	97.43	98.77	98.78	98.45	121.75
四川	105.15	104.59	106.27	100.17	101.10	102.23	98.07	95.68	117.25
贵州	109.42	109.76	111.66	104.05	102.63	106.31	100.18	98.99	114.59
云南	112.90	110.75	112.76	104.10	105.75	112.83	102.90	105.64	122.77
西藏	112.89	115.68	104.76	98.50	120.38	109.63	117.92	119.15	116.12
陕西	108.09	109.25	106.27	103.62	107.71	107.24	103.32	100.84	117.73
甘肃	110.74	111.91	105.23	105.95	105.63	99.53	100.67	96.92	108.85
青海	109.38	111.15	107.86	108.61	112.31	108.75	106.37	103.16	111.29
宁夏	104.95	106.70	103.96	102.90	108.41	103.81	98.59	102.45	116.20
新疆	107.78	107.52	108.12	104.88	107.18	108.07	108.03	108.93	111.44

数据来源：《中国2000年人口普查资料》《中国2010年人口普查资料》《中国人口普查年鉴2020》。

三、15岁及以上未婚人口性别比

（一）城市15岁及以上未婚人口性别比有回升的趋势

2020年，城市15岁及以上未婚人口性别比最低的为山西（109.10），最高的是广东（160.65），共有22个省区市在110至130之间，超过130的省份包括湖北、新疆、海南、福建、浙江和广东，基本都是经济发达的人口大省。与1990年相比，城市的15岁及以上未婚人口性别比普遍下降，有29个省份出现了下降，有22个省份的下降幅度在30以内。但是，如果将2020年与2010年相比，其中22个省份出现了回升（见表4-19）。所以，各省城市的15岁及以上未婚人口性别比虽然都明显低于1990年，但是已经出现了回升的势头。

（二）各省乡村15岁及以上未婚人口性别比的增长幅度都较大

从1990年到2020年，各省乡村人口15岁及以上未婚人口性别比基本保持了持续增长，2020年与1990年相比差距在20以上，增长超过50的有20个。2020年，各省乡村15岁及以上未婚人口性别比均在130以上，超过200的省份多达10个（见表4-19）。

（三）城市和乡村15岁及以上未婚人口性别比的差距拉大

1990年，各省的15岁及以上未婚人口性别比的差距基本不大，但到了2020年，其差距都在15以上，其中差距超过30的有29个，超过50的有24个，差距超过100的有5个（见表4-19）。

四、15岁及以上非在婚人口性别比

（一）城市15岁及以上非在婚人口性别比明显低于乡村

从全国来看，城市15岁及以上非在婚人口性别比一直低于乡村。并且，城市从1990年的115.27下降到2000年的101.40，在2000年以后保持在这一水平，而乡村从1990年开始保持在120左右的水平（见表4-20）。

（二）各省城市15岁及以上非在婚人口性别比差异显著

2020年，各省城市普遍较低，共计23个省份都低于100，其中吉林、黑龙江、北京、辽宁、宁夏和山西6个省市都低于90。超过110的只有海南、浙江和广东三省，其中广东高达136.15。

（三）乡村15岁及以上非在婚人口性别比整体都比较高

2020年各省乡村15岁及以上非在婚人口性别比全都高于100，而且除江苏、山东和西藏之外都高于110。广西、云南、湖北、上海和海南五省市区高于130。

表4-19　1990年以来历次人口普查15岁及以上未婚人口性别比

地区	1990年			2000年			2010年			2020年		
	城市	镇	乡村	城市	镇	乡村	城市	镇	乡村	城市	镇	乡村
合计	143.06	131.41	146.08	122.25	127.48	163.93	120.38	130.09	149.46	128.73	141.22	189.68
北京	160.13	156.78	132.21	136.46	134.57	150.51	116.40	130.87	142.14	109.40	146.16	190.63
天津	139.57	115.82	127.20	121.19	120.65	133.26	127.35	105.74	143.55	123.83	150.15	166.46
河北	135.45	126.43	142.08	109.79	111.97	135.41	103.38	119.72	137.33	113.60	129.84	182.41
山西	146.59	149.60	158.18	119.04	140.03	177.30	108.63	120.93	151.81	109.10	129.48	191.26
内蒙古	132.98	126.71	155.52	120.56	140.17	163.80	123.36	132.87	172.33	120.76	139.01	227.07
辽宁	139.43	122.82	136.50	122.35	133.74	163.01	120.33	125.60	154.88	126.56	138.28	192.17
吉林	129.77	119.68	139.38	123.38	143.71	154.80	115.95	136.20	143.14	121.97	118.93	169.24
黑龙江	130.28	119.78	137.37	129.52	139.36	149.54	119.37	132.44	140.52	117.96	128.84	154.87
上海	191.46	154.92	133.94	138.21	113.39	147.53	123.49	149.72	154.40	124.32	165.24	239.44
江苏	157.69	127.98	142.20	124.18	125.54	148.33	119.98	127.44	139.98	131.60	151.11	201.58
浙江	158.82	133.39	159.73	129.94	136.50	173.19	124.22	144.09	178.55	143.85	178.20	224.40
安徽	148.87	132.58	142.70	134.62	142.46	162.61	125.24	127.22	140.16	120.89	145.63	184.10
福建	154.89	149.85	152.27	117.49	134.45	151.44	123.96	128.39	149.04	138.73	153.38	209.59
江西	146.62	145.01	150.95	137.86	149.76	191.32	122.91	132.43	146.80	125.57	142.91	181.79
山东	136.69	115.86	128.03	110.06	118.28	130.82	114.35	123.16	135.54	116.62	136.50	172.81
河南	137.20	123.66	134.60	115.97	126.64	148.81	108.48	120.68	130.32	109.63	128.59	161.87
湖北	140.63	123.81	151.38	133.14	147.13	194.26	127.62	134.25	154.02	131.75	152.89	232.46
湖南	149.87	145.21	160.02	131.58	143.25	202.57	116.76	137.33	159.88	120.35	145.55	191.22
广东	126.14	116.27	156.78	103.54	94.95	135.47	128.94	131.61	133.47	160.65	156.53	186.93
广西	145.89	151.31	157.47	126.79	150.58	197.20	123.97	142.63	180.27	122.71	149.48	238.32
海南	145.54	141.30	161.83	117.93	148.35	185.23	115.53	151.41	173.21	136.49	177.00	236.54
重庆	—	—	—	147.46	157.30	259.20	121.17	131.58	175.28	122.79	143.73	204.82
四川	151.82	141.54	150.92	135.85	146.29	215.24	116.78	128.32	160.38	117.65	128.33	183.21
贵州	150.35	147.00	138.64	140.92	161.45	197.15	124.21	137.91	171.06	119.30	127.47	194.15
云南	155.04	150.48	140.01	129.61	144.04	184.53	118.62	138.39	187.84	117.28	140.12	204.47
西藏	161.55	187.15	111.16	110.10	123.47	117.42	102.25	131.92	123.70	119.42	129.10	135.38
陕西	147.35	144.38	154.76	130.69	141.22	172.15	113.30	134.04	151.30	121.24	146.68	196.76
甘肃	142.54	139.27	148.00	137.67	146.45	164.09	117.60	124.80	138.63	121.05	125.68	177.49
青海	142.72	146.97	149.35	136.40	127.95	158.35	129.42	133.74	153.33	126.46	127.11	157.79
宁夏	134.07	136.95	133.69	118.16	129.20	140.07	113.66	136.70	140.35	114.65	131.45	172.73
新疆	134.05	140.79	161.02	128.08	155.42	162.86	122.50	132.85	151.75	131.86	141.34	169.32

数据来源：《中国1990年人口普查资料》《中国2000年人口普查资料》《中国2010年人口普查资料》《中国人口普查年鉴2020》。

表4-20 1990年以来历次人口普查15岁及以上非在婚人口性别比

地区	1990年			2000年			2010年			2020年		
	城市	镇	乡村	城市	镇	乡村	城市	镇	乡村	城市	镇	乡村
合计	115.27	109.37	119.39	101.40	103.48	124.43	100.58	104.41	114.47	101.79	106.70	120.28
北京	123.95	129.99	106.58	112.72	109.71	116.73	98.89	109.77	115.05	88.10	115.92	124.09
天津	107.40	103.71	106.67	97.34	101.49	106.54	103.42	96.20	113.37	94.02	121.77	114.64
河北	112.04	110.24	115.77	94.25	98.85	113.20	88.78	101.67	112.33	90.13	101.51	115.64
山西	125.41	133.95	128.20	101.96	112.35	135.78	94.97	103.21	121.85	89.68	102.50	122.27
内蒙古	117.86	113.20	140.62	101.43	115.00	138.10	100.31	104.69	131.00	90.63	95.58	127.12
辽宁	111.93	104.18	120.61	96.24	103.36	128.06	94.27	98.55	119.74	88.47	93.47	119.67
吉林	108.65	102.96	126.45	99.71	111.06	130.99	93.02	105.01	120.60	82.60	87.09	116.08
黑龙江	110.31	104.70	127.47	101.32	107.91	129.66	94.93	101.79	120.01	87.98	90.42	113.48
上海	118.17	114.11	89.93	104.96	86.70	91.52	98.96	118.21	108.83	95.57	122.66	142.98
江苏	119.93	101.07	107.04	98.71	95.98	100.95	99.77	99.07	98.89	102.21	107.50	103.68
浙江	117.62	105.19	122.94	105.60	106.91	116.94	104.98	109.65	112.38	114.63	124.87	117.89
安徽	122.47	108.96	118.91	109.58	112.49	121.97	102.61	101.16	106.30	94.67	110.03	118.67
福建	114.53	113.65	117.22	99.37	106.69	115.44	105.41	101.74	107.84	108.71	106.08	111.46
江西	118.54	117.63	121.09	109.57	111.21	126.67	98.58	106.98	111.69	103.45	112.28	121.22
山东	110.16	99.63	105.24	93.71	97.90	104.54	95.02	98.06	103.40	92.97	101.68	104.04
河南	113.89	104.72	110.80	98.02	100.57	118.24	93.08	103.03	107.86	91.19	107.71	111.95
湖北	113.87	105.44	124.98	109.47	114.85	136.10	104.31	106.28	118.16	103.41	112.57	137.89
湖南	121.70	117.30	131.21	106.73	111.33	144.90	96.58	105.65	118.72	97.82	108.96	121.92
广东	102.62	96.68	114.63	93.27	86.32	107.75	115.52	109.79	106.68	136.15	119.69	125.83
广西	115.19	120.54	127.93	105.07	118.15	149.50	102.02	110.17	127.22	99.10	108.03	130.79
海南	117.95	116.62	121.74	102.60	118.50	141.50	102.03	120.15	131.65	113.28	126.87	149.01
重庆	—	—	—	107.17	102.49	149.33	97.17	99.20	118.44	96.99	105.59	127.39
四川	120.07	114.90	125.83	106.50	108.22	136.48	95.34	102.87	117.11	94.59	98.30	121.35
贵州	127.35	119.37	122.35	111.87	119.00	151.49	98.86	105.86	124.59	95.45	102.25	127.27
云南	126.04	121.90	116.10	110.15	110.46	138.19	98.88	106.40	135.09	98.09	109.55	136.61
西藏	128.33	141.66	89.22	98.54	102.40	93.58	90.82	111.85	100.48	108.86	107.01	108.96
陕西	122.27	128.77	129.29	110.02	113.69	132.98	98.98	112.57	122.19	99.99	110.39	122.25
甘肃	123.86	125.18	125.97	113.90	120.24	129.10	99.55	107.97	114.24	92.12	98.89	114.39
青海	125.48	132.73	122.55	109.64	106.51	121.89	100.54	106.29	117.50	95.60	100.55	119.37
宁夏	118.12	124.79	117.07	98.94	109.41	118.29	92.43	110.63	113.69	88.89	100.94	123.09
新疆	118.93	116.41	124.70	106.71	117.01	128.88	97.02	98.88	117.55	96.60	101.36	117.18

数据来源：《中国1990年人口普查资料》《中国2000年人口普查资料》《中国2010年人口普查资料》《中国人口普查年鉴2020》。

五、20—34岁男性过剩人口数

（一）2020年城镇乡村20—34岁男性过剩人口数都达到了新高

从全国来看，2020年城镇（包括城市和乡镇）和乡村的20—34岁男性过剩人口都明显超过2000年和2010年的水平（见表4-21）。

（二）乡村过剩人口明显降低的都是人口净流出省份

从2000年到2020年，乡村20—34岁男性过剩人口数量增长幅度较大的省份包括山东、安徽、四川、浙江、江苏、广东等几个人口大省，其中既有人口流出大省如四川，也有人口流入大省如广东、江苏、浙江。但单看乡村20—34岁男性过剩人口数量下降了的省份，都是人口流出较多的省份，如河南、广西、贵州、云南、湖南、黑龙江、吉林、辽宁、青海（见表4-21）。

（三）中西部地区的城市过剩人口普遍下降

从2000年到2020年，城市20—34岁男性过剩人口数量下降了的省份包括河南、四川、北京、湖南、贵州、云南、重庆、山西、安徽、甘肃、河北、广西、陕西、黑龙江、吉林、宁夏、内蒙古、辽宁和湖北19个省区市，其中除北京和东北三省之外，其余全在中西部地区（见表4-21）。

表4-21　2000年以来历次人口普查20—34岁男性过剩人口数

单位：万人

地区	2000年			2010年			2020年		
	城市	镇	乡村	城市	镇	乡村	城市	镇	乡村
合计	274.15	18.98	463.70	190.57	23.96	102.50	371.64	123.41	753.55
北京	28.90	1.51	4.87	16.65	2.63	6.48	12.48	5.64	10.28
天津	7.60	1.61	-0.03	39.88	1.72	3.93	14.39	2.65	3.59
河北	4.12	2.02	16.57	-7.63	4.71	5.57	-5.25	3.97	22.70
山西	3.88	1.60	19.12	-0.82	0.84	19.50	-6.69	-0.59	24.78
内蒙古	2.08	2.96	14.59	6.40	4.76	16.60	0.55	1.83	15.00
辽宁	4.81	0.35	15.80	5.61	0.58	7.98	4.32	0.87	12.83
吉林	4.13	2.08	13.83	0.09	2.26	1.89	-2.12	-1.02	9.07
黑龙江	7.97	2.74	18.75	5.05	2.84	2.53	1.58	0.39	13.01
上海	24.22	-0.33	1.89	9.85	7.05	5.76	24.83	8.05	14.41
江苏	15.80	-7.80	-27.89	11.39	-6.88	-13.90	34.02	17.83	34.81
浙江	19.17	-0.20	-3.00	13.21	5.15	15.75	52.58	26.66	38.35
安徽	4.57	-1.51	-2.22	2.84	-9.26	-31.13	-5.59	3.17	28.74

表4-21 2000年以来历次人口普查20—34岁男性过剩人口数

续表

福建	12.88	0.80	6.18	9.06	-1.63	2.74	15.22	5.38	24.06
江西	1.08	-0.51	14.62	-5.43	-5.53	-6.50	2.31	1.42	28.87
山东	4.40	2.46	5.43	1.86	6.75	2.70	8.47	10.88	33.80
河南	13.16	1.37	47.48	-9.66	-5.30	-53.61	-17.48	3.74	8.43
湖北	11.70	3.50	40.79	1.11	-4.59	2.26	11.22	1.44	44.99
湖南	5.72	-0.42	46.62	-8.95	-6.89	0.32	-8.93	2.29	38.57
广东	27.57	-15.87	-14.21	105.41	18.45	0.05	243.24	27.50	77.47
广西	7.06	6.53	55.51	0.51	5.05	27.96	-2.06	6.02	38.06
海南	0.86	1.14	8.53	0.12	2.38	6.29	4.22	4.26	11.77
重庆	7.40	-3.13	10.41	-1.90	-5.34	-3.58	-5.65	-0.57	19.14
四川	9.09	-2.16	33.06	-7.46	-3.75	1.99	-11.86	-8.23	64.23
贵州	7.13	2.84	35.70	0.46	-2.77	5.20	-6.41	-7.14	21.04
云南	13.46	8.07	62.78	0.56	2.60	45.94	0.40	5.30	51.46
西藏	0.44	0.62	1.65	-0.37	1.36	3.35	2.34	1.16	4.68
陕西	10.24	3.66	11.76	0.38	3.65	17.07	3.33	-0.72	26.83
甘肃	7.44	2.47	7.92	2.05	0.12	-4.79	-2.29	-5.48	10.83
青海	1.37	0.98	3.95	1.06	1.30	2.57	1.47	0.32	2.56
宁夏	0.81	0.35	1.47	-0.56	0.80	1.55	-1.91	-0.33	4.79
新疆	5.10	1.25	11.80	-0.19	0.91	9.99	10.89	6.72	14.41

数据来源：《中国2000年人口普查资料》《中国2010年人口普查资料》《中国人口普查年鉴2020》。

六、15—49岁男性过剩人口数

（一）城镇缓慢增长，乡村先降后升

从全国来看，城市和镇15—49岁男性过剩人口数都有小幅度增长，城市由2000年的536.26万人增长到2010的652.64万人，2020年进一步增长到763.67万人，而镇则是由2000年的179.43万人增长到2010年的263.14万人并进一步增长到295.37万人。乡村在2000年是1187.37万人，到2010年时下降到了511.09万人，到了2020年又增长到1463.68万人，超过了2000年的规模（见表4-22）。

（二）乡村过剩比城市严重

2020年，城市有部分省份15—49岁男性过剩人口为负数，即女性人口超过男性人口数，而全部省份的乡村都存在男性过剩人口。并且各省乡村男性过剩规模普遍较大，除青海、天津、宁夏和西藏四省区之外，其余各省的过剩人口规模都在20万人以上，最多的广东规模达124.12万人。而城市的情

131

况，有10个省份女性多于男性，还有10个省份男性超过女性但过剩人口数不超过10万人，过剩人口数超过40万人的只有4个省市（见表4-22）。

表4-22　2000年以来历次人口普查15—49岁男性过剩人口数

单位：万人

地区	2000年			2010年			2020年		
	城市	镇	乡村	城市	镇	乡村	城市	镇	乡村
合计	536.26	179.43	1187.37	652.64	263.14	511.09	763.77	295.37	1463.68
北京	48.65	2.98	7.38	44.16	6.32	13.12	24.68	10.66	20.23
天津	13.07	2.95	-0.17	68.86	3.53	6.93	27.94	4.93	6.36
河北	10.00	7.00	40.44	-5.66	12.04	18.98	-5.22	14.48	47.93
山西	10.97	7.65	46.13	1.58	7.54	42.76	-6.84	3.11	50.12
内蒙古	7.37	8.79	30.62	18.33	14.57	38.03	2.29	6.74	33.18
辽宁	20.12	3.26	28.47	17.33	3.24	23.28	5.96	2.86	27.29
吉林	9.90	5.88	25.82	3.56	6.27	14.51	-3.71	-0.65	21.18
黑龙江	17.33	7.70	29.34	15.60	9.05	18.12	3.44	2.04	30.15
上海	49.61	0.20	2.72	36.06	14.79	11.57	41.81	14.90	28.16
江苏	36.43	0.21	-13.60	42.88	-6.63	-38.40	49.81	24.12	50.59
浙江	32.00	7.20	18.25	37.20	15.37	33.16	97.37	43.51	67.00
安徽	13.81	10.21	25.08	16.26	-8.05	-34.48	-7.49	8.71	63.14
福建	17.22	5.47	21.88	23.67	6.51	18.06	30.18	8.28	45.40
江西	5.84	8.59	45.81	-0.91	9.87	9.00	6.82	7.73	57.43
山东	16.26	12.31	22.53	24.75	18.68	0.34	24.27	28.27	57.05
河南	23.24	5.52	86.94	3.47	2.10	-80.19	-18.43	17.23	30.46
湖北	28.66	18.08	87.40	21.36	9.33	29.09	24.04	3.60	79.05
湖南	13.41	9.24	113.88	-3.35	8.55	40.67	-7.20	15.20	82.64
广东	32.91	-32.97	4.71	216.25	42.13	7.65	428.29	47.81	124.12
广西	13.04	16.82	123.74	12.21	17.48	78.77	5.06	14.69	91.71
海南	2.98	3.64	17.85	4.72	6.45	17.48	9.15	8.63	23.66
重庆	16.78	-0.07	39.63	3.52	-4.86	-3.73	-5.31	-2.02	33.18
四川	19.49	13.85	96.95	0.85	5.33	26.43	-15.96	-17.22	110.60
贵州	12.17	10.69	73.61	6.89	4.64	33.81	0.50	-2.63	50.13
云南	19.13	16.40	107.57	8.32	16.57	102.51	10.30	16.15	110.72
西藏	0.94	1.36	2.53	-0.15	2.63	6.14	4.49	2.48	9.02
陕西	17.08	11.86	39.27	10.11	19.11	40.00	14.24	1.82	47.99
甘肃	12.88	7.17	25.91	9.80	6.85	-2.17	1.26	-4.63	20.41
青海	2.81	1.90	6.85	3.64	4.28	7.64	3.55	1.21	6.14
宁夏	1.84	1.17	3.90	1.89	2.38	3.44	-1.18	1.12	8.68
新疆	10.31	4.36	25.93	9.44	7.09	28.57	19.65	12.23	29.95

数据来源：《中国1990年人口普查资料》《中国2000年人口普查资料》《中国2010年人口普查资料》《中国人口普查年鉴2020》。

（三）乡村男性人口过剩严重的以中西部地区居多

2000年，乡村15—49岁男性过剩人口规模较大的省份是河南（86.94万）、湖北（87.40万）、四川（96.95万）、云南（107.57万）、湖南（113.88万）和广西（123.74万）。2010年分别是广西（78.77万）和云南（102.51万），2020年是湖北（79.05万）、湖南（82.64万）、广西（91.71万）、四川（110.60万）、云南（110.72万）和广东（124.12万）（见表4-22）。可见，自2000年以来，乡村男性人口过剩严重的省份，除广东一处之外，其他各省区市均位于中西部。

（四）经济发达地区城市男性人口过剩严重

2020年，存在15—49岁女性超过男性人口的省份是宁夏、吉林、河北、重庆、山西、湖南、安徽、四川、河南9个省区。而15—49岁男性过剩人口规模较大的省份依次是广东（428.29万）、浙江（97.37万）、江苏（49.81万）和上海（41.81），四个省市之和占到了全国城市过剩总数的80.82%。上海、北京、江苏、广东和浙江在2000年和2010年其城市男性人口过剩规模也一直位居全国前列（见表4-22）。

七、15岁及以上未婚男性过剩人口数量

（一）15岁及以上未婚人口中男性过剩一直普遍存在

从1990年到2020年的四次人口普查，城市、镇和乡村的15岁及以上未婚男性过剩人口的规模，除2000年广东的镇为负数之外，其余全是正数，这表明在15岁及以上未婚人口中，一直存在男性过剩（见表4-23）。

（二）广东城市15岁及以上未婚男性过剩人口增加较快

1990年和2000年，各省城市15岁及以上未婚男性过剩人口的分布相对较为平均，各省占全国城市过剩总人口的比重最高都不超过9%，2010年都不超过8%。但2010年，广东15岁及以上未婚男性过剩人口占全国城市过剩总人口的24.31%，排第二位的江苏只占6.84%。2020年广东的占比进一步提高到了32.73%，排第二位的浙江只占8.41%（见表4-24）。

（三）各省乡村男性过剩人口差距明显缩小

根据长表数据，2000年到2020年乡村男性过剩人口规模变化不大（见表

4-23），但就各省的占比来看，1990年，四川占比最高（13.13%），排在第二位的湖南就只占7.32%，但之后的2000年、2010年和2020年仍是以四川占比最高，但其占比分别为8.32%、8.84%和8.46%，与其他省份的差距明显收窄（见表4-24）。

表4-23　1990年以来历次人口普查15岁及以上未婚男性过剩人口数

单位：万人

地区	1990年			2000年			2010年			2020年		
	城市	镇	乡村	城市	镇	乡村	城市	镇	乡村	城市	镇	乡村
合计	739.84	220.44	2759.94	54.15	29.96	251.65	76.92	55.76	202.51	131.52	83.87	203.37
北京	31.91	2.31	5.92	3.16	0.25	0.91	2.76	0.34	0.90	1.47	0.44	1.07
天津	14.49	0.26	4.74	0.91	0.26	0.46	1.95	0.09	0.63	1.67	0.28	0.54
河北	21.32	5.26	126.24	0.96	0.61	11.68	0.46	2.62	9.75	2.11	4.03	8.66
山西	23.57	6.87	76.98	1.03	0.84	7.81	0.82	1.25	6.58	0.92	1.60	5.65
内蒙古	14.46	6.34	54.40	0.87	1.02	5.06	1.44	1.16	4.03	1.35	1.29	3.11
辽宁	44.95	4.93	49.04	2.90	0.77	5.58	3.83	0.86	4.83	4.50	1.02	4.07
吉林	16.73	4.98	37.45	1.53	0.90	3.80	1.40	0.92	3.29	1.37	0.59	2.20
黑龙江	28.72	8.56	48.69	2.42	1.14	4.42	2.19	1.26	3.77	1.95	0.95	2.56
上海	41.43	2.08	8.05	3.73	0.14	0.38	3.76	0.96	0.71	3.97	0.98	1.42
江苏	44.12	8.75	146.11	3.27	1.72	8.96	5.26	3.08	6.98	8.49	5.45	6.67
浙江	28.27	17.18	121.33	3.24	2.26	8.44	4.64	3.71	7.52	11.06	5.65	7.58
安徽	28.34	8.51	159.63	2.11	1.77	12.47	2.36	2.27	7.28	2.36	5.14	9.07
福建	17.63	9.13	80.73	1.32	1.61	6.27	2.95	1.87	4.83	5.01	3.21	4.65
江西	20.10	8.96	106.56	1.51	1.31	8.99	1.33	2.75	7.25	3.17	4.29	8.88
山东	49.57	8.83	127.23	1.96	1.57	11.00	3.43	2.85	10.29	4.88	4.86	10.08
河南	28.74	7.97	188.84	1.73	1.12	19.14	1.47	3.07	12.38	2.09	6.41	12.75
湖北	37.68	7.61	131.74	3.99	1.72	11.08	4.10	2.23	9.68	6.44	3.84	12.50
湖南	32.29	11.50	202.14	2.59	1.61	19.81	1.78	3.57	12.99	3.41	6.51	13.67
广东	46.33	12.94	165.09	1.40	-1.14	10.39	18.70	4.70	9.96	43.13	6.64	15.13
广西	13.61	13.47	150.84	1.62	2.12	18.18	2.06	1.86	12.44	3.06	3.76	11.74
海南	3.66	2.73	21.02	0.29	0.47	2.45	0.41	0.78	2.36	1.14	1.12	2.68
重庆	—	—	—	1.87	0.69	7.32	1.57	1.13	4.16	3.20	1.64	4.91
四川	64.66	20.47	362.32	2.90	2.18	20.94	2.24	3.29	17.91	4.59	3.39	17.20
贵州	18.88	7.61	79.93	1.27	1.18	11.12	1.13	1.42	7.87	1.62	1.94	7.29
云南	12.19	13.28	92.86	1.26	1.37	13.45	1.09	2.44	14.27	2.06	3.47	13.43
西藏	1.05	0.58	2.12	0.02	0.06	0.38	0.01	0.12	0.57	0.18	0.11	0.76
陕西	19.28	7.63	90.74	1.66	0.92	8.30	1.26	1.98	8.05	2.49	2.25	5.81
甘肃	15.22	3.92	60.94	1.13	0.58	5.97	0.83	0.85	5.11	1.00	0.95	3.90
青海	3.47	1.79	12.37	0.23	0.11	1.11	0.30	0.27	1.10	0.39	0.30	0.85
宁夏	2.57	1.42	8.20	0.17	0.10	0.89	0.22	0.22	0.80	0.39	0.31	0.83
新疆	14.59	4.55	37.67	1.07	0.70	4.93	1.16	0.66	4.18	2.11	1.43	3.70

数据来源：《中国1990年人口普查资料》《中国2000年人口普查资料》《中国

2010年人口普查资料》《中国人口普查年鉴2020》。

表4-24　1900年以来历次人口普查15岁及以上未婚男性过剩人口情况

单位：%

地区	1990年			2000年			2010年			2020年		
	城市	镇	乡村	城市	镇	乡村	城市	镇	乡村	城市	镇	乡村
合计	100.00	100.00	100.00	100.00	100.00	100.00	100.00	100.00	100.00	100.00	100.00	100.00
北京	4.31	1.05	0.21	5.84	0.83	0.36	3.59	0.61	0.44	1.12	0.52	0.53
天津	1.96	0.12	0.17	1.68	0.87	0.18	2.54	0.16	0.31	1.27	0.33	0.27
河北	2.88	2.39	4.57	1.77	2.04	4.64	0.60	4.70	4.81	1.60	4.81	4.26
山西	3.19	3.12	2.79	1.90	2.80	3.10	1.07	2.24	3.25	0.70	1.91	2.78
内蒙古	1.95	2.88	1.97	1.61	3.40	2.01	1.87	2.08	1.99	1.03	1.54	1.53
辽宁	6.08	2.24	1.78	5.36	2.57	2.22	4.98	1.54	2.39	3.42	1.22	2.00
吉林	2.26	2.26	1.36	2.83	3.00	1.51	1.82	1.65	1.62	1.04	0.70	1.08
黑龙江	3.88	3.88	1.76	4.47	3.81	1.76	2.85	2.26	1.86	1.48	1.13	1.26
上海	5.60	0.94	0.29	6.89	0.47	0.15	4.89	1.72	0.35	3.02	1.17	0.70
江苏	5.96	3.97	5.29	6.04	5.74	3.56	6.84	5.52	3.45	6.46	6.50	3.28
浙江	3.82	7.79	4.40	5.98	7.54	3.35	6.03	6.65	3.71	8.41	6.74	3.73
安徽	3.83	3.86	5.78	3.90	5.91	4.96	3.07	4.07	3.59	1.79	6.13	4.46
福建	2.38	4.14	2.93	2.44	5.37	2.49	3.84	3.35	2.39	3.81	3.83	2.29
江西	2.72	4.06	3.86	2.79	4.37	3.57	1.73	4.93	3.58	2.41	5.12	4.37
山东	6.70	4.01	4.61	3.62	5.24	4.37	4.46	5.11	5.08	3.71	5.79	4.96
河南	3.88	3.62	6.84	3.19	3.74	7.61	1.91	5.51	6.11	1.59	7.64	6.27
湖北	5.09	3.45	4.77	7.37	5.74	4.40	5.33	4.00	4.78	4.90	4.58	6.15
湖南	4.36	5.22	7.32	4.78	5.37	7.87	2.31	6.40	6.41	2.59	7.76	6.72
广东	6.26	5.87	5.98	2.59	-3.81	4.13	24.31	8.43	4.92	32.79	7.92	7.44
广西	1.84	6.11	5.47	2.99	7.08	7.22	2.68	5.47	6.14	2.33	4.48	5.77
海南	0.49	1.24	0.76	0.54	1.57	0.97	0.53	1.40	1.17	0.87	1.34	1.32
重庆	——	——	——	3.45	2.30	2.91	2.04	2.03	2.05	2.43	1.96	2.41
四川	8.74	9.29	13.13	5.36	7.28	8.32	2.91	5.90	8.84	3.49	4.04	8.46
贵州	2.55	3.45	2.90	2.35	3.94	4.42	1.47	2.55	3.89	1.23	2.31	3.58
云南	1.65	6.02	3.36	2.33	4.57	5.34	1.42	4.38	7.05	1.57	4.14	6.60
西藏	0.14	0.26	0.08	0.04	0.20	0.15	0.01	0.22	0.28	0.14	0.13	0.37
陕西	2.61	3.46	3.29	3.07	3.07	3.30	1.64	3.55	3.98	1.89	2.68	2.86
甘肃	2.06	1.78	2.21	2.09	1.94	2.37	1.08	1.52	2.52	0.76	1.13	1.92
青海	0.47	0.81	0.45	0.42	0.37	0.44	0.39	0.48	0.54	0.30	0.36	0.42
宁夏	0.35	0.64	0.30	0.31	0.40	0.35	0.29	0.39	0.40	0.24	0.37	0.41
新疆	1.97	2.06	1.36	1.98	2.34	1.96	1.51	1.18	2.06	1.60	1.71	1.82

数据来源：《中国1990年人口普查资料》《中国2000年人口普查资料》《中国

2010年人口普查资料》《中国人口普查年鉴2020》。

八、15岁及以上非在婚男性过剩人口数量

（一）15岁及以上非在婚男性过剩人口主要存在于乡村

从人口普查长表汇总的数据可以发现，2000年以来15岁及以上非在婚男性过剩人口规模比同期15岁及以上未婚男性过剩人口规模是明显缩小了（见表4-23和表4-24）。从全国来看，2000年、2010年和2020年城市和镇的15岁及以上非在婚男性过剩人口规模都接近于0，但同时乡村的非在婚男性过剩人口规模仍然较大（见表4-25）。

（二）城市15岁及以上非在婚男性过剩人口向个别省份集中

分省看，从1990年到2020年城市15岁及以上非在婚人口中女多男少的省份不断增多，1990年为0个，2000年增加到10个，2010年为21个，到2020年已经增加到了22个。1990年，各省城市15岁及以上非在婚男性过剩人口占全国的比例都不高，大多数在5%以下。但随着女多男少的省份不断增多，男多女少的个别省份占全国的比重在快速攀升，主要是广东和浙江两省，1990年广东城市15岁及以上非在婚男性过剩人口占全国的1.68%，但在2010年增长到了390.67%，2020年为267.13%（见表4-26）。出现这种情况是由女多男少的省份过多造成的，体现了男性过剩人口在广东的集中。

（三）乡村15岁及以上非在婚男性过剩人口较多的在中西部地区

从1990年到2020年乡村15岁及以上非在婚人口中，基本都是男多女少。乡村男性过剩占比较高的省份，1990年是湖南和四川，2000年是广西、湖南和四川，2010和2020年都是云南和四川，全部位于中西部地区（见表4-26）。

表4-25　1990年以来历次人口普查15岁及以上非在婚男性过剩人口数

单位：万人

地区	1990年			2000年			2010年			2020年		
	城市	镇	乡村	城市	镇	乡村	城市	镇	乡村	城市	镇	乡村
合计	363.41	87.37	1673.88	4.63	5.34	156.30	3.00	12.00	97.26	12.20	22.01	98.53
北京	18.27	1.61	1.82	1.49	0.10	0.47	-0.25	0.15	0.47	-2.72	0.23	0.58
天津	4.12	0.08	1.68	-0.17	0.03	0.14	0.35	-0.07	0.31	-0.69	0.18	0.26
河北	9.86	2.67	70.93	-0.74	-0.07	6.29	-2.04	0.30	4.87	-2.32	0.32	3.75
山西	16.68	5.68	55.65	0.14	0.37	5.79	-0.61	0.26	4.22	-1.48	0.20	2.92
内蒙古	9.75	3.89	51.68	0.08	0.54	4.29	0.03	0.25	2.84	-1.01	-0.28	1.76
辽宁	19.46	1.24	38.02	-0.75	0.12	4.05	-1.75	-0.08	3.00	-3.86	-0.37	2.18
吉林	6.68	0.99	33.89	-0.03	0.36	3.20	-0.97	0.22	2.45	-2.31	-0.75	1.23
黑龙江	13.07	2.65	46.34	0.17	0.36	3.83	-0.93	0.12	2.90	-2.46	-0.68	1.36
上海	15.30	0.82	-4.28	0.74	-0.21	-0.14	-0.24	0.51	0.20	-1.13	0.55	0.96
江苏	22.27	0.47	38.22	-0.25	-0.42	0.33	-0.08	-0.16	-0.36	0.90	1.41	0.72
浙江	13.02	3.81	70.57	0.83	0.62	3.61	1.24	1.23	2.45	5.27	3.08	2.89
安徽	17.48	3.16	97.99	0.81	0.76	7.31	0.34	0.14	1.94	-0.94	1.82	4.39
福建	6.90	3.64	39.97	-0.06	0.44	2.90	0.85	0.16	1.31	1.64	0.64	1.24
江西	10.96	4.69	63.65	0.53	0.45	4.91	-0.12	0.84	2.87	0.59	1.80	4.29
山东	19.06	-0.26	34.50	-1.60	-0.25	2.50	-1.61	-0.36	1.66	-3.03	0.37	1.36
河南	14.15	2.08	84.28	-0.28	0.04	10.97	-1.57	0.61	4.77	-2.65	2.38	4.77
湖北	17.86	2.27	94.16	1.56	0.80	7.91	0.90	0.62	5.36	1.04	1.54	8.20
湖南	19.31	6.01	152.91	0.77	0.63	15.20	-0.52	0.86	7.00	-0.53	2.09	6.84
广东	6.10	-3.39	65.44	-3.11	-3.60	3.22	11.72	1.91	2.85	32.59	3.38	7.87
广西	6.15	7.30	104.15	0.41	1.08	14.19	0.23	1.09	7.33	-0.17	1.01	6.14
海南	1.88	1.42	11.04	0.05	0.24	1.74	0.06	0.42	1.51	0.55	0.62	1.79
重庆	——		——	0.48	0.06	5.51	-0.32	-0.05	2.19	-0.66	0.37	2.96
四川	36.24	10.14	258.16	0.79	0.63	14.19	-0.91	0.51	9.35	-2.14	-0.34	9.31
贵州	13.53	4.27	61.29	0.53	0.58	9.47	-0.08	0.34	4.86	-0.58	0.25	4.41
云南	7.85	7.79	52.32	0.56	0.49	9.69	-0.09	0.63	9.61	-0.32	1.28	8.94
西藏	0.65	0.39	-3.01	0.00	0.01	-0.20	-0.03	0.06	0.02	0.10	0.04	0.27
陕西	11.96	5.97	70.09	0.72	0.44	6.11	-0.12	1.01	5.27	0.00	0.83	2.98
甘肃	10.78	2.96	45.45	0.56	0.34	4.26	-0.09	0.36	2.81	-0.61	-0.06	1.55
青海	2.53	1.45	7.89	0.09	0.03	0.66	0.01	0.08	0.59	-0.11	0.01	0.49
宁夏	1.67	1.10	5.34	-0.01	0.04	0.55	-0.17	0.09	0.39	-0.38	0.01	0.48
新疆	9.85	2.46	23.73	0.34	0.33	3.37	-0.23	-0.04	2.24	-0.38	0.08	1.67

数据来源：《中国1990年人口普查资料》；《中国2000年人口普查资料》；《中

137

国 2010 年人口普查资料》；《中国人口普查年鉴 2020》。

表4-26　1990年以来历次人口普查15岁及以上非在婚男性过剩人口情况

单位：%

地区	1990年			2000年			2010年			2020年		
	城市	镇	乡村	城市	镇	乡村	城市	镇	乡村	城市	镇	乡村
合计	100.00	100.00	100.00	100.00	100.00	100.00	100.00	100.00	100.00	100.00	100.00	100.00
北京	5.03	1.84	0.11	32.18	1.87	0.30	-8.33	1.25	0.48	-22.30	1.04	0.59
天津	1.13	0.09	0.10	-3.67	0.56	0.09	11.67	-0.58	0.32	-5.66	0.82	0.26
河北	2.71	3.06	4.24	-15.98	-1.31	4.02	-68.00	2.50	5.01	-19.02	1.45	3.81
山西	4.59	6.50	3.32	3.02	6.93	3.70	-20.33	2.17	4.34	-12.13	0.91	2.96
内蒙古	2.68	4.45	3.09	1.73	10.11	2.74	1.00	2.08	2.92	-8.28	-1.27	1.79
辽宁	5.35	1.42	2.27	-16.20	2.25	2.59	-58.33	-0.67	3.08	-31.64	-1.68	2.21
吉林	1.84	1.13	2.02	-0.65	6.74	2.05	-32.33	1.83	2.52	-18.93	-3.41	1.25
黑龙江	3.60	3.03	2.77	3.67	6.74	2.45	-31.00	1.00	2.98	-20.16	-3.09	1.38
上海	4.21	0.94	-0.26	15.98	-3.93	-0.09	-8.00	4.25	0.21	-9.26	2.50	0.97
江苏	6.13	0.54	2.28	-5.40	-7.87	0.21	-2.67	-1.33	-0.37	7.38	6.41	0.73
浙江	3.58	4.36	4.22	17.93	11.61	2.31	41.33	10.25	2.52	43.20	13.99	2.93
安徽	4.81	3.62	5.85	17.49	14.23	4.68	11.33	1.17	1.99	-7.70	8.27	4.46
福建	1.90	4.17	2.39	-1.30	8.24	1.86	28.33	1.33	1.35	13.44	2.91	1.26
江西	3.02	5.37	3.80	11.45	8.43	3.14	-4.00	7.00	2.95	4.84	8.18	4.35
山东	5.24	-0.30	2.06	-34.56	-4.68	1.60	-53.67	-3.00	1.71	-24.84	1.68	1.38
河南	3.89	2.38	5.04	-6.05	0.75	7.02	-52.33	5.08	4.90	-21.72	10.81	4.84
湖北	4.91	2.60	5.63	33.69	14.98	5.06	30.00	5.17	5.51	8.52	7.00	8.32
湖南	5.31	6.88	9.14	16.63	11.80	9.72	-17.33	7.17	7.20	-4.34	9.50	6.94
广东	1.68	-3.88	3.91	-67.17	-67.42	2.06	390.67	15.92	2.93	267.13	15.36	7.99
广西	1.69	8.36	6.22	8.86	20.22	9.08	7.67	9.08	7.54	-1.39	4.59	6.23
海南	0.52	1.63	0.66	1.08	4.49	1.11	2.00	3.50	1.55	4.51	2.82	1.82
重庆	0.00	0.00	0.00	10.37	1.12	3.53	-10.67	-0.42	2.25	-5.41	1.68	3.00
四川	9.97	11.61	15.42	17.06	11.80	9.08	-30.33	4.25	9.61	-17.54	-1.54	9.45
贵州	3.72	4.89	3.66	11.45	10.86	6.06	-2.67	2.83	5.00	-4.75	1.14	4.48
云南	2.16	8.92	3.13	12.10	9.18	6.20	-3.00	5.25	9.88	-2.62	5.82	9.07
西藏	0.18	0.45	-0.18	0.00	0.19	-0.13	-1.00	0.50	0.02	0.82	0.18	0.27
陕西	3.29	6.83	4.19	15.55	8.24	3.91	-4.00	8.42	5.42	0.00	3.77	3.02
甘肃	2.97	3.39	2.72	12.10	6.37	2.73	-3.00	3.00	2.89	-5.00	-0.27	1.57
青海	0.70	1.66	0.47	1.94	0.56	0.42	0.33	0.67	0.61	-0.90	0.05	0.50
宁夏	0.46	1.26	0.32	-0.22	0.75	0.35	-5.67	0.75	0.40	-3.11	0.05	0.49
新疆	2.71	2.82	1.42	7.34	6.18	2.16	-7.67	-0.33	2.30	-3.11	0.36	1.69

数据来源：《中国1990年人口普查资料》《中国2000年人口普查资料》《中国2010年人口普查资料》《中国人口普查年鉴2020》。

第三节　分县的婚姻挤压状况

根据2000年和2010年人口普查分县数据资料，分析各县人口分年龄的性别结构及人口性别失衡严重、男性过剩人口偏多的县市区在全国的分布。

一、人口性别比状况对比

（一）大部分县市区人口性别结构轻度失衡

将人口性别比分为100及以下、（100，110]、（110，120]、（120，130]和130以上五个档次，2000年和2010年20—34岁人口性别比、15—49岁人口性别比在（100，100]区间的频数最高。除此之外，还有大量的县市区人口性别比低于100，即女多男少的县市区数量较多。而在110以上三个档次的数量只是较少的部分（见表4-27）。总体来看，2000年和2010年大部分县市区婚龄期的人口性别比属于轻度失衡。

（二）未婚和非在婚人口性别失衡严重

2000年15岁及以上未婚人口性别比在130以上县市区共有2210个，占当时县级行政单位数量[1]的77.22%。2010年共1961个，占68.30%。2000年15岁及以上非在婚人口性别比110及以上的占64.85%，2010年占45.77%（见表4-27）。

（三）2010年性别失衡状况比2000年有所缓和

2010年与2000年相比，20—34岁、15—49岁人口性别比在100及以下的县市区数量大幅度增长。同时，15岁及以上未婚人口性别比130以上、15岁及以上非在婚人口性别比110以上的县市区数量都有明显减少（见表4-27）。人口性别失衡状况整体有所缓和。

---

[1]2000年人口普查时全国共有县级单位2862个，2010年有2870个。广东省东莞市和中山市、海南省三亚市、甘肃省嘉峪关市是未设县级行政辖区的地级市，本书在分析时一律按一个县级行政单位处理。

表4-27　按性别比阶段分的县市区数量

单位：个

性别比	2000年				2010年			
	20—34岁人口性别比	15—49岁人口性别比	15岁及以上未婚人口性别比	15岁及以上非在婚人口性别比	20—34岁人口性别比	15—49岁人口性别比	15岁及以上未婚人口性别比	15岁及以上非在婚人口性别比
100及以下	585	285	54	481	1162	694	51	694
(100, 110]	1549	1858	79	525	1190	1589	120	862
(110, 120]	554	600	192	493	378	469	270	711
(120, 130]	135	100	327	506	90	81	468	354
130以上	39	19	2210	857	42	29	1961	249

数据来源：《中国2000年人口普查分县资料》《中国2010年人口普查分县资料》。

（四）人口性别比偏高的地区相对集中

　　20—34岁人口性别比120以上的县市区2000年共有174个，其中较多的省份是广西（29个）、云南（28个）、广东（11个）、陕西（11个）和浙江（10个）；2010年共有140个，较多的是内蒙古（27个）、云南（14个）广东（12个）、西藏（10个）。15—49岁人口性别比在120以上的县市区,2000年有122个，数量较多的分布在云南（22个）、广西（19个）、陕西（10个）三省区。2010年有118个，分布在内蒙古（23个）和云南（10个）的较多。15岁及以上未婚人口性别比在200以上的县市区，2000年共计376个，分布在四川（71个）、重庆（29个）、云南（29个）、贵州（27个）、湖南（28个）、广西（26个）等省市区较多；2010年共103个，广西（20个）和云南（21个）两省较多。15岁及以上非在婚人口性别比150以上，2000年共265个，山西（31个）、贵州（30个）、广西（27个）、陕西（26个）、云南（25个）较多，2010年共57个，内蒙古（8个）、云南（8个）、陕西（8个）数量稍多（见表4-28）。总体来看，人口性别比偏高的地区主要是中西部的省份，其中以西南的省份居多。

表4-28　性别比偏高的县市区数量

单位：个

地区	2000年				2010年			
	20—34岁人口性别比120以上	15—49岁人口性别比120以上	15岁及以上未婚人口性别比200以上	15岁及以上非在婚人口性别比150以上	20—34岁人口性别比120以上	15—49岁人口性别比120以上	15岁及以上未婚人口性别比200以上	15岁及以上非在婚人口性别比150以上
北京	6	3	0	0	1	1	0	0
天津	1	0	0	0	6	5	0	1
河北	1	2	5	7	2	2	1	2
山西	6	9	19	31	6	7	1	3
内蒙古	3	2	11	15	27	20	10	8
辽宁	0	0	0	0	6	0	0	0
吉林	1	0	0	0	0	0	0	0
黑龙江	0	0	5	0	4	2	1	0
上海	3	1	0	0	1	0	0	0
江苏	8	6	2	0	1	1	0	0
浙江	10	1	8	6	3	1	7	1
安徽	2	2	16	5	2	2	5	0
福建	2	2	5	9	1	0	2	0
江西	0	0	13	4	1	1	0	0
山东	2	0	0	0	2	1	0	0
河南	7	5	5	3	0	1	0	0
湖北	4	3	20	14	1	1	4	3
湖南	2	0	28	13	0	1	1	1
广东	11	4	6	1	12	7	1	0
广西	29	19	26	27	7	7	20	4
海南	6	4	9	6	3	5	5	4
重庆	1	2	29	6	0	0	0	0
四川	4	3	71	17	7	6	0	0
贵州	6	2	27	30	0	0	7	1
云南	28	22	29	25	14	13	21	8
西藏	4	2	0	0	10	9	0	1
陕西	11	10	27	26	4	4	5	8
甘肃	6	4	7	10	0	3	3	3
青海	4	5	1	2	6	8	5	5
宁夏	1	0	0	0	1	1	1	1
新疆	5	9	7	8	8	9	3	3

数据来源：《中国2000年人口普查分县资料》《中国2010年人口普查分县资料》。

二、男性过剩人口数量对比

（一）20—34岁、15—49岁男性过剩人口分布

20—34岁、15—49岁男性过剩人口数量较多的县市区主要分布在经济发达地区，过剩人口在3万人以上的县市区，2000年共有20个，2010年有26个；15—49岁男性过剩人口在3万人以上的县市区，2000年有17个，2010年有35个。按地区分布来看，基本上都在东部经济发达地区，并且以北京上海广东浙江居多。位于中西部地区的只有河南省郑州市金水区、湖北省武汉市洪山区、云南省昆明市官渡区、江西省南昌市青山湖区、内蒙古自治区鄂尔多斯市东胜区、四川省郫县（今成都市郫都区）、安徽省合肥市蜀山区和包河区，都是省会城市或者经济发达市的市辖区（见表4-29）。总之，20—34岁、15—49岁男性过剩人口数量较多的县市区都是经济较发达的地区。

（二）15岁及以上未婚和非在婚男性过剩人口分布

15岁及以上未婚和非在婚男性过剩人口数量在5000人以上的县市区分两种情况，一种是经济发达地区，另一种是经济相对落后地区。其中，2000年以经济落后地区为主，经济较为发达的只有上海浦东新区、广州市天河区、北京市朝阳区和海淀区、武汉市洪山区，但到了2010年，基本都是经济发达地区，只有云南省镇雄县和宣威市、贵州省威宁彝族回族苗族自治县、四川省中江县和资中县等个别地区经济相对落后（见表4-29）。可以发现，从2000年到2010年，15岁及以上未婚和非在婚男性过剩较多的县市区，发生了从以落后地区为主到以经济发达地区为主的转变。

表4-29 男性过剩人口数量较多的县市区①

项目	2000年	2010年
20—34岁男性过剩人口3万人以上	上海市闵行区、浙江省杭州市江干区、浙江省温州市瓯海区、河南省郑州市金水区、江苏省南京市鼓楼区、广东省广州市海珠区、上海市宝山区、北京市丰台区、福建省晋江市、浙江省温州市鹿城区、上海市浦东新区、广东省广州市白云区、湖北省武汉市洪山区、广东省顺德市、广东省广州市天河区、广东省南海市、云南省昆明市官渡区、北京市朝阳区、北京市海淀区、浙江省湖州市辖区	浙江省杭州市包河区、内蒙古自治区鄂尔多斯市东胜区、天津市河北区、江西省南昌市青山湖区、山东省青岛市黄岛区、浙江省温州市瓯海区、天津市津南区、天津市东丽区、广东省广州市天河区、上海市宝山区、上海市嘉定区、北京市大兴区、北京市昌平区、江苏省昆山市、江苏省南京市洪山区、上海市浦东新区、福建省晋江市、广东省广州市白云区、北京市海淀区、广东省深圳市龙岗区、广东省中山市、广东省佛山市顺德区、广东省佛山市南海区、天津市滨海新区、广东省深圳市宝安区、广东省东莞市
15—49岁男性过剩人口5万人以上	江苏省南京市鼓楼区、浙江温州市鹿城区、上海市杨浦区、广东省广州市海珠区、上海市闵行区、北京市丰台区、广东省南海市、湖北省武汉市洪山区、广东省广州市白云区、上海市宝山区、上海市浦东新区、广东省顺德市、广东省广州市天河区、云南省昆明市官渡区、北京市朝阳区、北京市海淀区、浙江省湖州市辖区	浙江省温州市鹿城区、浙江省杭州市江干区、广东省惠州市惠阳区、江西省南昌市青山湖区、天津市河北区、上海市青浦区、四川省郫县、上海市松江区、安徽省合肥市蜀山区、浙江省温州市瓯海区、天津市东丽区、安徽省合肥市包河区、广东省深圳市南山区、天津市津南区、广东省广州市天河区、上海市闵行区、湖北省武汉市洪山区、内蒙古自治区鄂尔多斯市东胜区、江苏省昆山市、上海市嘉定区、北京市大兴区、北京市朝阳区、北京市昌平区、上海市宝山区、福建省晋江市、北京市海淀区、广东省广州市白云区、上海市浦东新区、广东省中山市、广东省深圳市龙岗区、广东省佛山市顺德区、广东省佛山市南海区、天津市滨海新区、广东省深圳市宝安区、广东省东莞市

---

① 按过剩数量从少到多排序。

表4-29　男性过剩人口数量较多的县市区

续表

15岁及以上未婚男性过剩人口5000人以上[①]	四川省资中县、河南省邓州市、广西壮族自治区藤县、贵州省威宁彝族回族苗族自治县、湖南省宁乡县、上海市杨浦区、广西壮族自治区邕宁县、四川省简阳市、云南省昆明市官渡区、广西壮族自治区博白县、湖南省新化县、广西壮族自治区平南县、四川省三台县、上海市浦东新区、广东省广州市天河区、广东省电白县、湖南省浏阳市、广西壮族自治区桂平市、重庆市江津市、湖北省武汉市洪山区、广西壮族自治区灵山县、四川省中江县、北京市朝阳区、北京市海淀区	湖南省长沙县、浙江省瑞安市、山东省滕州市、浙江省温州市瓯海区、上海市闵行区、江西省南昌市青山湖区、云南省镇雄县、贵州省威宁彝族回族苗族自治县、广东省广州市番禺区、湖北省天门市、浙江省温州市鹿城区、上海市嘉定区、广东省广州市天河区、浙江省温岭市、云南省宣威市、四川省中江县、四川省资中县、上海市宝山区、天津市滨海新区、湖北省武汉市洪山区、北京市海淀区、福建省晋江市、广东省深圳市龙岗区、广东省广州市白云区、上海市浦东新区、广东省中山市、广东省佛山市南海区、广东省佛山市顺德区、广东省深圳市宝安区、广东省东莞市
15岁及以上非在婚男性过剩人口5000人以上	广西壮族自治区桂平市、湖北省武汉市洪山区、四川省中江县、广西壮族自治区灵山县、北京市海淀区	湖南省新化县、福建省晋江市、湖北省武汉市洪山区、广东省中山市、广东省广州市白云区、广东省佛山市顺德区、广东省佛山市南海区、广东省深圳市龙岗区、广东省深圳市宝安区、广东省东莞市

数据来源：《中国2000年人口普查分县资料》《中国2010年人口普查分县资料》。

---

① 本表中15岁以上未婚、非在婚男性过剩人口5000人以上。

第五章　中国婚姻挤压空间分布的不均衡性分析

第一节　研究方法

空间差异性，也称区域差异性，是地理系统的显著性质之一。研究区域差异的方法很多，众所周知的统计学方法有变异系数、基尼系数和泰尔指数。

一、变异系数

在概率论和统计学中，变异系数，又称"离散系数"，是概率分布离散程度的一个归一化量度，其定义为标准差与平均值之比：

$$CV = \frac{\sigma}{\mu} \qquad\qquad (5\!-\!1)$$

式中：σ 表示各观测值原始数据的标准差；μ 为各观测值原始数据的均值，在本书中是包括各类性别比和男性过剩人口数量在内的所有测度婚姻挤压的指标。

变异系数可以消除单位和（或）平均数不同对两个或多个资料变异程度

比较的影响。小于0.1为弱变异，0.1到1为中等变异，大于1为强变异。[①]

二、基尼系数

基尼系数本来是用来测度收入分布差距的指标，其本质思想与变异系数并无二致，是考察一组数值的差异性，并使基于不同数值向量计算出的结果可比较。其原理也可用来测度空间区域差异性。基尼系数的计算公式为：

$$Gini = \frac{1}{2n^2 \bar{x}} \sum_{i-1}^{n} \sum_{j-1}^{n} |x_i - x_j| \qquad (5—2)$$

式中：n为所有研究单元数；x_i和x_j分别为在两个不同的地域i和j研究对象的观测值，在本书中是测度婚姻挤压的各项性别比和过剩人口数指标；$\bar{x}$为所有观测值的均值。基尼系数越小，则空间分布越均衡；值越大，则空间集聚程度越高。

三、泰尔指数

泰尔指数本来是利用信息理论中的熵概念来计算收入不平等的方法，常作为是分析区域差异的一个重要工具。其计算公式为：

$$Theil\ index = \frac{1}{n} \sum_{i-1}^{n} \frac{x_i}{\bar{x}} \ln(\frac{x_i}{\bar{x}}) \qquad (5—3)$$

式中：n为所有研究单元数；x_i为各地域研究对象的观测值，在本书中是所有测度婚姻挤压的指标；$\bar{x}$为观测值的均值。

三个系数各有侧重、互相补充，可以全面地反映婚姻挤压在空间格局上的不均衡程度。变异系数以所有地区的平均值为标准，而基尼系数是以每一地区的平均值分别为标准。泰尔指数和基尼系数之间具有一定的互补性。就测度收入水平的差异性来说，基尼系数对中等收入水平的变化特别敏感，而泰尔指数对上层收入水平的变化很明显。

---

① 刘继龙、刘璐、马孝义等：《不同尺度不同土层土壤盐分的空间变异性研究》，《应用基础与工程科学学报》，2018 年第 2 期。

第二节　分省的婚姻挤压不均衡性分析

根据式（5—1）、式(5—2)和式（5—3）分别计算各测度指标的变异系数、基尼系数和泰尔指数，综合判断各省婚姻挤压状况的差异。

一、20—34岁人口性别比

各省20—34岁人口性别比的变异系数、基尼系数和泰尔指数的值普遍不高，并且三者都经历了先升后降的过程，三个系数都是在2010年出现的峰值（见表5-1）。由此可以认为，三项不均衡系数一致表明，在1990—2010年各省20—34岁人口性别比空间分布趋于集中。但在2010年之后，不均衡系数都有所下降，表明人口性别比空间分布趋于均衡。总体来看，各省份20—34岁人口性别比的差距一直不大，而且出现了缓和的趋势。

表5-1　20—34岁人口性别比不均衡系数

类型	1990年	2000年	2010年	2020年
变异系数	0.030	0.043	0.058	0.052
基尼系数	0.017	0.023	0.030	0.029
泰尔指数	0.109	0.161	0.200	0.183

二、15—49岁人口性别比

15—49岁人口性别比的变异系数和基尼系数泰尔指数的值较低，且经历了先升后降的过程，在2010年出现峰值。泰尔指数相对较高，但经历了先下降后回升的过程，2000年出现最低值，之后连续攀升，2020年的泰尔指数超过了1990年的水平（见表5-2）。可以发现，泰尔指数和基尼系数一直偏低且变化幅度不大，而泰尔指数相对较高且变化幅度较大，可以认为各省份15—49岁人口性别比差距没有太大的变化。

表5-2　15—49岁人口性别比不均衡系数

类型	1990年	2000年	2010年	2020年
变异系数	0.024	0.033	0.046	0.041
基尼系数	0.014	0.018	0.025	0.023
泰尔指数	0.209	0.156	0.179	0.224

三、15岁及以上未婚人口性别比

15岁及以上未婚人口性别比的变异系数、基尼系数和泰尔指数都是出现了先升后降的过程。其中，变异系数和基尼系数的峰值出现在2000年，泰尔指数的峰值出现在2010年（见表5-3）。大致可以认为，2020年时各省份15岁及以上未婚人口性别比的分化已经趋于缓和。

表5-3　15岁及以上未婚人口性别比不均衡系数

类型	1990年	2000年	2010年	2020年
变异系数	0.073	0.138	0.075	0.087
基尼系数	0.040	0.077	0.042	0.049
泰尔指数	0.049	0.161	0.213	0.111

四、15岁及以上非在婚人口性别比

15岁及以上非在婚人口性别比的变异系数、基尼系数和泰尔指数出现的波动比较明显，但其最低值和峰值都没有出现在2020年。变异系数和基尼系数峰值在2000年，最低值在2010年。泰尔指数最低值在1990年，峰值出现在2010年（见表5-4）。与之前的年份相比，2020年各省份15岁及以上非在婚人口性别比已趋于均衡。

表5-4　15岁及以上非在婚人口性别比不均衡系数

类型	1990年	2000年	2010年	2020年
变异系数	0.068	0.101	0.053	0.084
基尼系数	0.037	0.058	0.030	0.046
泰尔指数	0.051	0.171	0.229	0.215

五、20—34岁男性过剩人口数量

20—34岁男性过剩人口数量不均衡系数的值普遍较高，说明从男性过剩人口的空间集聚水平较高。泰尔系数的峰值出现在2020年，变异系数和基尼系数的峰值出现在2010年，但2020年的系数值都仍然处于较高的水平，变异系数1.532和基尼系数0.559都属于空间分布明显不均衡的状态（见表5-5）。总体来看，2020年各省份20—34岁男性过剩人口存在明显的差异。

2010年的基尼系数出现了大于1的情况，其原因是有些省份20—34岁女性多于男性，即男性过剩人口数量为负数，比如安徽、河南、湖南、四川、重庆、甘肃等，出现负数的省份比较多，所以出现基尼系数大于1。

表5-5　20—34岁男性过剩人口不均衡系数[1]

类型	1990年	2000年	2010年	2020年
变异系数	0.718	0.904	3.013	1.532
基尼系数	0.362	0.486	1.482	0.559
泰尔指数	0.054	0.129	0.084	0.511

六、15—49岁男性过剩人口数量

15—49岁男性过剩人口不均衡系数值也普遍较高，变异系数和泰尔指数都是在2020年出现的峰值。2020年的基尼系数虽然比2010年略有下降，但也达到0.473，仍然属于较高的水平（见表5-6）。总之，各省份15—49岁男性过剩人口数量的差距也非常明显，2020年的情形更加严重。

表5-6　15—49岁男性过剩人口不均衡系数

类型	1990年	2000年	2010年	2020年
变异系数	0.776	0.680	1.204	1.277
基尼系数	0.405	0.366	0.581	0.473
泰尔指数	0.104	0.285	0.105	0.579

七、15岁及以上未婚男性过剩人口数量

15岁及以上未婚男性过剩人口的变异系数、基尼系数和泰尔指数都是在

---

[1] 由于过剩人口数存在负数的情况，对于泰尔指数的计算都先做无量纲化处理。

2020年达到峰值，分别是0.891、0.426和0.399，都属于比较高的水平（见表5-7）。可见，15岁及以上未婚男性过剩人口存在明显的地区差异，而且2020年正处于最为明显的时期。

表5-7 15岁及以上未婚男性过剩人口不均衡系数

类型	1990年	2000年	2010年	2020年
变异系数	0.736	0.618	0.656	0.891
基尼系数	0.389	0.362	0.357	0.426
泰尔指数	0.111	0.232	0.253	0.399

八、15岁及以上非在婚男性过剩人口数量

15岁及以上非在婚男性过剩人口变异系数、基尼系数和泰尔指数都明显高过15岁及以上未婚男性过剩人口。三个系数一致表现出不断升高的趋势，在2020年达到了峰值，其中变异系数高达1.897，基尼系数高达0.761，泰尔指数达到0.530，都属于严重不均衡状态（见表5-8）。可见，15岁及以上非在婚男性过剩人口数量在地理空间存在明显差异，已经达到了明显不均衡的程度。

表5-8 15岁及以上非在婚男性过剩人口不均衡系数

类型	1990年	2000年	2010年	2020年
变异系数	0.776	0.924	1.012	1.897
基尼系数	0.403	0.512	0.521	0.761
泰尔指数	0.025	0.163	0.337	0.530

第三节 分省婚姻挤压不均衡性的城乡对比

一、20—34岁人口性别比

城市、镇和乡村20—34岁人口性别比的不均衡系数整体较低。变异系数、基尼系数变化趋势一致，都保持了连续增长。泰尔指数方面，只有镇是

保持联系增长，城市和乡村虽然不是在2020年达到峰值，但2020的水平与峰值相差不大（见表5-9）。总体来看，无论在城镇还是乡村，各省份20—34岁人口性别比的差异水平虽然不高但都有不断提升的趋势。

表5-9　分城乡的20—34岁人口性别比不均衡系数

类型	2000年			2010年			2020年		
	城市	镇	乡村	城市	镇	乡村	城市	镇	乡村
变异系数	0.047	0.045	0.050	0.065	0.063	0.068	0.070	0.096	0.085
基尼系数	0.025	0.026	0.028	0.029	0.035	0.039	0.038	0.051	0.044
泰尔指数	0.339	0.157	0.126	0.199	0.169	0.154	0.290	0.218	0.145

二、15—49岁人口性别比

城市、镇和乡村15—34岁人口性别比的不均衡系数也并不高并且三个系数都保持了连续增长，在2020年达到峰值（见表5-10）。各省份城乡15—49岁人口性别比都呈现出不断分化的趋势。

表5-10　分城乡的15—49岁人口性别比不均衡系数

类型	2000年			2010年			2020年		
	城市	镇	乡村	城市	镇	乡村	城市	镇	乡村
变异系数	0.032	0.040	0.039	0.050	0.050	0.056	0.054	0.081	0.075
基尼系数	0.018	0.022	0.021	0.023	0.027	0.032	0.028	0.041	0.037
泰尔指数	0.283	0.083	0.162	0.306	0.210	0.173	0.337	0.279	0.183

三、15岁及以上未婚人口性别比

城市、镇和乡村15岁及以上未婚人口性别比的变异系数、基尼系数有一致的变化趋势，都是在2010年出现了最低值，2020年又有明显回升，但也都没有回升到最高水平。城市、镇和乡村泰尔指数的变化较为复杂，城市和镇在2020年出现了1990年以来历次普查的最高值，乡村的水平则较低（见表5-11）。总体来看，2020年城镇和乡村15岁及以上未婚人口性别比的地区差异有加重的势头。

表5-11　分城乡的15岁及以上未婚人口性别比不均衡系数

类型	1990年			2000年			2010年			2020年		
	城市	镇	乡村	城市	镇	乡村	城市	镇	乡村	城市	镇	乡村
变异系数	0.087	0.114	0.082	0.082	0.106	0.173	0.057	0.067	0.104	0.085	0.100	0.135
基尼系数	0.046	0.061	0.047	0.047	0.058	0.094	0.032	0.036	0.058	0.044	0.055	0.076
泰尔指数	0.011	0.009	0.002	0.122	0.061	0.176	0.102	0.071	0.201	0.226	0.192	0.129

四、15岁及以上非在婚人口性别比

城市、镇和乡村15岁及以上非在婚人口性别比的不均衡系数水平都比较低，在1990—2020年的变化幅度比较小，变化趋势也不一致。但是，2020年和2010年相比，城市、镇和乡村的三项不均衡系数都有不同程度的提升（见表5-12）。由此可见，当前15岁及以上非在婚人口性别比在城镇和乡村都正呈现出地区差异的态势。

表5-12　分城乡的15岁及以上非在婚人口性别比不均衡系数

类型	1990年			2000年			2010年			2020年		
	城市	镇	乡村	城市	镇	乡村	城市	镇	乡村	城市	镇	乡村
变异系数	0.055	0.099	0.097	0.057	0.078	0.126	0.052	0.053	0.074	0.105	0.090	0.083
基尼系数	0.030	0.055	0.050	0.032	0.043	0.071	0.028	0.030	0.042	0.053	0.050	0.045
泰尔指数	0.004	0.003	0.006	0.181	0.091	0.133	0.148	0.002	0.166	0.204	0.141	0.181

五、20—34岁男性过剩人口数量

20—34岁男性过剩人口数量不均衡系数整体较高但变化趋势不一。从2000年到2020年，变异系数在城市不断升高，但镇和乡村都是在2010年出现了峰值，2020年出现了明显下降。城市、镇和乡村的基尼系数先有明显上升之后出现明显下降。泰尔指数是三者都不断升高，其中乡村是先下降后升高（见表

5-13）。总体来看，城市20—34岁男性过剩人口地区差异的趋势较为明显，镇和乡村的地区差异比2010年有所缓和，但仍高于2000年的水平。

表5-13　分城乡的20—34岁男性过剩人口不均衡系数

类型	2000年			2010年			2020年		
	城市	镇	乡村	城市	镇	乡村	城市	镇	乡村
变异系数	0.845	6.632	1.317	3.296	6.901	4.940	3.699	1.955	0.727
基尼系数	0.443	3.041	0.707	1.192	3.675	2.342	1.164	0.960	0.390
泰尔指数	0.372	0.047	0.114	0.472	0.154	0.057	0.537	0.182	0.332

六、15—49岁男性过剩人口数量

20—34岁男性过剩人口数量不均衡系数整体较高。2000年到2020年，城市的变异系数、基尼系数和泰尔指数都呈现不断攀升的态势。乡村的变异系数和基尼系数在2010年达到峰值，但2020年就下降到了比2000年还低的水平（见表5-14）。可以判断，2020年，城镇15—49岁男性过剩人口呈现地区差异扩大的态势，但乡村的呈现地区差异缩小的趋势。

表5-14　分城乡的15—49岁男性过剩人口不均衡系数

类型	2000年			2010年			2020年		
	城市	镇	乡村	城市	镇	乡村	城市	镇	乡村
变异系数	0.696	1.488	0.945	1.863	1.067	1.924	3.123	1.355	0.660
基尼系数	0.368	0.672	0.506	0.684	0.541	0.974	0.952	0.700	0.362
泰尔指数	0.266	0.040	0.234	0.587	0.155	0.069	0.704	0.114	0.309

七、15岁及以上未婚男性过剩人口数量

2000年到2020年，城市15岁及以上未婚男性过剩人口的变异系数、基尼系数和泰尔指数都有明显的增长。镇和乡村的三项系数都保持在一定的水平

小幅度波动（见表5-15）。可以看到，只有各省份城市的15岁及以上未婚男性过剩人口数量的差异呈现不断扩大的态势，而镇和乡村没有明显变化。

表5-15 分城乡的15岁及以上未婚男性过剩人口不均衡系数

类型	1990年			2000年			2010年			2020年		
	城市	镇	乡村	城市	镇	乡村	城市	镇	乡村	城市	镇	乡村
变异系数	0.549	0.596	0.767	0.597	0.766	0.716	1.307	0.675	0.680	1.762	0.767	0.723
基尼系数	0.343	0.355	0.441	0.337	0.427	0.400	0.492	0.383	0.382	0.562	0.432	0.408
泰尔指数	0.297	0.335	0.537	0.213	0.081	0.330	0.506	0.296	0.327	0.780	0.358	0.352

八、15岁及以上非在婚男性过剩人口数量

城市15岁及以上非在婚男性过剩人口的变异系数和基尼系数都达到了极高的程度，不过2020年比2010年有所降低，其泰尔指数保持了连续增长。而乡村的变异系数和基尼系数都基本保持在同一水平，变化不大。镇的不均衡系数都发生了较大的波动，2020年的水平基本和1990年持平（见表5-16）。可见，城市15岁及以上非在婚男性过剩人口在各省份之间出现不断加重的差异，而镇和乡村的差异程度相对较轻。

表5-16 分城乡的15岁及以上非在婚男性过剩人口不均衡系数

类型	1990年			2000年			2010年			2020年		
	城市	镇	乡村	城市	镇	乡村	城市	镇	乡村	城市	镇	乡村
变异系数	0.567	0.942	0.870	5.754	4.435	0.844	23.241	1.208	0.819	15.530	1.444	0.840
基尼系数	0.332	0.509	0.457	2.830	1.732	0.461	7.772	0.643	0.446	4.751	0.783	0.454
泰尔指数	0.321	0.175	0.572	0.049	0.035	0.348	0.326	0.201	0.278	0.496	0.256	0.423

第四节　分县的婚姻挤压不均衡性分析

受基础数据的限制，只计算了2000年和2010年分县的变异系数和泰尔指数。

一、人口性别比

20—34岁人口性别比、15—49岁人口性别比、15岁及以上未婚人口性别比和15岁及以上非在婚人口性别比的变异系数和泰尔指数的水平都不高，变化幅度也不大。相对而言，15岁及以上未婚人口性别比和15岁及以上非在婚人口性别比的两项不均衡系数水平较高，并且它们的变异系数和泰尔指数在2010年的水平都比2000年的出现了降低（见表5-17）。这表明，从2000年到2010年，15岁及以上未婚人口性别比和15岁及以上非在婚人口性别比在县级行政单位上的分布出现了差距变小的趋势，变得更加均衡。

20—34岁人口性别比、15—49岁人口性别比的变异系数和泰尔指数的水平很低，其中2010年的变异系数比2000年略有升高，但变化幅度不大，其泰尔指数则出现了降低（见表5-17）。综合来看，县级行政单位的20—34岁人口性别比、15—49岁人口性别比两项指标的差异较小。

表5-17　县域人口性别比的不均衡系数

类型	20—34岁人口性别比		15—49岁人口性别比		15岁及以上未婚人口性别比		15岁及以上非在婚人口性别比	
	2000年	2010年	2000年	2010年	2000年	2010年	2000年	2010年
变异系数	0.100	0.115	0.077	0.093	0.223	0.193	0.178	0.151
泰尔指数	0.031	0.012	0.026	0.007	0.064	0.050	0.056	0.032

二、男性过剩人口数量

县级层面的20—34岁过剩人口、15—49岁过剩人口、15岁及以上非在婚过剩人口数量的变异系数水平很高，且2010年比2000年都出现了明显增长。15岁及以上未婚过剩人口的变异系数水平相对较低，且在2010年比2000年略有降低。比较发现，20—34岁过剩人口、15—49岁过剩人口的水平更高。所以总体来看，在县域层面的男性过剩人口数量的差异程度有所提升，且20—34岁过剩人口和15—49岁过剩人口的差异更为明显。

变异系数水平极高而泰尔指数水平极低，可能是由于计算方法的差异导致的。在县级行政单位数量较多而差距又不是太大的情况下，泰尔指数就会出现如此低的水平。

表5-18   县域男性过剩人口的不均衡系数

类型	20—34岁过剩人口		15—49岁过剩人口		15岁及以上 未婚过剩人口		15岁及以上 非在婚过剩人口	
	2000年	2010年	2000年	2010年	2000年	2010年	2000年	2010年
变异系数	3.424	11.138	2.532	4.653	1.244	1.195	2.391	2.972
泰尔指数	0.004	0.005	0.001	0.002	0.001	0.068	0.001	0.041

第六章　中国婚姻挤压空间集聚状况分析

地理系统有两个显著的性质，一是空间差异性，也称区域差异性；二是空间依存性。空间差异性反映分布是否均衡，而空间依存性反映地理现象的在空间上是否存在关联，一般采用Moran指数做空间统计学测度。

第一节　研究方法

测度和判断性别比的空间分布是否存在区域相关性的方法是空间自相关分析，包括全局空间自相关指数和局部空间自相关系数两类。

一、全局空间自相关指数

全局空间自相关指数（GlobalMoran's I，又称全局莫兰指数）反映的是统计范围内研究对象空间自相关的整体水平。其公式为：

$$I = \frac{n\sum\limits_{i-1}^{n}\sum\limits_{j-1}^{n}w_{ij}(x_i-\bar{x})(x_j-\bar{x})}{\sum\limits_{i-1}^{n}\sum\limits_{j-1}^{n}w_{ij}\times\sum\limits_{i-1}^{n}(x_i-\bar{x})^2} \qquad (6—1)$$

式中：n为行政地区单元数；x_i、x_j为研究对象在地区i、j的观测值；w_i为空间权重矩阵w的对应值。

全局莫兰指数的取值范围是[-1，1]。指数大于0，表示研究对象的分布呈空间正相关，即呈现聚类趋势；指数小于0，表示研究对象的分布呈空间负相关，即呈现离散趋势；指数等于0，表示不存在空间自相关性。全局莫兰指数的显著性可以通过标准化值表达。

二、局部空间自相关系数

局部空间自相关系数（Local Moran's I，又称局部莫兰指数）反映的是每个地区与相邻地区的空间关联性，即一个空间单元与其周边领域的相似程度，表示空间集聚演化特征。其公式为：

$$I_j = z_i \sum_i w_{ij} z_j \qquad （6—2）$$

式中：Z_i和Z_j表示地区i和地区j的研究对象观测值的标准化值；w_{ij}是空间权重。

三、Moran 散点图和 LISA 集聚图

空间自相关分析要运用Geoda软件，在通过显著性检验的基础上绘制Moran散点图和LISA集聚图。

（一）Moran散点图

Moran散点图反映的是全局空间自相关状况。Moran散点图可以划分为四个象限（见图6-1），对应四种不同的区域空间差异类型，分别用来识别一个地区与其邻近地区之间的关系："高—高型"表示区域自身是高值，周边的其他地区也是高值，二者空间差异程度较小；"高—低型"表示区域自身是高值，周边地区是低值，二者空间差异程度较大；"低—低型"表示区域自身和周边地区的都是低值，二者空间差异程度较小；"低—高型"表示区域自身是低值，周边地区是高值，二者空间差异程度较大。

Moran散点图通过观察所研究区域是否存在"高—高型"和"低—低型"集聚来测度其全局空间自相关状况。研究区域主要分布在"高—高型"和"低—低型"象限就表示正的空间自相关性，则说明相似值集聚；如果主要分布在"高—低型"和"低—高型"象限表示负的空间自相关性，则说明趋

于疏散；如果观测值均匀地分布在四个象限，则表示研究的地区之间不存在空间自相关性。

需要注意的是，"低—低"和"高—低"类型中的"低"表示地理单元的观测值低于所有观测值的平均值。在分析人口性别比时应该特别注意，低类型区表示人口性别比低于所有行政单位的平均值，而不是低于人口性别比的合理区间。

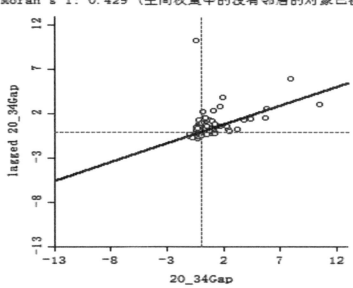

图6-1 Moran散点图示例

（二）LISA集聚图

Moran散点图只是初步判别了样本点所属的象限，不能从整体上判断各个区域的局部相关类型及其聚集区域是否在统计意义上显著，因此，还需要用LISA集聚图做进一步分析。LISA集聚图是局部空间自相关分析的工具，用来测度以每个地理单元为中心的一小片区域的聚集或离散效应。

LISA集聚图是将分为地理空间分为"高—高集聚""高—低集聚""低—低集聚""低—高集聚""不显著"五种类型：（1）"高—高集聚"类型，俗称"热点"，代表自身属性水平高，且周边地区水平也高的区域；（2）"低—低集聚"类型，俗称"冷点"，代表自身和周边地区的属性水平都较低的区域；（3）"低—高集聚"类型，代表自身属性水平低、但周边地区属性水平高的区域；（4）"高—低集聚"类型，代表自身属性水平高、但周边地区属性稍低的区域；（5）"不显著"类型，代表属性水平不存在显著空间自相关、呈空间随机分布的区域。通常LISA集聚图只展示在统计意义上显著的地区（前四类地区）的集聚情况，并且是更直观地在地图用不同的颜色渲染不同的空间自相关类别。篇幅所限，本书在分析中的LISA集聚图一律省略。

第二节 分省的婚姻挤压空间集聚状况

根据式（6-1）计算1990—2020年婚姻挤压各项指标在全国范围内的空间自相关水平（全局莫兰指数），P值都小于0.05，结果见表6-1，反映了省级层面的婚姻挤压各项指标的空间集聚程度。

表6-1 全国省级尺度的全局莫兰指数

指标	1990年	2000年	2010年	2020年
20—34岁人口性别比	-0.050	0.017	0.016	0.129
15—49岁人口性别比	-0.058	0.088	0.024	0.156
15岁及以上未婚人口性别比	-0.060	0.236	0.311	0.351
15岁及以上非在婚人口性别比	-0.103	0.186	0.300	0.449
20—34岁男性过剩人口数量	0.105	0.145	-0.045	0.046
15—49岁男性过剩人口数量	0.123	0.226	0.002	0.072
15岁及以上未婚男性过剩人口数量	0.073	0.219	0.173	0.158
15岁及以上非在婚男性过剩人口数量	0.053	0.171	0.223	0.171

一、20—34岁人口性别比

（一）全局莫兰指数出现了明显提升

1990年，全国20—34岁人口性别比在省级尺度的全局莫兰指数为-0.050，表明当时20—34岁人口性别比不存在空间集聚。2000年和2010年分别为0.017和0.016，比1990年有了明显提升，到2020年进一步提升为0.129（见表6-1）。从1990年到2020年，全局莫兰指数出现了明显提升，表明20—34岁性别比在省级层面的空间集聚程度有所增强。

（二）集聚类型以"低—低集聚"为主

局部空间自相关分析结果显示，除1990年没有局部空间自相关显著的省份之外，其他年份的LISA集聚都以"低—低集聚"类型为主。2000年"低—低集聚"类型的省份是浙江省，2010年则包括福建、江西、湖南和重庆4个省市，大致都属于东南地区的省份。但2020年"低—低集聚"类型省份包括四川、陕西、甘肃和宁夏4个省区，均是西部地区。这些区域在地理上连成一片，都属于20—34岁人口性别比水平较低的地区。2010年还有浙江、广东和陕西三个省属于"高—低集聚"类型，这些地区属于人口性别比高水平区域，它们周边则是低水平地区（见表6-2）。

表6-2 20—34岁人口性别比局部空间自相关分布状况

状况	1990年	2000年	2010年	2020年
高—高				
低—低		浙江	福建、江西、湖南、重庆	四川、陕西、甘肃、宁夏
低—高				
高—低			浙江、广东、陕西	

二、15—49岁人口性别比

（一）全局莫兰指数也是在2020年最高

从1990年到2020年，全国15—49岁人口性别比在省级尺度的全局莫兰指数为-0.058、0.088、0.024和0.156，其中2020年的水平明显高于前三个年份，说明2020年时各省15—49岁人口性别比的空间集聚程度有所增强（见表6-1）。

（二）集聚类型以"低—低集聚"和"高—低集聚"为主

局部空间自相关分析结果显示，LISA集聚类型变化较大，到2010年和2020年演变为以"低—低集聚"类型和"高—低集聚"类型为主。1990年只有海南属于"高—高集聚"类型。2000年四种集聚类型全有，分别是"高—高集聚"类型的云南，"低—低集聚"类型的浙江、"低—高集聚"类型的四川和"高—低集聚"类型的北京。2010年"低—低集聚"类型的省份包括浙江、福建、江西、重庆4个省市，到2020年演变为山西、陕西、甘肃、宁夏4个省区，其地域发生了明显的转移。2010年的"高—低集聚"类型的是陕西省，2020年是北京和天津，其地域也发生了明显的转移（见表6-3）。

表6-3　15—49岁人口性别比局部空间自相关分布状况

状况	1990年	2000年	2010年	2020年
高—高	海南	云南		
低—低		浙江	浙江、福建、江西、重庆	山西、陕西、甘肃、宁夏
低—高		四川		
高—低		北京	陕西	北京、天津

三、15岁及以上未婚人口性别比

（一）全局莫兰指数持续上升

15岁及以上未婚人口性别比在省级尺度的全局莫兰指数水平高于20—34岁人口和15—49岁人口性别比，表明其空间集聚程度较强。1990年的值仅为-0.060，体现了各省15岁及以上未婚人口性别比不存在空间集聚。但是，2000年之后三次人口普查依次升高为0.236、0.311和0.351，表明15岁及以上未婚人口性别比的集聚程度不断加强（见表6-1）。

（二）空间聚集呈现高低分化的特征

15岁及以上未婚人口性别比的局部空间自相关类型以"高—高集聚"和"低—低集聚"类型为主。1990年局部空间自相关显著的省份很少，只有

"高—高集聚"类型的江苏和"高—低集聚"类型的新疆。2000年及其之后，"高—高集聚"类型和"低—低集聚"类型的省份数量较多。2000年"高—高集聚"类型的省份包括湖南、广西、云南、贵州、四川、重庆6个省区市，集中在中西部的南方地区，2010年在其基础上又增加了海南省，到了2020年演变为福建、江西、湖南、广东、广西、海南、贵州7个省区，在地域上的基本上是东南部的省份。"低—低集聚"类型，2000年是北京、天津、河北、内蒙古、吉林、辽宁、山东7个北方省区；2010年扩大到北京、天津、河北、山西、辽宁、吉林、山东、江苏、上海、安徽10个省市，也基本是北方地区；2020年北京、天津、河北、山西、吉林、辽宁、山东、宁夏8个省区市，都是北方地区。由此可见，15岁及以上未婚人口性别比呈现南北分化的特征，较高的省份在南方聚集，而较低的省份在北方聚集（见表6-4）。

有两个省份的变化较为明显。广东在2000年和2010年属于自身低、周边高的"低—高集聚"类型，但2020年也变成了自身高、周边也高的"高—高集聚"类型。内蒙古在2000年属于"低—低集聚"类型的省份之一，但在2010年和2020年都属于自身较高而周边较低的"高—低集聚"类型。可见，这两个省区15岁及以上未婚人口性别比都出现了相对较快的增长。

表6-4　15岁及以上未婚人口性别比局部空间自相关分布状况

状况	1990年	2000年	2010年	2020年
高—高	江苏	湖南、广西、云南、贵州、四川、重庆	湖南、广西、海南、云南、贵州、四川、重庆	福建、江西、湖南、广东、广西、海南、贵州
低—低		北京、天津、河北、内蒙古、吉林、辽宁、山东	北京、天津、河北、山西、辽宁、吉林、山东、江苏、上海、安徽	北京、天津、河北、山西、吉林、辽宁、山东、宁夏
低—高		广东	广东	重庆
高—低	新疆	新疆	内蒙古、新疆	内蒙古

四、15岁及以上非在婚人口性别比

（一）全局莫兰指数增长幅度较大

15岁及以上非在婚人口性别比的全局莫兰指数也一直不断增长，1990年、2000年、2010年和2020年的值分别为-0.103、0.186、0.300和0.449。与15岁及以上未婚人口性别比的莫兰指数相比，其1990年的值相对较低，但2020年相对较高，表明该指标在省级层面空间集聚特征的变化幅度更大（见表6-1）。

（二）空间聚集也呈现南北分化的特征

局部空间自相关分析表明，2000年以来的集聚类型以"高—高集聚"类型和"低—低集聚"类型为主。"高—高集聚"类型省区市，2000年的包括广西、海南、云南、贵州、四川、重庆6个省区市，2010年的包括湖南、广东、广西、海南、云南、贵州、四川，2020年的包括福建、江西、湖南、广东、广西、海南、贵州。虽然东部省份不断增多、西部省份不断减少，但"高—高集聚"类型的省份都是在南方地区。"低—低集聚"类型的省区市，2000年包括北京、天津、河北、辽宁、山东、上海6个省市，主要是北方地区；2010年扩大到北京、天津、河北、辽宁、吉林、山东、江苏、上海、安徽、河南10个省市，也主要是北方地区；2020年演变为北京、天津、河北、山西、内蒙古、黑龙江、吉林、辽宁、山东、宁夏10个省区市，全部是北方地区（见表6-5）。可见，与15岁及以上未婚人口性别比一样，15岁及以上非在婚人口性别比也呈现出较高地区和较低地区分别在南方和北方集聚的特征。

表6-5　15岁及以上非在婚人口性别比局部空间自相关分布状况

状况	1990年	2000年	2010年	2020年
高—高		广西、海南、云南、贵州、四川、重庆	湖南、广东、广西、海南、云南、贵州、四川	福建、江西、湖南、广东、广西、海南、贵州
低—低		北京、天津、河北、辽宁、山东、上海	北京、天津、河北、辽宁、吉林、山东、江苏、上海、安徽、河南	北京、天津、河北、山西、内蒙古、黑龙江、吉林、辽宁、山东、宁夏
低—高		广东	重庆	重庆
高—低	新疆	新疆	山西、内蒙古、浙江	

五、20—34岁男性过剩人口数量

（一）全局莫兰指数出现过明显下降

从1990年到2000年，20—34岁男性过剩人口数量的全局莫兰指数出现了升高，从0.105升高到了0.145，表示男性过剩人口空间集聚趋势得以加强。但是，2010年的全局莫兰指数都降为负数（-0.045），表示20—34岁男性过剩人口在空间上趋于疏散。2020年虽然又升高到了0.046，但依然明显低于1990年和2000年的水平（见表6-1）。这表明2010年和2020年20—34岁男性过剩人口数量的空间聚集程度出现了明显的下降。

（二）"高—高集聚"类型的省份由西部转到中东部

局部空间自相关分析结果显示，空间集聚以"高—高集聚"类型为主。1990年"高—高集聚"类型的省份包括湖北、湖南、广西、四川、云南和贵州6个省区，2000年就是广西、四川、云南和贵州4个省区，都出现在中西部、西南部。但到了2020年，"高—高集聚"类型出现在了中东部的浙江、福建、湖北。

2020年还有安徽、江西、湖南3个"低—高集聚"类型的省份，是浙江、福建、湖北3个"高—高"类型聚集区周边出现的20—34岁男性过剩人口数相对较少的省份（见表6-6）。

表6-6　20—34岁男性过剩人口数量局部空间自相关分布状况

状况	1990年	2000年	2010年	2020年
高—高	湖北、湖南、广西、四川、云南、贵州	广西、四川、云南、贵州		浙江、福建、湖北
低—低	西藏		河南	
低—高		重庆		安徽、江西、湖南
高—低			陕西	

六、15—49 岁男性过剩人口数量

（一）全局莫兰指数下降幅度较大

15—49岁男性过剩人口的全局莫兰指数从1990年的0.123提高到了2000年的0.226，达到了较高水平，但之后就出现了大幅度下降，2010年成为0.002，2020年虽有升高但依然处于较低的水平0.072（见表6-1）。这表明省级单位的15—49岁男性过剩人口在1990年到2000年日益集聚，但之后集聚水平有了明显降低。

（二）"高—高集聚"类型的省份由中西部转到中东部

局部空间自相关分析结果表明，15—49岁男性过剩人口数量在1990年和2000年以"高—高集聚"类型为主。1990年是江西、湖北、湖南、广西、贵州和云南6个省区，均位于中西部地区。2000年是湖南、广西、四川、云南、贵州5个省区，依然是中西部地区。但到了2020年，"高—高集聚"类型的是浙江、福建、湖北、湖南和广东5个省，全是中东部的省份（见表6-7）。

表6-7　15—49岁男性过剩人口数量局部空间自相关分布状况

状况	1990年	2000年	2010年	2020年
高—高	江西、湖北、湖南、广西、贵州、云南	湖南、广西、四川、云南、贵州		浙江、福建、湖北、湖南、广东
低—低	内蒙古、新疆			甘肃、青海
低—高	浙江、福建	福建、海南、重庆	海南	安徽、江西
高—低			陕西	

七、15 岁及以上未婚男性过剩人口数量

（一）全局莫兰指数在2000年达到最高

一直处于较低水平，1990年到2020年四次人口普查15岁及以上未婚男性过剩人口数量的全局莫兰指数分别是0.073、0.219、0.173和0.158，即2000年出现了峰值之后便持续下降，说明2000年之后15岁及以上未婚男性过剩人口

数量是空间集聚水平不断降低（见表6-1）。

（二）"高—高集聚"类型的都是南方省份

局部空间自相关方面，省级单位的15岁及以上未婚男性过剩人口数量以"高—高集聚"类型、"低—低集聚"类型和"低—高集聚"类型为主。"高—高集聚"类型的省份，1990年包括浙江、江西、湖北和湖南4省，2000年包括浙江、江西、湖北、湖南、广西、云南、贵州和四川8个省区，2010年减少为浙江、江西、湖北、湖南和广西5个省区，2020年是安徽、浙江、江西、湖北、湖南、广东和广西7个省区，基本上都是位于南方的省份，但以东部地区的省份为主。不过，在这些地区周边一直有部分自身未婚男性过剩人口数量较少的"低—高集聚"类型的省份，比如1990年的福建、贵州、云南，2000年及其之后的福建、广东、海南和重庆。"低—低集聚"类型的都是少数民族地区，如1990年的西藏，2000年的内蒙古、西藏和新疆，2010年的西藏、新疆，2020年的内蒙古和新疆（见表6-8）。

表6-8 15岁及以上未婚男性过剩人口数量局部空间自相关分布状况

状况	1990年	2000年	2010年	2020年
高—高	浙江、江西、湖北、湖南	浙江、江西、湖北、湖南、广西、云南、贵州、四川	浙江、江西、湖北、湖南、广西	安徽、浙江、江西、湖北、湖南、广东、广西
低—低	西藏	内蒙古、西藏、新疆	西藏、新疆	内蒙古、新疆
低—高	福建、贵州、云南	福建、广东、海南、重庆	福建、海南、贵州、重庆	福建、海南、贵州、重庆
高—低				

八、15岁及以上非在婚男性过剩人口数量

（一）全局莫兰指数在2020年出现了小幅度降低

1990年，15岁及以上非在婚男性过剩人口数量的全局莫兰指数为0.053，

2000年提升到0.171，2010年进一步提升到0.223，之后出现了小幅度下降，2020年又降至0.171（见表6-1）。可见，15岁及以上非在婚男性过剩人口数量一直存在一定程度的空间集聚，但2020年出现了一定程度的缓和。

（二）"高—高集聚"类型和"低—低集聚"类型区域分别在南北方不断东移

"高—高集聚"类型的省份，1990年是湖北、湖南、广西和贵州4个省区，2000年为湖南、广西、云南、贵州、四川和重庆6个省区市，2010年为湖南、广西、云南和贵州4个省区，上述都是中西部的省份。但到了2020年，则为浙江、江西、湖北、湖南、广东和广西6个省区，地域上由前三次普查的中西部地区扩张到广东和浙江这两个东部沿海省份。

同时，"低—低集聚"类型的地区则一直只出现在北方地区。1990年只有新疆一地，2000年为辽宁一地，2010年则北京、天津、河北、内蒙古、吉林、辽宁和山东7个省区市，2020年进一步扩大到北京、天津、河北、山西、内蒙古、黑龙江、吉林和辽宁8个省区市，都位于北方地区（见表6-9）。"高—高集聚"类型和"低—低集聚"类型的区域有南北分化的态势，而且都不断向东部地区集中。

表6-9　15岁及以上非在婚男性过剩人口数量局部空间自相关分布状况

状况	1990年	2000年	2010年	2020年
高—高	湖北、湖南、广西、贵州	湖南、广西、云南、贵州、四川、重庆	湖南、广西、云南、贵州	浙江、江西、湖北、湖南、广东、广西
低—低	新疆	辽宁	北京、天津、河北、内蒙古、吉林、辽宁、山东	北京、天津、河北、山西、内蒙古、黑龙江、吉林、辽宁
低—高	云南	广东、海南	海南、重庆	福建、海南、贵州、重庆
高—低			山西	

第三节　分城乡的婚姻挤压空间集聚状况

分城乡的婚姻挤压空间集聚状况是分别对省级层面城市、镇和乡村的婚姻挤压状况做空间聚类分析，以发现其各自空间集聚的特殊性。

一、20—34岁人口性别比

（一）城市与镇、乡村的全局莫兰指数变化趋势差异明显

从2000年到2020年，城市20—34岁人口性别比的全局莫兰指数不断升高，而镇和乡村都持续降低。城市由-0.039升高到0.195，其上升幅度较大。镇由0.151下降到0.101，乡村由0.109下降到-0.008（见表6-10）。在总体的20—34岁人口性别比的全局莫兰指数不断升高的背景下，实际上只有城市的有明显增长，而镇和乡村都出现了降低。

表6-10　分城乡的20—34岁人口性别比全局莫兰指数

地区	2000年	2010年	2020年
城市	-0.039	-0.029	0.195
镇	0.151	0.116	0.101
乡村	0.109	0.013	-0.008

（二）城乡均以"低—低集聚"类型为主

局部空间自相关分析结果显示，城市、镇和乡村的20—34岁人口性别比都是以"低—低集聚"类型的省份居多。2000年城市的黑龙江，镇的安徽、浙江、福建、江西、河南和湖南，乡村的安徽、浙江和河南，都是"低—低集聚"类型。2010年，"低—低集聚"类型的省份或地区，城市是云南和新疆，镇是福建、江西、河南、湖北、湖南、云南、贵州、四川和重庆，乡村是福建、江西和重庆。到了2020年，城市"低—低集聚"类型的省份是云南、四川、重庆、陕西、宁夏和甘肃，镇是云南、四川、重庆和甘肃（见表6-11）。对比可以发现，在2000年和2010年镇和乡村的重合度较高，但城市和镇集聚的省份在2020年出现了高度重合。

表6-11　分城乡的20—34岁人口性别比局部空间自相关分布状况

分布状况		2000年	2010年	2020年
城市	高—高		辽宁	
	低—低	黑龙江	云南、新疆	云南、四川、重庆、陕西、宁夏、甘肃
	低—高		吉林	
	高—低		青海	
镇	高—高	新疆		上海
	低—低	浙江、福建、安徽、江西、河南、湖南	福建、江西、河南、湖北、湖南、云南、贵州、四川、重庆	云南、四川、重庆、甘肃
	低—高		新疆	安徽
	高—低	湖北	广东、广西、陕西	
乡村	高—高			
	低—低	安徽、浙江、河南	福建、江西、重庆	西藏
	低—高			湖南
	高—低	上海、湖北	浙江、陕西	

二、15—49岁人口性别比

（一）城市与镇、乡村的全局莫兰指数变化趋势有一定差异

2010年与2000年相比，城市、镇和乡村15—49岁人口性别比的全局莫兰指数均有一定程度的降低，但是到2020年镇和乡村持续降低，而城市出现了明显提升。2020年城市的全局莫兰指数由2010年的-0.077上升到2020年的0.181，明显高于1990年的水平（0.055）。但镇和乡村的全局莫兰指数值是持续降低的，甚至乡村的在2020年还降到了0以下（见表6-12）。由第四章的分析数据可知，从2000年到2020年乡村15—49岁人口性别比大幅度提升，而空间自相关分析显示的乡村的全局莫兰指数值持续降低，表明全国各地乡村15—49岁人口性别比都有提升，而没有出现向个别地区集聚的特征。

表6-12　分城乡的15—49岁人口性别比全局莫兰指数

地区	2000年	2010年	2020年
城市	0.055	-0.077	0.181
镇	0.184	0.145	0.072
乡村	0.204	0.022	-0.007

（二）城乡均以"低—低集聚"类型为主

城市、镇和乡村15—49岁人口性别比的局部自相关分析结果显示，三者也都是以"低—低集聚"类型的省份居多，并且其集聚的省份重合度较高。2000年城市出现"低—低集聚"类型的是黑龙江，镇的是安徽、江西、浙江和福建，乡村是天津、河北、山东、江苏、安徽、浙江、上海和河南。2010年，城市没有"低—低集聚"类型的省份，福建、江西、河南和重庆的镇，以及福建、江西和重庆的乡村，都出现了"低—低集聚"类型，镇和乡村的重合度较高。2020年时，乡村没有"低—低集聚"类型的省份，但云南、四川、重庆和陕西的城市，云南、四川、重庆和甘肃在镇出现了"低—低集聚"类型，城市和镇的重合度较高（见表6-13）。

表6-13 分城乡的15—49岁人口性别比局部空间自相关分布状况

分布状况		2000年	2010年	2020年
城市	高—高			
	低—低	黑龙江		云南、四川、重庆、陕西
	低—高			
	高—低	北京	新疆	天津
镇	高—高	新疆、青海	新疆	
	低—低	安徽、江西、浙江、福建	福建、江西、河南、重庆	云南、四川、重庆、甘肃
	低—高	四川		
	高—低	湖北	上海、广东、云南、陕西	
乡村	高—高	海南、广西、贵州、云南		
	低—低	天津、河北、山东、江苏、安徽、浙江、上海、河南	福建、江西、重庆	
	低—高	广东、四川		
	高—低	北京、山西	浙江、陕西	

三、15岁及以上未婚人口性别比

（一）全局莫兰指数在2020年达到最高

在1990年以来15岁及以上未婚人口性别比全局莫兰指数水平整体持续提升的情况下，城市、镇和乡村的变化趋势并不一致。其中只有镇保持了连续升高，而城市和乡村都是在上升过程中于2010年出现了下降。但一致的是，1990年以来的四次全国人口普查，城市、镇和乡村15岁及以上未婚人口性别比全局莫兰指数均在2020年达到了最高值，表明城乡未婚人口性别比出现了前所未有的空间集聚（见表6-14）。

（二）城乡高低集聚都出现了南北分化

局部空间自相关分析结果显示，15岁及以上未婚人口性别比在城市、镇和乡村的集聚类型都是以"高—高集聚"和"低—低集聚"为主。但对比发现，四次全国人口普查中，城市、镇和乡村，"高—高集聚"的省份基本是南方地区，而"低—低集聚"类型的省份都在北方地区（见表6-15）。这一点在2020年表现最为明显，城市的"高—高集聚"类型的省份包括福建、江西和广东，镇的包括安徽、浙江、福建、江西、湖南和广东，乡村的包括福建和广西，基本都属于南方地区，而且都位于中东部地区；同时，城市的"低—低集聚"类型是省份包括北京、河北、山西、内蒙古、陕西和宁夏，镇的包括宁夏和青海，乡村的包括西藏、青海和新疆，基本都是北方地区，并且镇和乡村的都是西北地区。

当然，在15岁及以上未婚人口性别比"高—高集聚"类型地区的周边，也存在一些性别比相对较低的"低—高集聚"类型的省份。如2020年湖南和广西的城市，江西、湖南和广东的乡村，都是"低—高集聚"类型。而"低—低集聚"类型地区的周边，也存在性别比相对较高的"高—低集聚"类型的省份，如2020年天津和辽宁的城市。

表6-14　分城乡的15岁及以上未婚人口性别比全局莫兰指数

地区	1990年	2000年	2010年	2020年
城市	-0.204	-0.024	-0.130	0.165
镇	-0.012	-0.007	0.096	0.231
乡村	-0.106	0.227	0.137	0.251

表6-15　分城乡的15岁及以上未婚人口性别比局部空间自相关分布状况

分布状况		1990年	2000年	2010年	2020年
城市	高—高	江苏、上海	云南、四川	福建、广东	福建、江西、广东
	低—低		内蒙古		北京、河北、山西、内蒙古、陕西、宁夏
	低—高	新疆	广东	湖南	湖南、广西
	高—低			内蒙古、青海、新疆	天津、辽宁
镇	高—高	青海、新疆	广西、云南、四川	湖南	安徽、浙江、福建、江西、湖南、广东
	低—低		北京、天津	北京、天津、河北、山西、辽宁、江苏、安徽	宁夏、青海
	低—高		广东	广东	
	高—低	山西	安徽	内蒙古、吉林、上海、甘肃、宁夏	
乡村	高—高		湖南、广西、云南、贵州、四川、重庆	湖南、广西、云南、贵州、四川	福建、广西
	低—低		北京、天津、河北、内蒙古、吉林、辽宁、山东	北京、天津、河北、新疆	西藏、青海、新疆
	低—高		福建、广东、甘肃	广东	江西、湖南、广东
	高—低	山西、新疆		内蒙古、浙江	

四、15岁及以上非在婚人口性别比

（一）城镇全局莫兰指数持续上升，乡村有所下降

1990年以来，城市和镇的15岁及以上非在婚人口性别比全局莫兰指数持续上升，尤其是城市，从-0.055上升到0.310。乡村先经历了明显增长，在2000增长到了0.192，明显高于同期的城镇，但是之后出现连续下降，2020年

降到了0.117，明显低于同期的城镇（见表6-16）。总之，2020年时城市和镇15岁及以上非在婚人口性别比的全局莫兰指数明显高于乡村的水平。

（二）局部空间自相关聚集类型以"高—高集聚"和"低—低集聚"为主

从1990年到2020年，城市、镇、乡村的局部空间自相关四种类型基本都有存在，但以"高—高集聚"类型和"低—低集聚"类型的数量居多。在城市，"高—高集聚"类型的省份，1990年是青海和新疆，2000年是云南、四川和重庆，2010年是浙江、福建、广东、广西和贵州，2020年是浙江、福建、江西、湖南、广东、广西和海南，"高—高集聚"类型的省份不断增多；其"低—低集聚"类型的省份在2000年和2020年有出现，其中2000年是内蒙古、吉林和辽宁，2020年是北京、天津、河北、山西、内蒙古、黑龙江、吉林、辽宁、山东和宁夏。在镇这一层面，"高—高集聚"类型的省份，1990年是青海和新疆，2000年是四川，2020年是江苏、上海、浙江、安徽、江西、湖北、湖南和广东；"低—低集聚"类型的省份，1990年是安徽，2000年是浙江，2010年是吉林和辽宁，2020年是黑龙江和辽宁，只有"高—高集聚"类型的省份数量增长较多。在乡村层面，2000年"高—高集聚"类型的省份较多，包括广西、海南、云南、贵州、四川和重庆6个省区市，2010年只有四川和云南，2020年是湖南、广东、广西和贵州4个省区；"低—低集聚"类型的省份也是2010年最多，包括北京、天津、河北、山东、江苏、上海、安徽和浙江10个省市，2010年减少为江苏、上海、浙江、安徽、江西和河南8个省市，2020年时只有辽宁（见表6-17）。

总体来看，城镇集聚的省份都有明显增多，而乡村则有一定程度的减少。并且，在2020年城市、镇和乡村均出现了南方地区以"高—高集聚"类型为主、北方地区以"低—低集聚"类型为主的分化。

表6-16 分城乡的15岁及以上非在婚人口性别比全局莫兰指数

地区	1990年	2000年	2010年	2020年
城市	-0.055	0.060	0.183	0.310
镇	-0.016	-0.039	-0.024	0.266
乡村	-0.100	0.192	0.148	0.117

表6-17　分城乡的15岁及以上非在婚人口性别比局部空间自相关分布状况

分布状况		1990年	2000年	2010年	2020年
城市	高—高	青海、新疆	云南、四川、重庆	浙江、福建、广东、广西、贵州	浙江、福建、江西、湖南、广东、广西、海南
	低—低		内蒙古、吉林、辽宁		北京、天津、河北、山西、内蒙古、黑龙江、吉林、辽宁、山东、宁夏
	低—高		广东	江西、湖南	贵州
	高—低		北京	内蒙古、青海	陕西
镇	高—高	青海、新疆	四川		江苏、上海、浙江、安徽、江西、湖北、湖南、广东
	低—低	安徽	浙江	吉林、辽宁	黑龙江、辽宁
	低—高		广东		福建
	高—低	福建、江西	安徽	上海、陕西	
乡村	高—高		广西、海南、云南、贵州、四川、重庆	云南、四川	湖南、广东、广西、贵州
	低—低		北京、天津、河北、山东、江苏、上海、安徽、浙江	江苏、上海、浙江、安徽、江西、河南	辽宁
	低—高		广东		
	高—低	河北、安徽、新疆	新疆	湖北、新疆	上海

五、20—34岁男性过剩人口数量

（一）城市全局莫兰指数偏低

城市和镇的20—34岁男性过剩人口数量全局莫兰指数基本都保持在很低的水平，且都出现过负数，2020年时城市的全局莫兰指数值为0，只有镇的水平比较高，达到了0.147。而乡村在2000年达到0.159的水平，明显高于城市和镇，后来也有明显下降，在2020年又上升到0.198，明显高于同期的城市和镇（见表6-18）。

（二）局部空间自相关在2020年最为明显

2000年和2010年城市和镇的局部空间自相关显著的省份数量都比较少，只有2020年才比较多。2020年，城市和镇都是以"低—低集聚"类型为主，其中城市是云南、四川、陕西、甘肃和宁夏5个省区，镇是四川、宁夏、青海和甘肃4个省区，都是西部省份，表明西部地区城镇20—34岁男性过剩人口数量较少。而其"高—高集聚"类型的省份，城市只有浙江，镇则有上海、浙江和福建3个省市。在乡村，2020年"高—高集聚"类型、"低—低集聚"类型和"低—高集聚"类型的省份都比较多，其中"高—高集聚"类型的包括浙江、江西、湖北、湖南、广东和广西6个省区，"低—低集聚"类型的包括内蒙古、吉林和西藏3个省区，"低—高集聚"类型的包括福建、海南、贵州和重庆4个省市（见表6-19）。

表6-18　分城乡的20—34岁男性过剩人口数量全局莫兰指数

地区	2000年	2010年	2020年
城市	0.048	−0.036	0.000
镇	−0.026	−0.041	0.147
乡村	0.159	0.021	0.198

表6-19　分城乡的20—34岁男性过剩人口数量局部空间自相关分布状况

分布状况		2000年	2010年	2020年
城市	高—高	浙江、福建、湖北		浙江
	低—低	新疆	云南、四川	云南、四川、陕西、甘肃、宁夏
	低—高	安徽、江西、湖南		安徽
	高—低			
镇	高—高			上海、浙江、福建
	低—低	安徽、浙江	河南	四川、宁夏、青海、甘肃
	低—高	四川		安徽、江西
	高—低	福建、湖北	上海、广东、陕西	云南
乡村	高—高	广西、云南、贵州、四川		浙江、江西、湖北、湖南、广东、广西
	低—低		福建	内蒙古、吉林、西藏
	低—高	重庆		福建、海南、贵州、重庆
	高—低		山西、上海、浙江、陕西	

六、15—49岁男性过剩人口数量

（一）乡村全局莫兰指数较高

城市15—49岁男性过剩人口数量全局莫兰指数在2010年和2020年都是明显低于2000年，尤其在2010年还是负数。镇和乡村都经历了先下降后又回升的趋势，到2020年镇的全局莫兰指数为0.157，乡村达到了0.269，其中镇在2000年和2010年都低于城市的水平，只有乡村15—49岁过剩人口的全局莫兰指数较高，空间集聚的程度比较明显（见表6-20）。

（二）乡村局部空间自相关显著的省份较多

城市和镇15—49岁男性过剩人口数量局部空间自相关显著的省份较少，且其类型都以"高—高集聚"类型、"低—低集聚"类型"低—高集聚"类型为主。城市2000年"高—高集聚"类型的省份比较多，包括江苏、上海、浙江、河南和湖北5个省市，到2020年只有浙江一省；其"低—低集聚"类型的省份，2000年是西藏、青海和新疆，2010年是云南、四川、甘肃和青海，2020年是云南、四川、陕西和甘肃，都是西部省份。同时，在"高—高集聚"类型地区的周边，也存在部分相对较低的"低—高集聚"类型的省份，如2000年的河北、安徽、江西、福建和湖南，2020年的安徽和江西。在镇这一层次，2000年"高—高集聚"类型的省份云南和浙江，2020年是上海和浙江，同时周边安徽、江西和福建是自身水平相对较低的"低—高集聚"类型地区。"低—低集聚"类型只有2020年的四川、青海和甘肃是显著的。

乡村15—49岁男性过剩人口数量局部空间自相关显著的省份数量较多，其中"高—高集聚"类型的省份最多。2000年"高—高集聚"类型的省份包括湖南、广西、云南、贵州、四川和重庆6个省区市，2010年包括广西和云南，2020年包括浙江、江西、湖北、湖南、广东、广西、云南和贵州8个省区，分布在东中西部的南方地区。同时，这些地区周边也存在男性过剩人口数量较少的"低—高集聚"类型的省份，2000年有广东和海南，2020年有福建、海南和重庆3个省市。乡村15—49岁男性过剩人口数量"低—低集聚"类型的省份，2000年是辽宁，2010年是北京、天津、上海和安徽，2020年是内蒙古、吉林和西藏。同时，这些地区周边也存在过剩人口数量较多的"高—低集聚"类型的省份，2000年是江苏、上海、浙江、河南和湖北5个省市，2010年是河北、山西、浙江和陕西4个省，2020年是河北和山西（见表6-21）。

表6-20　分城乡的15—49岁男性过剩人口数量全局莫兰指数

地区	2000年	2010年	2020年
城市	0.131	−0.025	0.003
镇	−0.033	−0.052	0.157
乡村	0.238	0.081	0.269

表6-21　分城乡的15—49岁男性过剩人口数量局部空间自相关分布状况

分布状况		2000年	2010年	2020年
城市	高—高	江苏、上海、浙江、河南、湖北		浙江
	低—低	西藏、青海、新疆	云南、四川、甘肃、青海	云南、四川、陕西、甘肃
	低—高	河北、安徽、江西、福建、湖南	安徽	安徽、江西
	高—低			
镇	高—高	四川、云南		上海、浙江
	低—低			四川、青海、甘肃
	低—高		海南	安徽、江西、福建
	高—低		陕西	
乡村	高—高	湖南、广西、云南、贵州、四川、重庆	广西、云南	浙江、江西、湖北、湖南、广东、广西、云南、贵州
	低—低	辽宁	北京、天津、上海、安徽	内蒙古、吉林、西藏
	低—高	广东、海南		福建、海南、重庆
	高—低	江苏、上海、浙江、河南、湖北	河北、山西、浙江、陕西	河北、山西

七、15岁及以上未婚男性过剩人口数量

（一）城市全局莫兰指数明显较低

城市、镇和乡村15岁及以上未婚男性过剩人口数量的全局莫兰指数都发

生了波动变化。其中镇和乡村呈现出总体提升的趋势，都在2020年达到了最高水平，其中镇达到了0.293，乡村达到了0.237。但城市15岁及以上未婚男性过剩人口数量的全局莫兰指数在2000年达到峰值，在2010年和2020年分别只有0.027和0.030，甚至还低于1990年的水平（见表6-22）。

（二）城乡集聚类型都以"高—高集聚"为主

从1990年到2020年，城市、镇和乡村15岁及以上未婚男性过剩人口数量的局部空间在相关中"高—高集聚"类型的省份数量都比较多。其中，城市和镇的"高—高集聚"类型的省份基本都在中东部地区，城市层面包括1990年的江苏、浙江、安徽和湖北，2000年的山东、江苏、上海、安徽、浙江、湖北和湖南，2010年的浙江、福建和重庆和2020年的浙江、福建和湖北；镇层面包括1990年的江西、湖南、广西、贵州和云南，2000年的福建、江西、湖南和云南，2010年的安徽、江苏、浙江、福建、江西、湖北、湖南、广东和广西，2020年的江苏、安徽、浙江、福建、江西、湖北、湖南和广东。乡村"高—高集聚"类型的省份分布在包含了东中西部的南方地区，包括1990年的浙江、江西、湖北、湖南、广西和云南6个省区，2000年的浙江、江西、湖北、湖南、广西、云南、贵州和四川8个省区，2010年的江西、湖北、湖南、广西、云南、贵州和四川7个省区，2020年的浙江、江西、湖北、湖南、广东、广西、云南、贵州和四川9个省区（见表6-23）。

表6-22　分城乡的15岁及以上未婚男性过剩人口数量全局莫兰指数

地区	1990年	2000年	2010年	2020年
城市	0.064	0.202	0.027	0.030
镇	0.154	0.064	0.272	0.293
乡村	0.087	0.202	0.194	0.237

表6-23 分城乡的15岁及以上未婚男性过剩人口数量局部空间自相关分布状况

分布状况		1990年	2000年	2010年	2020年
城市	高—高	江苏、浙江、安徽、湖北	山东、江苏、上海、安徽、浙江、湖北、湖南	浙江、福建、重庆	浙江、福建、湖北
	低—低		西藏、新疆	四川、甘肃、青海、新疆	新疆
	低—高		福建、江西、河南	安徽、江西、湖南	安徽、江西、湖南
	高—低	四川			
镇	高—高	江西、湖南、广西、贵州、云南	福建、江西、湖南、云南	安徽、江苏、浙江、福建、江西、湖北、湖南、广东、广西	江苏、安徽、浙江、福建、江西、湖北、湖南、广东
	低—低	河北、山西、内蒙古		内蒙古、西藏	内蒙古、青海、新疆
	低—高	海南	上海、广东	海南、贵州、重庆	上海、海南、贵州、重庆
	高—低				
乡村	高—高	浙江、江西、湖北、湖南、广西、云南	浙江、江西、湖北、湖南、广西、云南、贵州、四川	江西、湖北、湖南、广西、云南、贵州、四川	浙江、江西、湖北、湖南、广东、广西、云南、贵州、四川
	低—低			新疆	内蒙古、吉林、辽宁
	低—高	福建、贵州	福建、海南、重庆	海南、重庆	福建、海南、重庆
	高—低				

八、15岁及以上非在婚男性过剩人口数量

（一）城市的全局莫兰指数明显低于镇和乡村

从1990年到2020年，城市15岁及以上非在婚男性过剩人口数量全局莫兰

指数一直在低位波动，在2020年也只有0.064的水平。镇全局莫兰指数也有明显波动，但在2020年升到了0.373的高位，乡村则由1990年的0.065上升到2020年的0.283（见表6-24）。可见，在2020年时镇和乡村15岁及以上非在婚男性过剩人口数量都存在较为明显的空间集聚。

（二）城乡局部空间自相关集聚类型区分化严重

局部空间自相关分析，城市、镇和乡村15岁及以上非在婚男性过剩人口数量的空间集聚类型差异较大。

城市在1990年以"高—高集聚"类型居多，但到了2010年和2020年则是以"高—高集聚"类型和"低—低集聚"类型为主，其中"高—高集聚"类型的省份是2010年的福建、广东和云南，2020年的浙江、福建、江西和广东，都是南方地区；而"低—低集聚"类型的省份包括2010年的北京、河北、内蒙古、黑龙江、吉林和辽宁6个省区市和2020年的北京、天津、河北、山西、内蒙古、黑龙江、吉林、辽宁和宁夏等9个省区市，都位于北方地区，呈现出南北分化态势。

镇"高—高集聚"类型、"低—低集聚"类型的省份在2010年和2020年数量较多。其中"高—高集聚"类型的包括2010年的江西、湖南、广东、广西和海南5个省区，2020年的湖南、广东、广西、云南、贵州和四川6个省区，全部位于南方地区；"低—低集聚"类型的包括2010年的北京、天津、河北、山西、内蒙古、吉林和辽宁7个省区市，2020年的内蒙古、黑龙江、吉林、辽宁和青海6个省区，全部位于北方地区，也呈现出了南北分化态势。

乡村一直以"高—高集聚"类型为主，包括1990年的湖北、湖南、广西和贵州，2000年的湖南、广西、云南、贵州、四川和重庆，2010年的湖南、广西、云南、贵州和四川，2020年的湖南、广东、广西、云南、贵州和四川，一直都是位于中西部的南方地区。而2020年"低—低集聚"类型的省份内蒙古、吉林和辽宁是北方地区（见表6-25）。

综合上述分析可以发现，2020年时，城市和镇15岁及以上非在婚男性过剩人口数量较多的省份都位居南方地区，而数量较少的省份在北方地区。乡村过剩人口较多的省份则位居中西部的南方地区。总之城乡15岁及以上非在婚过剩人口的聚集呈现出非常明显的南北分化。

表6-24　分城乡的15岁及以上非在婚男性过剩人口数量全局莫兰指数

地区	1990年	2000年	2010年	2020年
城市	0.033	-0.057	0.068	0.064
镇	0.093	-0.108	0.196	0.373
乡村	0.065	0.214	0.225	0.283

表6-25　分城乡的15岁及以上非在婚男性过剩人口数量局部空间自相关
分布状况

分布状况		1990年	2000年	2010年	2020年
城市	高—高	江苏、浙江、上海、河南、湖北、陕西	四川	福建、广东、云南	浙江、福建、江西、广东
	低—低			北京、河北、内蒙古、黑龙江、吉林、辽宁	北京、天津、河北、山西、内蒙古、黑龙江、吉林、辽宁、宁夏
	低—高		广东	江西、湖南	湖南、广西
	高—低			天津	
镇	高—高	云南、贵州、四川	云南、四川	江西、湖南、广东、广西、海南	江苏、安徽、浙江、江西、湖北、湖南、广东
	低—低			北京、天津、河北、山西、内蒙古、吉林、辽宁	内蒙古、黑龙江、吉林、辽宁、青海
	低—高		广东	福建、贵州、重庆	上海、福建、海南、贵州、重庆
	高—低	山西	安徽		
乡村	高—高	湖北、湖南、广西、贵州	湖南、广西、云南、贵州、四川、重庆	湖南、广西、云南、贵州、四川	湖南、广东、广西、云南、贵州、四川
	低—低		辽宁、新疆		内蒙古、吉林、辽宁
	低—高	云南	福建、广东、海南	重庆	福建、海南、重庆
	高—低				河北

第四节　分县的婚姻挤压空间集聚状况

根据式（6—1）计算婚姻挤压各项指标在全国范围内县级层面的空间自相关水平全局莫兰指数，P值都小于0.05，反映了县级层面婚姻挤压各项指标的空间集聚程度。受数据限制，只分析2000年和2010年的情况，见表6-26。

表6-26　全国县级尺度的全局莫兰指数

指标	2000年	2010年
20—34岁人口性别比	0.045	0.100
15—49岁人口性别比	0.043	0.105
15岁及以上未婚人口性别比	0.140	0.121
15岁及以上非在婚人口性别比	0.099	0.086
20—34岁男性过剩人口数量	0.009	0.007
15—49岁男性过剩人口数量	0.013	0.011
15岁及以上未婚男性过剩人口数量	0.054	0.065
15岁及以上非在婚男性过剩人口数量	0.033	0.034

一、20—34岁人口性别比

（一）全局莫兰指数略有升高

20—34岁人口性别比的全局莫兰指数有2000年的0.045增长到2010年的0.100，表明县级层面20—34岁人口性别比有更加集中的趋势（见表6-26）。

（二）"高—高集聚"类型区域在西北部大面积扩张

局部空间自相关分析的结果，由于县级行政单位数量过多，无法一一列出，只选择较为集中的地区从省级层面来描述。分析发现，各县市区20—34岁人口性别比的空间集聚以"高—高集聚"类型和"低—低集聚"类型为主，但其分布区域有一定变化。2000年，"高—高集聚"类型的县市区一共472个，主要分布在广西、贵州、云南、四川等省区。2010年，"高—高集聚"类型的县市区多达541个，主要分布在内蒙古、云南、西藏、青海和新疆（见表6-27）。

（三）"低—低集聚"类型区转向中部地区

"低—低集聚"类型的县市区，2000年有732个，主要分布在山东、安徽、江苏、浙江等省，2010年则增加到1069个，主要分布在江苏、安徽、江西、河南、湖南、湖北、广东等省，分布在中部地区的数量明显增多（见表6-27）。

表6-27　县级20—34岁人口性别比局部空间自相关分布状况

状况	2000年	2010年
高—高	广西、贵州、云南、四川	内蒙古、云南、西藏、青海、新疆
低—低	山东、安徽、江苏、浙江	江苏、安徽、江西、河南、湖南、湖北、广东
低—高	广东、四川、重庆	内蒙古、黑龙江、吉林、辽宁
高—低	河南、江西、福建	河北、山西、山东、广西、陕西

二、15—49岁人口性别比

（一）全局莫兰指数略有升高

县级层面15—49岁人口性别比的全局莫兰指数由2000年的0.043升高至2010年的0.105，虽然其水平不高，但也反映出15—49岁人口性别比集聚趋势更加明显（见表6-26）。

（二）"高—高集聚"类型区域由南方为主转变为以北方为主

局部空间自相关分析的结果表明，15—49岁人口性别比的集聚类型以"高—高集聚"为主，2000年、2010年属于这种类型的县级单位分别有598个、504个。2000年，"高—高集聚"类型较为集中的省份包括西南的贵州、云南、四川，还有南方的湖南、广西。但到了2010年，西南只有云南和西藏，其余是北方的新疆、青海比较多（见表6-27）。

（三）"低—低集聚"类型区域与"高—低集聚"类型区域交叉分布

15—49岁人口性别比的空间集聚类型中"低—低集聚"类型的县级单位数量较多，2000年、2010年属分别有754个和1082个。其中，2000年主要分布在河北、内蒙古、山东、江苏、安徽等省区，2010年主要分布在山东、江苏、安徽、湖北、湖南等省。但是，2010年其自身性别比较高、但周边较低的"高—低集聚"类型的县级单位也主要分布在河北、山西、江苏、浙江、福建、河南、湖南和湖北等省，与"低—低集聚"类型的省份高度交叉。这表明省份内部各县级行政单位之间人口性别比状况存在较大差异（见表6-28）。

表6-28　县级15—49岁人口性别比局部空间自相关分布状况

状况	2000年	2010年
高—高	湖南、广西、贵州、云南、四川	云南、西藏、青海、新疆
低—低	河北、内蒙古、山东、江苏、安徽	山东、江苏、安徽、湖北、湖南
低—高	广东、四川	四川、甘肃
高—低	辽宁、吉林、福建、江西	河北、山西、江苏、浙江、福建、河南、湖南、湖北

三、15岁及以上未婚人口性别比

（一）全局莫兰指数略有降低

县级15岁及以上未婚人口性别比的全局莫兰指数2000年的0.140降至2010年的0.121，表明其空间集聚程度有所降低（见表6-26）。

（二）"高—高集聚"的地区较为集中

15岁及以上未婚人口性别比局部空间自相关的集聚类型以"高—高集聚"和"低—低集聚"为主。2000年"高—高集聚"类型的县市区共有826个，主要分布在江西、湖北、湖南、广东、广西、云南、贵州、四川等省，2010年共有589个，主要分布在广西、云南、贵州、四川、新疆等省区，都属于南方地区。而"低—低集聚"类型的县市区，2000年共有982个，分布在河北、内蒙古、黑龙江、山东、西藏等省区，2010年共有1087个，主要分布在山东、江苏、安徽、西藏（见表6-29）。相对而言，"高—高集聚"类型的地区分布较为集中。

同时，在"高—高集聚"类型集聚较多的地区，如2000年的广东和2010年的四川，都有大量的"低—高集聚"类型区域；同时"低—低集聚"类型集聚较多的省份与"高—低集聚"类型较多的省份也有交叉，如2000年的河北、内蒙古，2010年的江苏和安徽，表明15岁及以上未婚人口性别比在省域内部的差异。

表6-29　县级15岁及以上未婚人口性别比局部空间自相关分布状况

状况	2000年	2010年
高—高	江西、湖北、湖南、广东、广西、云南、贵州、四川	广西、云南、贵州、四川、新疆
低—低	河北、内蒙古、黑龙江、山东、西藏	山东、江苏、安徽、西藏
低—高	福建、广东、陕西、甘肃	广东、四川
高—低	河北、山西、内蒙古、辽宁、江苏、安徽	河北、山西、内蒙古、黑龙江、吉林、辽宁、江苏、浙江、安徽

四、15岁及以上非在婚人口性别比

（一）全局莫兰指数水平较低

2000年县级单位15岁及以上非在婚人口性别比的全局莫兰指数值为0.099，2010年为0.086，都处于较低水平，且变化幅度不大（见表6-26）。

（二）"高—高集聚"类型的县市区分布较为分散

局部空间自相关分析结果显示，县级单位的15岁及以上非在婚人口性别比局部空间集聚类型以"高—高集聚"和"低—低集聚"为主，二者在2000年分别有826个和982个县级行政单位，2010年则分别占了589个和1087个县级行政单位。从分布较为集中的省份来看，2000年"高—高集聚"类型的县市区主要分布在湖北、湖南、广东、广西、海南、云南、贵州、四川、重庆等省市，而2010年则主要分布在湖南、广东、海南、广西、云南、贵州、四川、陕西、新疆，其分布范围较广。"低—低集聚"类型的县市区2000年主要分布在山东、江苏、西藏，2010年主要分布在山东、江苏、新疆（见表6-30）。总体来看，"高—高集聚"类型的县级单位分布更加分散。

表6-30 县级局部空间自相关分布状况

状况	2000年	2010年
高—高	湖北、湖南、广东、广西、海南、云南、贵州、四川、重庆	湖南、广东、海南、广西、云南、贵州、四川、陕西、新疆
低—低	山东、江苏、西藏	山东、江苏、新疆
低—高	广东、陕西	广东、四川、陕西
高—低	内蒙古、黑龙江、吉林、辽宁、安徽、江西、浙江	河北、黑龙江、吉林、辽宁、浙江、江西、安徽

五、20—34岁男性过剩人口数量

县级20—34岁男性过剩人口的全局莫兰指数较低，2000年只有0.009，2010年只有0.007（见表6-26）。

县级20—34岁男性过剩人口局部空间自相关的集聚类型以"高—高集聚"和"低—低集聚"居多。2000年"高—高集聚"类型的县市区共计401个，主要分布在湖北、海南、云南、广西、贵州等省区，2010年减少到242个，主要分布于内蒙古、广东、广西、海南、云南等省区。"低—低集聚"类型的县市区，2000年共有388个，较多的省区是西藏、甘肃和青海；2010年多达909个，主要分布在江苏、安徽、湖北、湖南和重庆等省市（见表6-31）。

表6-31 县级局部空间自相关分布状况

状况	2000年	2010年
高—高	湖北、海南、云南、广西、贵州	内蒙古、广东、广西、海南、云南
低—低	西藏、甘肃、青海	江苏、安徽、湖北、湖南、重庆
低—高	广东、四川	福建、广东、广西
高—低	河北、浙江	河北、山西、山东、江苏、浙江、陕西

六、15—49岁过剩人口

县级15—49岁男性过剩人口的全局莫兰指数较低，2000年只有0.013，2010年只有0.011，表明其空间集聚水平不高（见表6-26）。

县级15—49岁男性过剩人口局部空间自相关的集聚类型也以"高—高集聚"和"低—低集聚"为主。2000年，"高—高集聚"类型的县市区共计563个，主要集中于湖北、湖南、广西、云南和贵州等省区，2010年共有277个，集中于广东、广西和海南等省区，其地理分布主要在南方地区。"低—低集聚"类型的县市区，2000年共有514个，分布在内蒙古、西藏、青海等省区，2010年的877个县市区则分布在安徽、西藏和青海等省区（见表6-32）。

表6-32　县级局部空间自相关分布状况

状况	2000年	2010年
高—高	湖北、湖南、广西、云南、贵州	广东、广西、海南
低—低	内蒙古、西藏、青海	安徽、西藏、青海
低—高	湖南、广东、四川	福建、广东、广西
高—低	内蒙古、黑龙江、吉林、辽宁	河北、山西、山东、江苏、浙江、陕西

七、15岁及以上未婚男性过剩人口数量

2000年和2010年15岁及以上未婚男性过剩人口的全局莫兰指数分别为0.054和0.065，存在轻微的空间集聚。但与15岁及以上未婚人口性别比相比，其水平也相对较低（见表6-26）。

"高—高集聚"类型的县市区分布在南方的广大地区，2000年主要分布在湖南、湖北、广东、广西、四川、重庆等省区市，2010年分布在江苏、浙江、福建、湖北、湖南、广东等省较多（见表6-33）。

"低—低集聚"类型的县市区主要分布在边远地区，包括2000年的内蒙古、黑龙江、西藏、青海、新疆，2010年的内蒙古、西藏、陕西、新疆、青海、甘肃，分布区域变化不大。

表6-33　县级局部空间自相关分布状况

状况	2000年	2010年
高—高	湖南、湖北、广东、广西、四川、重庆	江苏、浙江、福建、湖北、湖南、广东
低—低	内蒙古、黑龙江、西藏、青海、新疆	内蒙古、西藏、陕西、新疆、青海、甘肃
低—高	江苏、浙江、福建、河南、四川、陕西	江西、贵州、重庆
高—低	河北、辽宁、吉林、黑龙江	河北、辽宁

八、15岁及以上非在婚男性过剩人口数量

2000年，县级15岁及以上非在婚男性过剩人口的全局莫兰指数只有0.036，2010年为0.034，其空间集聚水平很低，也低于15岁及以上非在婚人口性别比的水平（见表6-26）。

局域空间自相关分析来看，空间集聚类型也是以"高—高集聚"和"低—低集聚"两种类型为主。2000年"高—高集聚"类型的省市区共计744个，分布在湖北、湖南、广东、广西、云南、贵州、四川、重庆等省区市，2010年共计606个，主要分布在湖北、湖南、广东、海南、云南等省，分布区域基本一致，均属于南方地区。而"低—低集聚"2000年分布在内蒙古、西藏、青海、新疆等省区，2010年扩大到内蒙古、黑龙江、山东、江苏、安徽、西藏、陕西、新疆等省区（见表6-34）。

表6-34　县级局部空间自相关分布状况

状况	2000年	2010年
高—高	湖北、湖南、广东、广西、云南、贵州、四川、重庆	湖北、湖南、广东、海南、云南
低—低	内蒙古、西藏、青海、新疆	内蒙古、黑龙江、山东、江苏、安徽、西藏、陕西、新疆
低—高	江西、广东、河南、四川	福建、江西、广东、广西、四川
高—低	河北、内蒙古、吉林、辽宁	河北、陕西、吉林、辽宁

第七章　中国婚姻挤压空间分布格局的影响因素

基于人口普查截面数据，针对婚姻挤压空间分布状况建立空间回归模型，通过对模型系数的估计，识别婚姻挤压空间分布格局的决定因素。

第一节　研究方法

一、研究模型

对于具有较强的空间依赖性的研究对象，采用空间回归模型识别其空间分布的决定因素，其结果会优于OLS回归（普通最小二乘法回归）模型的结果。空间回归模型分为空间滞后模型（SLM）和空间误差模型（SEM）。

（一）空间滞后模型（SLM）

空间滞后模型（SLM）的计算方程为

$$y = \rho W1y + \beta X + \mu \qquad (7\text{—}1)$$

式中：y为由解释变量组成的矩阵；$W1_y$为与y变量所在区域相邻的区域对应的变量，即空间滞后变量；ρ为$W1_y$这个变量的系数，反映空间邻近单元对于被解释变量的解释程度；β为解释变量系数矩阵；μ为随机误差项。

（二）空间误差模型（SEM）

空间误差模型（SEM）的计算方程为

$$y = \beta X + \varepsilon$$

$$\varepsilon = \lambda W2\varepsilon + \mu \tag{7-2}$$

式中：$W2$为残差的空间邻接权重矩阵；λ为空间残差项的回归系数；$W2\varepsilon$为误差项。

分析时具体选择哪种模型，需要根据拉格朗日乘子（Lagrangemultiplier，LM）检验及其稳健性（Robust）形式来判断。其判别依据是：在空间依赖性的检验中，如果LM-Lag和LM-Error都不显著，则保持OLS模型的估计结果；如果LM-Lag和LM -Error其中一个显著，则采用显著的一个；如果LM-Lag和LM-Error都显著，则继续进行RobustLM检验，如果RobustLM-Lag显著则选择空间滞后模型，如果RobustLM-Error显著则选择空间误差模型。

二、变量设置

空间回归模型涉及因变量和自变量的设置。本书中因变量设置为各地区的15岁及以上未婚男性过剩人口数量。自变量主要根据婚姻挤压地区分布形成机制的理论框架来设置。

（一）因变量的设置依据

婚姻挤压空间分布格局的因变量应该是反映各地区婚姻挤压状况的指标。本书将各地区的15岁及以上未婚男性过剩人口数量作为反映各地区婚姻挤压状况的指标的原因如下。

第一，该指标反映了婚姻市场的关键信息。"15岁及以上未婚男性过剩人口数量"包含了人口年龄、性别结构和婚姻状况信息，将"15岁及以上未婚群体"这一婚姻市场上最重要的、最关键人群作为对象，其过剩人数是分析婚姻挤压时最为关键的数据。

第二，该指标和性别比相比有明显优势。性别比指标在男女人口较少时容易"失真"，不利于横向对比。而过剩人口数量就比性别比更符合实际，便于横向对比。

第三，与"15岁非在婚男性过剩人口数量"相比，该指标更为理想。由于婚姻挤压最关心的是不能结婚的人群，即没有过初婚的人群，15岁及以上未婚男性过剩人口数量反映的是婚姻市场的关键信息。非再婚指标虽然考虑了再婚群体的情况，但"15岁以上"年龄范围过大，连老年人都包括在内，老年阶段女性丧偶群体的数量会比较大，但对婚姻市场基本没有影响，所以"15岁及以上非在婚男性过剩人口数量"对婚姻市场的敏锐性不如"15岁及以上未婚男性过剩人口数量"。

第四，空间聚类分析结果显示，该指标的全局莫兰指数和局域空间自相关分析都达到了较高水平。在婚姻挤压空间分布的8个测度指标中，省级层面和县级层面15岁非再婚男性过剩人口数量的全局莫兰指数虽不是最高的，但都达到了较高水平。

（二）自变量的设置依据

根据婚姻挤压空间分布格局的形成机制，区域性婚姻挤压状况是由人口性别结构、区域性婚姻市场扩张和人口迁移流动三个因素造成的，而这些因素是人口因素和经济社会因素共同作用的结果。归根结底，区域性婚姻挤压状况是人口因素和社会经济因素共同作用的结果。

1. 人口学因素

第一，由于因变量是15岁及以上未婚男性过剩人口数量，除婚姻市场的年龄结构之外，还受常住人口数量这一基数的影响，所以应将常住人口数量作为自变量指标之一。

第二，出生性别比是塑造各年龄段人口性别比的"入口"，所以出生性别比是适婚年龄人口性别比的重要影响因素。再者，之前两次的人口普查发生在20年前，当时的出生人口正步入适婚年龄，可以反映婚姻市场上新增人口的性别结构。但是，出生性别比只对应0岁人口的性别比，连续多年的出生性别比才会使适婚年龄人口的性别结构发生明显变化。出生人口性别比受生育文化和生育政策影响较大，一个地区的出生人口性别比有一定的稳定性，短期内一般不会发生较大幅度的变动，所以，选择在此之前两次人口普查时的出生人口性别比作为自变量，也可以反映过去一段时期出生人口性别比的大致状况。

第三，老龄化水平反映年龄结构，老龄化水平越高则年轻人口的比重越低。15岁及以上未婚人口过剩数量，主要关注的是年轻人口。在15岁及以上人口中，老龄化水平越高，则15—64岁的人口比例越低。所以，老龄化水平能从侧面反映15岁以上群体中较年轻部分人口的比重。再者，由于女性生存优势，即女性比男性有更长的预期寿命，老年阶段女性多于男性。所以，可以认为，老龄化水平与男性过剩人口数量呈负向相关。总之，老龄化水平对适婚年龄的年龄、性别结构有一定的影响。

第四，流动人口在年龄和性别上具有较强的选择性，大规模的流动人口能够改变一个地区的人口年龄性别结构。流动人口数量不仅会直接导致流入地和流出地适婚年龄人口性别结构的改变，也会改变适婚年龄人口的数量。一个省份跨省流入人口数量会对本地的婚姻市场带来直接影响，但同时，也难免有本省人口流出到外省，所以还应该考虑净流入人口数量的影响。总之，应该将净流入人口数和跨省流动人口数同时作为自变量。

2. 社会经济因素

社会经济因素方面，虽然不直接决定人口性别结构，但会通过区域性婚姻市场的禀赋影响人口性别结构。

第一，最为明显的是经济条件，对人口迁移流动有直接影响，从而影响适婚年龄的人口性别结构。本书中用人均GDP这一指标反映经济发展水平。

第二，城镇化水平所体现的不仅是人口分布状况，更主要的是城乡经济社会条件的差异，所以城镇化水平也可以算作一个反映经济社会因素的指标。城市的经济条件、社会发展水平对人口吸引力在年龄和性别上是有选择性的，这一点是通过人口迁移流动的年龄性别选择性来体现的；再者，城市的文化因素会影响生育的性别偏好，进而影响人口性别结构。

第三，受教育程度也能够反映一个地区的经济社会条件。可以用平均受教育年限这一指标直接反映受教育程度。

第四，男女受教育程度的差异，主要是反映男女地位差异，具体来说是反映女性的社会地位，这一点也会影响区域性婚姻市场的竞争力。在女性地位较低地区，会有更多的女性选择流出。所以也应该将男女平均受教育年限的差作为自变量之一。

综上所述，影响婚姻挤压空间分布格局的指标，人口因素方面包括常住人口数量、以前两次人口普查时的出生人口性别比、净流入人口数、外省流入人口数和人口老龄化水平5个指标；经济社会因素方面包括人均GDP、城镇化水平、平均受教育年限和男女平均受教育年限差4个指标，共计9个指标。

三、数据来源

因变量数据的来源在前文已有说明，此处主要说明自变量的数据来源。

常住人口数量、出生人口性别比、净流入人口数、省内流入人口数、外省流入人口数、人口老龄化水平、城镇化水平、平均受教育年限和男女平均受教育年限等，都来源于人口普查数据或者根据人口普查数据计算。由于1990年人口普查数据有限，部分指标的数据无法获得，所以本书只做2000年、2010年和2020年婚姻挤压空间布局的空间回归分析，需要用到《中国2000年人口普查资料》《中国2010年人口普查资料》《中国人口普查年鉴2020》。人均GDP数据分别来源于《中国统计年鉴2001》《中国统计年鉴2011》《中国统计年鉴2021》。由于无法获取1990年及之前的分省出生人口性别比数据，所以2000年和2010年的分析中不包含"以前（两次）人口普查时的出生人口性别比"这一指标。

第二节　分省的婚姻挤压空间分布格局影响因素分析

基于2000年、2010年和2020年的人口普查截面数据，分别针对15岁及以上未婚男性过剩人口数量建立三组回归模型。通过对各模型系数的估计，识别人口性别比分布的影响因素。

一、空间依赖性检验

空间依赖性检验结果表明，三个年份的15岁及以上未婚男性过剩人口数量存在着显著的空间依赖性，因此，采用空间回归模型的结果会优于OLS回归模型的结果。拉格朗日乘子（Lagrange multiplier，LM）检验及其稳健性（Robust）结果表明，三个年份的数据都是只有Robust LM-Lag在0.05水平下显著，所以三者适合空间滞后模型（SLM）（见表7-1）。

表7-1 拉格朗日乘子（LM）检验及其稳健性的结果

指标	2000年			2010年			2020年		
	MI/DF	统计量	P值	MI/DF	统计量	P值	MI/DF	统计量	P值
Moran's I (error)	0.150	3.967	0.000	0.124	3.293	0.001	0.184	1.767	0.077
LM-Lag	1	6.811	0.009	1	12.365	0.000	1	3.816	0.041
RobustLM-Lag	1	4.536	0.033	1	11.315	0.001	1	3.694	0.045
LM-Error	1	2.329	0.127	1	1.527	0.217	1	0.271	0.603
RobustLM-Error	1	0.054	0.816	1	0.476	0.490	1	0.149	0.700
Lagrange Multiplier (SARMA)	2	6.865	0.032	2	12.842	0.002	2	3.965	0.138

二、空间回归模型估计结果

2000年、2010年和2020年15岁及以上未婚男性过剩人口数量的SLM模型的R^2分别为 0.916、0.937和0.943。针对模型自变量进行多重共线性检验，发现VIF值均小于3，故自变量不存在多重共线性。

（一）2000年SLM模型估计结果

2000年人口性别比SLM模型的估计结果表明，常住人口数量、净流入人口数和男女平均受教育年限差对15岁及以上未婚男性过剩人口数量有显著影响。人口老龄化水平、外省流入人口数、人均GDP、城镇化水平和平均受教育年限没有显著影响。净流入人口数和男女平均受教育年限差的影响系数都是负数，即净流入人口数越多的地区15岁及以上未婚男性过剩人口数量越少，男女平均受教育年限差越大15岁及以上未婚男性过剩人口数量越少。

空间滞后项系数显著，表明15岁及以上未婚男性过剩人口数量具有一定的"空间溢出效应"，过剩人口数量偏多地区会在周边地区进一步扩散。

（二）2010年SLM模型估计结果

2010年15岁及以上未婚男性过剩人口数量SLM模型的估计结果表明，常住人口数量、外省流入人口数和男女平均受教育年限差对15岁及以上未婚男性过剩人口数量有显著影响。人口老龄化水平、净流入人口数、人均GDP、城镇化水平和平均受教育年限没有显著影响。男女平均受教育年限差的影响系数为负数。

空间滞后项系数显著且2010年的系数大于2000年的系数，表明15岁及以上未婚男性过剩人口数量具有一定的"空间溢出效应"，并且过剩人口数量偏多地区向周边扩散的势头更强。

（三）2020年SLM模型估计结果

2020年15岁及以上未婚男性过剩人口数量SLM模型的估计结果表明，常住人口数量、之前（2000年）人口普查时的人口性别比和外省流入人口数对15岁及以上未婚男性过剩人口数量有显著影响，其影响系数均为正数。净流入人口数、人均GDP、城镇化水平、平均受教育年限和男女平均受教育年限差没有显著影响（见表7-2）。

空间滞后项系数不再显著，表明15岁及以上未婚男性过剩人口数量的"空间溢出效应"不会再变强。

表7-2　空间回归模型估计结果

项目	2000年	2010年	2020年
常数项	57.381**	10.729**	7.637
常住人口数量	0.002***	0.002***	0.002***
以前普查时的出生性别比	—	—	0.281**
人口老龄化水平	0.220	0.155	−0.082
外省流入人口数	0.005	0.011**	0.011**
净流入人口数	−0.013**	−0.002	0.000
人均GDP	2.283	0.524	−0.474
城镇化水平	−0.165	−0.171	0.003
平均受教育年限	−0.208	−0.052	−3.425
男女平均受教育年限差	−5.345**	−5.201**	−7.423
空间滞后项	0.463**	0.401**	0.091
R^2	0.891	0.925	0.943
LR	6.860**	8.238**	0.541*

注：*表示在0.05水平下显著，**表示在0.01水平下显著，***表示在0.001水平下显著，均为双尾检验。

三、空间回归模型估计结果分析

综合来看，对15岁及以上未婚男性过剩人口数量的因素在不断发生变化，只有常住人口数量、以前的出生人口性别比、外省流入人口数量和男女平均受教育年限差对其有显著影响。

（一）常住人口数量越多未婚男性过剩人口就会越多

2000年、2010年和2020年常住人口数量对15岁及以上未婚男性过剩人口数量的影响都显著并且系数为正，表示一个地区常住人口基数越大，15岁及以上未婚男性过剩人口数量就会越多。比如，性别结构一样的两个地区，常住人口较多的地区男性超过其女性的数量就会越多。总之，人口大省面临的婚姻挤压会比较严重。

（二）出生人口的性别比影响当地结婚时的婚姻市场

在2020年的空间回归模型中，以前（2000年）人口普查时的出生人口性别比对15岁及以上未婚男性过剩人口数量有显著影响，且影响系数是正数。这表明，如果一个地区出生人口性别比偏高，到这批人结婚时，在当地会出现婚姻挤压的局面。分析结果还表明，虽然人口在成年后会发生大规模的迁移流动，但并没有"打乱"出生人口性别比所塑造的区域性婚姻市场的性别结构。这也反映出当前中国婚姻市场是以不超过一省范围的区域性婚姻市场为主的特点。

（三）外省流入人口数量的影响一直存在

2010年和2020年外省流入人口数量对15岁及以上未婚男性过剩人口数量有显著影响，并且影响系数都是正数。而净流入人口数只有2000年是显著的，且系数为负。这表明，只要外省流动人口数量增加未婚男性过剩人口数量就会增多，而本省外流人口数多少的影响并不显著。其原因可能是，对外省人口有吸引力的地方，本省人口流出较少，而流出人口较多的省份，外省流入人口也比较少。还可能是因为流入人口数量较多的省份，其流入人口和流出人口的年龄性别结构有所不同。比如，有些经济发达的省份，其流入人口一般是务工经商的年轻人，而流出的多是以投亲靠友、异地养老的老年人。

需要强调的是，流入人口并没有减轻流入地的婚姻挤压，而是加重了流入地的婚姻挤压。这是由流入人口的性别结构造成的，流动人口并不是以女性为主，在出生人口性别比长期偏高、年轻人口性别结构已经整体失衡的情况下，以年轻人为主体的流动人口自然就会男多女少。

（四）经济因素的影响并不显著

人均GDP和城镇化水平对15岁及以上未婚男性过剩人口数量一直没有显著影响。这表明，婚姻挤压形势主要是由人口状况决定的，而经济条件虽然影响人口流动走向，但也存在像北京、上海等人口数量较少而经济水平较高的地区，其15岁及以上未婚男性过剩人口的数量也会较少。

（五）社会发展水平高的地区未婚男性过剩人口数量较多

平均受教育年限对15岁及以上未婚男性过剩人口数量没有显著影响，但2000年和2010年的分析结果显示，男女平均受教育年限差的影响一直是负数，表明男女平均受教育年限差距越大，则该地区15岁及以上男性过剩人口数量越少。出现这种状况的原因可能是，2000年和2010年，男女平均受教育年限差距较大的地区，一般都是人口数量较少的省份，比如青海、西藏、甘肃、贵州等。其人口规模较小导致15岁及以上未婚男性过剩人口数量较少。一般认为，男女平均受教育年限差距越小，表明男女社会地位差距越小、社会发展水平越高，其未婚男性过剩人口数量反而越多。除了人口基数的原因，也可能是由于社会发展水平较高，对年轻男女都更有吸引力，流入人口增多、人口基数的增大导致过剩人口数量较多。还有一个可能是：社会发展水平较高地区，晚婚规模大，也会增加未婚人口数量，即使是性别结构一样的地区，未婚人口越多则过剩人口也越多。

当然，2020年这一指标的影响已经不再显著。出现这个结果的原因可能是我国男女受教育水平的差距越来越小，各地也基本没有差异。

（六）空间溢出效应不断减弱

三个模型中只有2000年和2010年的空间滞后项系数显著，并且系数逐渐缩小，表明15岁及以上未婚男性过剩人口数量的"空间溢出效应"不断减弱。

总体来看，通过分省的婚姻挤压空间分布格局的空间回归模型，主要证明了各地区出生人口性别比和人口流动状况对婚姻挤压的影响。

第三节　分县的婚姻挤压空间分布格局影响因素分析

根据《2000年中国人口普查分县资料》和《2010年中国人口普查分县资料》的数据资料，对县级层级婚姻挤压空间分布格局影响因素做一探索分析。但受数据所限，只构建2000年和2010年两个模型，而且没有将人均GDP和以前人口普查时的出生人口性别比列入自变量。在县一级的区域内，省内流动人口数量也会对其婚姻市场产生影响，所以增加了省内人口流动数量这一变量。

拉格朗日乘子（Lagrange multiplier，LM）检验及其稳健性（Robust）结果表明，两个年份的数据都是只有Robust LM-Error在0.05水平下显著，所以都选择空间误差模型SEM（见表7-3）。

2000年和2010年县级SEM模型的估计结果，R^2分别为0.726和0.787。影响显著的因素包括常住人口数量、城镇化水平、省内流入人口数、外省流入人口数、净流入人口数以及平均受教育年限。其中常住人口数量和平均受教育年限只在2010年有显著影响，城镇化水平的系数为正数（见表7-4）。

对比来看，县级婚姻挤压空间分布的影响因素与省级层面的基本一致。

表7-3　县级层面的拉格朗日乘子（LM）检验及其稳健性结果

指标	2000年			2010年		
	MI/DF	统计量	P值	MI/DF	统计量	P值
Moran's I（error）	0.059	58.600	0	0.055	54.190	0
LM-Lag	1	82.467	0	1	87.478	0
Robust LM-Lag	1	2.425	0.119	1	0.913	0.339
LM-Error	1	2026.941	0	1	1771.989	0
Robust LM-Error	1	1946.898	0	1	1685.425	0
Lagrange Multiplier（SARMA）	2	2029.365	0	2	1772.903	0

表7-4　空间回归模型估计结果

项目	2000年	2010年
常住人口数量	0.244	0.810***
人口老龄化水平	0.250	-0.010
省内流入人口数	0.382***	0.522***
外省流入人口数	0.608***	0.757***
净流入人口数	0.574***	0.596***
城镇化水平	-0.160***	-0.035**
平均受教育年限	-0.010	0.066***
男女平均受教育年限差	0.038	-0.007
λ	55.762***	57.084***
R²	0.726	0.787
LR	318.436	257.601

注：* 表示在 0.05 水平下显著，** 表示在 0.01 水平下显著，*** 表示在 0.001 水平下显著，均为双尾检验。

第八章　中国婚姻挤压空间分布格局的影响和对策建议

第一节　关于婚姻挤压空间分布格局的主要结论

基于人口普查数据的描述分析和空间自相关分析、空间回归模型分析，对中国婚姻挤压空间分布格局可以得出以下结论。

第一，婚姻挤压已长期存在，当前尤其严重。15—49岁年龄段分年龄性别比、未婚人口性别比等指标都高于100，男性多于女性的情况自1990年以来的历次人口普查中都存在，但2020年是最严重的时期，不仅男性人口过剩最为明显，而且低年龄段的人口比之前的几次人口普查都更为严重。由于低于适婚年龄的年龄组性别比依然偏高，可以预计婚姻挤压的整体形势还会更加严峻。

第二，城乡对比来看，乡村婚姻挤压较为严重。城乡适婚年龄段的人口性别比都有在低年龄段相对较高的特点，但乡村人口性别比明显高于城镇，结婚高峰年龄段乡村人口性别比偏高的情形更加明显；男性过剩人口也是在乡村的居多，乡村男性过剩人口数量占乡村同龄人的比重也高于城市，但在22岁及以下的低年龄段，城镇男性过剩人口超过了乡村。1990年以来乡村过剩人口出现明显降低的都是人口净流出的省份。

第三，各省市基本都存在婚姻挤压，而且多数省份2020年是1990年以来婚姻挤压最严重的时期。相较而言，东部地区城市的婚姻挤压较为严重，2020年婚姻挤压较为严重的地区以东部沿海省份居多，过剩人口数量在东部地区增长较快，尤其是经济发达地区的城市男性人口过剩严重。中西部的省份主要是乡村男性人口过剩严重。分县来看，大部分县市区人口性别结构轻度失衡，未婚和非在婚人口性别失衡严重人口性别比偏高的地区相对集中。男性过剩人口数量较多的县市区主要分布在经济发达地区，而且有不断增加的趋势。

第四，男性过剩人口数量分布的不均衡性较为明显。无论是省级层面还是县级层面，从1990年到2020年，反映几项性别比指标的不均衡性并不明显，但反映男性过剩人口数量不均衡性相对较为明显。婚姻挤压的地区的不均衡性虽然随时间变化而出现了明显差异，但整体上并没有发现逐渐加重的特征，只有各省城市地区的不均衡性明显逐渐严重，而镇和乡村基本没有变化，甚至还有缩小的趋势。

第五，婚姻挤压空间集聚水平整体较低。无论是在省级层面还是县级层面，全国婚姻挤压都存在一定程度的空间集聚特征，但整体水平都不高，没有出现婚姻挤压严重的空间聚集，更没有出现两极分化。不过纵向对比来看，2020年性别比的空间集聚水平最高，而过剩人口数的全局莫兰指数则在2000年达到峰值，并且性别比的全局莫兰指数均高于其对应的男性过剩人口数的全局莫兰指数，表明性别比在空间分布上的集聚特征更加明显。

第六，过剩人口聚集的地区分化特征有所显现。结婚高峰年龄过剩人口数量较多的省份都是中西部省份，主要分布在西南地区，广东、浙江在2020年也成为"高—高集聚"类型。县级层面的过剩人口较多的一般都在南方尤其是西南地区，过剩人口较少的一般都在北方地区，且以边远地区居多。城镇未婚男性过剩人口较多的省份都在中东部的南方地区，过剩较少的省份主要分布在中东部的北方，呈现南北分化的态势。同时，乡村未婚男性过剩人口较多的省份都在中南、西南地区。东南城市多、西南农村多的总体格局已经开始显现。

第七，婚姻挤压分布格局主要受出生人口性别比和流动人口数量的影响。但当前的常住人口数量对婚姻挤压状况也有显著影响，与此相关，大量外省人口的迁入也会导致婚姻挤压加重。此外，20年前的出生人口性别比状况对当前的婚姻挤压也有显著影响。虽然流动人口数量与经济条件息息相关，但人均GDP和城镇化水平这些经济因素对婚姻挤压状况的直接影响并不显著。婚姻挤压的空间溢出效应已经有所减弱。

第二节　中国婚姻挤压空间分布格局展望分析

根据现有数据和上述得出的结论，可以大致预判中国婚姻挤压在空间分布格局的一般走势。

第一，严重的婚姻挤压会在较长时期内普遍存在。第七次全国人口普查数据显示，20岁以下单岁组的人口性别比都在110以上，表明未来20年达到结婚年龄的人口都存在明显的男多女少的情况，婚姻市场上的男性过剩人口还会越积越多。这种过剩是各个地区都普遍出现的过剩，全国各个地区都有婚姻挤压不断加重的可能。

第二，男性过剩人口将进一步在城市地区尤其是东部城市地区集聚。中国人口城市化水平仍在不断提高，人口流动的规模依然庞大。婚姻挤压也会由于流动人口本身的性别比较高而不断向城市地区集聚。特别是对流动人口吸纳较多的地区，将是男性过剩人口的主要集聚地。

第三，乡村男性过剩人口问题更该重视。乡村婚姻挤压也是非常严重的，乡村男性过剩的情况在各地区普遍存在，尤其是中西部几个省份乡村男性过剩人口规模较大。西北地区男性过剩人口规模小是因为人口基数较小，但其性别失衡程度并不低。乡村未婚男性人口性别比更高会使乡村男性青年感受到可选择的女性数量更少。乡村男性过剩人口占同龄人的比重高于城市的状况会使其对婚姻挤压的感受更为明显。因此，将来中西部农村地区更容易因婚姻挤压引发社会问题。

第四，婚姻模式变迁不会缓解婚姻挤压。当前正经历婚姻模式变迁，主要表现为结婚年龄不断推迟，终身不婚率逐渐提高，离婚率不断攀升。结婚年龄推迟会导致婚姻选择周期延长、婚姻挤压显现延迟，但不会改变男多女少的根本状况。终身不婚率提高，主要是女性不婚率提高，这反而会加重男性人口过剩。社会上也存在一定比例的男性自愿不婚，但其比例不会高于男性过剩人口占同龄人的比例，男性婚姻挤压的状况还会存在。在男性婚姻挤压背景下，离婚人口的增多会使男初婚、女再婚的匹配模式增多，但这同时也意味着很多男性离婚人口无法实现再婚，重新成为"过剩人口"。

第五，婚姻挤压的区域性差异仍将长期存在。大规模的人口迁移流动以工作就业为目的，婚姻迁移附属于人口流动之中，单纯的以婚姻为目的远距离的迁移是少数现象。正因为如此，人口流动会重构流出地和流入地的区域性婚姻市场的状况，但并没有形成全国性的婚姻市场。男性主要在自己工作、生活所在地的区域性婚姻市场内竞争。所以，各地区的婚姻挤压仍将存在明显差异，区域性婚姻市场的特殊性和差异性仍是今后婚姻挤压研究的主题。

第三节　中国婚姻挤压空间分布格局的影响

一、婚姻挤压的一般性影响

（一）影响婚姻质量

婚姻挤压容易导致早婚、闪婚的增多。在面临男性婚姻挤压时，男性为了成功获得婚姻机会，采取早婚、闪婚策略的人必然增加。早婚是为了提前占有结婚对象，闪婚是为了防止"夜长梦多"，也有些是为了应对彩礼快速上涨的压力，总之都是在女性人口稀缺的背景下自然而然做出的选择。这些现象在农村有明显增多。由于缺乏深入的相互了解，早婚和闪婚形成的婚姻在稳定性上带有"先天不足"，离婚的隐患相对较大。近年来，农村离婚率快速攀升，由2000年的6.85‰上升到2020年的19.06‰，早婚和闪婚是不容忽视的原因之一。

婚姻挤压也会导致异质婚增多。异质性婚姻是指夫妻双方人口特征与经济社会特征相差较大的婚姻，最明显的是年龄方面的差异。男性面临婚姻挤压，会被迫从年龄更小的女性中选择对象，从而造成男女年龄差距过大。同理，婚姻挤压背景下，夫妻间学历背景、家庭条件等方面的差距也可能会拉大。男性婚姻挤压背景下的异质性婚姻，意味着一些男性被迫降低择偶标准，在婚姻中委曲求全，并且这种婚姻的整合能力较弱，不利于婚姻的稳定。总之，异质婚在婚姻的质量和稳定性方面存在隐患。

婚姻挤压还会导致离婚率攀升。除了早婚、快婚和异质婚导致的婚姻不稳定性，婚姻挤压本身也会加大离婚的可能性。男性婚姻挤压背景下，女性稀缺，离婚、丧偶甚至带孩子的女性再婚的机会一点儿都不比未婚女性低，这就导致女性离婚的"成本"大大降低，这无疑会"鼓励"一部分已婚女性产生离婚意愿，一旦生活稍不如意就以离婚的手段解决。

（二）影响人口再生产

婚姻挤压对出生人口素质有潜在的不利影响。婚姻市场本身是一个竞争择优机制，无论是对男性还是对女性都存在优胜劣汰，一些身体素质较差或有缺陷者会在婚姻市场上被淘汰，从而脱离人口再生产。但是，严重的男性婚姻挤压会形成"有女不愁嫁"的局面。母亲身体素质对子代身体素质的重要性已经得到普遍肯定，如果身体素质不好或不健康以及其他各种情况不利于生育的妇女也结婚生子，可能会造成出生人口素质降低，不利于优生优育，不利于人口素质的提高。

婚姻挤压将会加速人口减少。部分人口终身不婚，就意味着要被迫脱离人口再生产。从人口代际替代的角度来看，一般认为，总和生育率要达到2.1才能实现稳定的代际更替，即替代父母一代所需的平均子女数。2.1的标准是已经考虑了自然状态下男性略多于女性、部分女性不能生育的情况，但在出现婚姻挤压时，脱离人口再生产的男性人口比例较高，所以需要有高于2.1的生育水平才能实现代际更替。当前中国生育水平只有不到1.3，与真正需要的更替水平差距在0.8以上，所以长期来看，中国人口在将来会以更快的速度下降。

婚姻稳定性的降低，会加大提高生育水平的难度。费孝通认为："婚姻是确立双系抚育的文化手段""婚姻的意义是用社会的力量保证生出来的孩子不但有母而且有父"[①]。说到底就是，要先有婚姻然后才会有生育。离婚会直接导致夫妻之间不再继续生育，会降低出生的孩子数。社会上离婚率的不断上升让人有了"现代婚姻越来越脆弱"的看法，也会增加年轻人恐婚、不婚的比例，从而降低了生育率。当前，国家出台了一系列降低生育、养育、教育成本的积极生育支持政策，但如果结婚率下降、离婚率上升等问题依然存在，则会导致优化生育政策、提高生育水平的努力难以奏效，使生育水平提升到合理水平的目标无法实现。

（三）影响妇女权益

男性婚姻挤压会增加性犯罪的可能性。在婚姻挤压的背景下，大量大龄未婚男性无妻可娶、婚内性伴侣的缺位，导致他们不能通过合理合法的途径满足性需求，嫖娼和通奸等越轨行为发生的可能性会增加，大量男性越轨的性实践会导致色情行业泛滥，影响社会文明的发展，也可能由此产生严重的

---

① 费孝通：《乡土中国生育制度》，北京大学出版社1998年版，第124—129页。

生殖健康问题，如性病和艾滋病的传播等。更有甚者，可能导致社会上性暴力、性侵犯、性犯罪等风险的发生率会有所提高。

男性婚姻挤压并不会提高女性的社会地位。男性婚姻挤压背景下，女性只是在择偶方面多了一些选择，并不一定享有更高的社会地位，反而会使女性面临更多潜在的或直接的伤害。男性性暴力、性犯罪的增多加大了女性受伤害的概率，性传播疾病对女性的伤害更大，色情行业本身就是对女性的"物化""商品化"，对女性地位会形成直接打击。

（四）影响社会稳定

婚姻挤压造成的不婚群体逐渐增多，可能会对社会稳定产生三方面的威胁。

一是造成弱势累积，使他们更难得到发展。无论婚姻挤压出现在城市还是农村，最终被"剩"下来的男性人口肯定是在婚姻市场上女性的择偶标准筛选淘汰的群体，一般会是某一方面或其几方面存在不足的群体。按照当前社会上一般的择偶标准，学历低、收入低、家庭背景较差等被称为"弱势群体"的人是最容易被"剩"的。按照贝尔克的观点，单身家庭没有家庭分工，没有家庭经济关系的配合，导致其经济效率低于完整的家庭，不利于改善经济条件。社会学中也有"弱势累积理论"的观点：如果人们拥有更多的资源，他们就会有机会持续地将这些资源积累得更多，而那些资源少的人将会资源更少。总之，不婚群体往往是弱势群体，以后发展的难度也相对较大。

二是心理不平衡容易激发非理性行为。承受婚姻挤压苦果的不婚群体在生活中往往得不到他人的理解，需要长期承受身边邻居、朋友异样的眼光，久而久之就会导致他们性格越来越孤僻和内向，也会加重弱势群体的不公平感和心理负荷，他们的不满情绪、复杂心态和失望情绪会转化成一种社会离心力甚至反社会倾向，容易引起对社会的否定性评价，容易激起他们通过非理性的方式来表达、维护和争取自身的利益，从而对社会正常秩序造成不利影响。

三是单身群体的越轨成本低。婚姻挤压造成的大龄未婚或终身不婚的群体，会因为他们"孑然一身"缺少家庭成员的牵绊，无牵无挂，其越轨的行为成本变小，往往变得无所顾忌。在社会出现不稳定或社会矛盾激化时，这个群体将是最容易爆发的群体。

总之，因婚姻挤压被迫不婚的人口大量出现，特别是在一定的地区集中出现时，就会对社会稳定造成潜在的威胁。

二、中国婚姻挤压空间分布格局的影响

婚姻挤压空间分布格局会让上述婚姻挤压的一般性影响在全国各地区以不同的程度出现。男性过剩人口较多的地区，婚姻稳定性方面存在的问题就会严重，生育面临的难题较多，维护妇女权益的任务更加繁重，社会稳定受到的威胁也会较大。除此之外，中国婚姻挤压的空间分布格局还有其他一些影响。

第一，上述影响，都是在一个"男性过剩人口较多"的前提下可能会出现的问题，当前，各地区婚姻挤压形势差异显著，反而造成了不婚人口在一定范围内的集聚，这就可能会使上述问题在一些地区首先出现。相对而言，城市人口密集，乡村人口分散，大量男性过剩人口在经济发达地区的城市集聚，更容易引发各种不利于社会稳定的问题。幸运的是，我们国家的婚姻挤压并没有出现严重的空间集聚，即没有出现大面积的婚姻挤压严重地区，这对婚姻挤压的负面影响还有一定的缓和作用。

第二，从婚姻挤压的空间分布格局来看，男性过剩人口在城市地区集聚的人数较多，这种集聚有利有弊。男性过剩人口在城市集聚，比较有利的一面是：城市婚姻文化呈现多元化的特点，主动选择不婚的比例较大，因此，婚姻挤压的负面影响不会那么明显；但同时也有不利的一面：当前城市女性不婚的比例比较高，这加重了男性婚姻挤压的局面，并且根据婚姻选择梯队理论中女性向上婚的特点，城市没有结婚的所谓"剩女"都是学历、职业、收入等方面较高的群体，因婚姻挤压而不能结婚的男性却是低端的群体，"甲女丁男"根本无法匹配，反而会加重男性"高不可攀"的心理挫败感。此外，城市人口在学历、职业、收入、阶层等方面分化的层次更具有多样性，按照婚姻梯度匹配理论中"男高女低"的模式进行匹配，这对于条件较好的城市男性来说可选择的空间更大、匹配的可能性更多，但也因此造成异质婚的增多，影响婚姻的质量和稳定性。同时，对于城市婚姻市场竞争的男性失败者一般各方面条件较差，他们在城市这种分化层次多样的环境，婚姻竞争的失败更容易造成其心理不平衡，而且更容易将这种不平衡转移至其他方面。总之，男性过剩人口在城市地区集聚影响比较复杂。

第三，婚姻挤压的空间分布格局的另一特点是农村性别比偏高的集聚比较明显。虽然男性过剩人口的人数没有城市多，但由于性别比偏高，农村不婚人口的比例高于城市，这就使人们对婚姻市场的认知更加极端，从而导致早婚、闪婚、"天价彩礼"等问题更加严重。从现实来看，男性结婚难的问题在农村已经普遍造成了很多家庭的经济压力和焦虑。尤其是"天价彩礼"，还会引发经济负担加重、社会贫富分化等一系列经济社会问题。

第四节　应对婚姻挤压空间分布格局的政策建议

婚姻挤压是出生性别比长期明显高于正常区间的结果。我国采取的一系列治理性别失衡的政策措施，不仅从根本上减轻了当前的婚姻挤压，也为下一步应对婚姻挤压积累了有益经验。在各地区婚姻挤压普遍严重的背景下，没有根本性的对策可以解决婚姻挤压。人口流动也是经济社会发展的大势所趋，男性过剩人口集聚在所难免。目前只能采取一些积极措施，首先要从整体上降低婚姻挤压、减少男性过剩人口；其次要防止男性过剩人口在个别地区过度集聚，尽可能避免男性过剩人口过度集聚导致的恶劣后果。

一、我国政府为减轻婚姻挤压出台的政策措施

在20世纪90年代发现出生性别比偏高之初，我国就采取了一系列治理性别失衡的政策措施，无论是遏制出生性别比上升还是推动出生性别比持续下降，都从根本上减轻了当前的婚姻挤压。

第一，加大宣传力度。充分发挥舆论引导作用，开展"关爱女孩行动"系列宣传，加强对"男女平等"基本国策及人口与计划生育法律法规知识的宣传教育，提高社会各界对综合治理出生人口性别比偏高问题的重视，从根本上转变传统的生育观念、消除性别歧视，树立男女平等、生男生女一样好、儿女都是传后人等文明进步的新型生育观念。向全社会传播关爱女孩成长、依法维护女孩合法权益、促进社会性别平等的观念，营造有利于女孩生存发展的舆论氛围。

第二，全力打击非医学需要的胎儿性别鉴定和非医学需要的选择性人工终止妊娠活动。实行孕期全程监测服务，维护胎儿权益，从源头上减少

"两非"行为的发生。严格立法，坚决行动，深入开展打击"两非"活动，重点规范B超、终止妊娠药品和妊娠14周以上终止妊娠手术的管理制度，加强涉及采血鉴定胎儿性别的广告、中介、采血、运输、出境等重点环节的监管。长期坚持专项行动、集中整治与日常监管、有案即查的有机结合，保持对"两非"违法行为的高压态势，做到"露头即打"、绝不姑息。

第三，利益导向机制。对计划生育家庭女儿户实行奖励扶助制度和特殊扶助政策。在落实国家各种惠民政策时对计划生育女儿户和女孩实行优先优惠。支持计划生育女儿户发展经济，优先安排就业培训、项目扶持、贴息贷款、就业上岗等生产服务。努力解决计划生育女儿户的生活保障问题，优先按政策规定办理医疗保险、养老保险、最低生活保障、医疗救助、改善住房居住条件等。同时立足性别失衡的深层原因和社会后果，以完善社会保险和医疗保障制度等为主要手段，致力于改善影响性别选择的社会环境。广泛发动社会组织、社会力量开展一对一长期帮扶和团队短期帮扶，帮助女孩解决实际困难问题，提升女孩发展能力。

二、缓解婚姻挤压的对策建议

第一，继续努力降低出生人口性别比。2020年第七次全国人口普查时出生人口性别比为111.3，依然高于正常区间的上限，因此，应该继续努力降低出生人口性别比。在优化生育政策、促进人口长期均衡发展的进程中，要继续大力开展出生人口性别比偏高综合治理工作，重点依法打击非医学需要的胎儿性别鉴定和非医学需要的选择性别的人工终止妊娠。长期开展文化宣传倡导性别平等理念。制定实施有利于女孩成长和妇女发展的相关社会经济政策，推动"性别平等"理念，提高妇女地位，促进性别平等。

第二，加大适婚年龄女性人口的供给。《民法典》对禁止重婚行为做出了明确规定："禁止重婚。禁止有配偶者与他人同居。"《刑法》也规定："有配偶而重婚的，或自己知道他人有配偶还坚持与之结婚的，构成重婚罪，处两年以下有期徒刑或拘役。"民政部门也婚姻登记信息管理系统全国联网、多部门信息共享、加大对婚姻登记严重失信当事人的联合惩戒力度等举措遏制重婚、骗婚现象。应该持续依法制止重婚、骗婚，不断完善有关法律法规和政策，为严厉打击婚托、婚骗、重婚等违法婚介行为提供法律依据和政策支持，尤其要减少女性被骗的情况发生。同时应该大力倡导文明、健康、理性的婚恋观念和婚姻家庭价值取向，大力抵制包养"小三""二奶"等不良现象。此外，我国公安部门长期坚持依法打击卖淫嫖娼等违法犯罪，对遏制违法犯罪行为达到了良好效果，应该完善法律适用制度、持续坚持高压态势，减小不法分子组织妇女沦落为"失足妇女"的可能性，同时要完善对"失足妇女"挽救、教育和帮扶安置工作，让她们回归正常的社会生活。

第三，优化治理"天价彩礼"的政策措施。近年来，"天价彩礼"问题已经引起各级政府的关注。2019年《中共中央国务院关于坚持农业农村优先发展做好"三农"工作的若干意见》（2019年一号文件）首次对"天价彩礼"提出治理要求。2020年5月，民政部印发《关于开展婚俗改革试点工作的指导意见》，提出要整治"天价彩礼"现象。在一些问题比较突出的地区，已经开始试点推行婚俗改革，治理农村不良婚姻风俗。个别地方出台了限制彩礼金额的规定。这一措施对于遏制彩礼非理性增长的态势可能会有一定作用，但落实起来面临很多困难，比如在彩礼金额的标准该如何制定才能让婚姻双方都接受？如何保障这些措施的约束力也是个难题。尽管《民法典》和相关法律法规明确禁止借婚姻索取财物，但不够具体，在彩礼合理范围的规定、彩礼主体资格的确定、"因婚致贫"的解释等方面存在盲区，导致"高价彩礼"受法律的约束力不够，发生纠纷时还存在依据现有法律条款难以处理的问题。当前更可取的措施是加大宣传力度，引导人们正确地认识和对待彩礼，让彩礼能够与当地收入水平相适应，避免彩礼过高造成的不利影响。同时，建议国家出台确定彩礼范围的基本原则，由各个地方（建议以县为单位）在对彩礼现状和经济条件摸底、征求民意等工作的基础上尽快确定彩礼的合理范围。

三、防止出现婚姻挤压过度集聚的政策建议

第一，加强人口监测和形势研判。我国除统计部门逢0年份的人口普查和逢5年份的1%人口抽样调查提供翔实的人口信息之外，各级卫健部门还有一套全员人口信息系统，实时统计人口变化信息。各级政府要依托全员人口信息系统等平台，加强本地区婚龄期人口性别结构监测，关注流动人口的性别比，及时研判本地区适婚年龄人口的性别结构、男性过剩人口数量等信息。同时，应该健全男性过剩人口预测预警制度，合理设置预警标准，及时向有关部门通报。

　　第二，注重通过产业结构改善人口性别结构。《国家人口发展规划（2016—2030年）》提出"切实将人口融入经济社会政策，在经济社会发展战略规划计划、经济结构战略性调整、投资项目和生产力布局、城乡区域关系协调、可持续发展等重大决策中，充分考虑人口因素，不断健全人口与发展综合决策机制"。各地政府在制定经济社会发展规划时，要适当考虑产业对不同性别劳动力的需求量，防止出现适合男性的就业岗位偏多，尽可能打造一些适合女性的就业岗位，依靠就业岗位吸附女性留在本地。

　　第三，发展本土婚姻媒介，提高婚姻匹配的效率。婚姻介绍所、报刊、电视电台等征婚传媒在中国已经有20多年的历史，随着网络的普及，网络婚姻传媒也日益兴起。但最大的不足是现代婚姻传媒服务还仅限于城镇，而且规范性还有待提升，最严重的是广大农村地区依然主要依靠亲缘地缘的狭小网络提供择偶信息，这在一定程度上限制了农村青年的择偶范围。各地政府要打造适应当地区域性婚姻市场的婚介平台。政府部门要探索开发具备信息搜索、匹配推介、地图服务等功能的移动互联婚恋交友平台，拓宽适婚年龄人口的择偶渠道，提高匹配效率。支持当地婚介服务机构发展，开发本土婚介品牌，服务本土婚姻市场。政府部门加强民营婚介平台的日常监管，依法保护个人用户信息，严厉打击婚托、婚骗等违法婚介行为。

　　第四，提高男性过剩人口的发展能力。长期以来，尤其是党的十八大之后，我国切实保障和改善民生，持续增加民生投入，着力保基本、兜底线、促公平，在发展中不断增进民生福祉，让现代化建设成果更多、更公平惠及全体人民。在今后的发展中，应该持续关注城市弱势群体和较为落后的农村地区的农民问题，及时关切他们的利益诉求，促进社会公平正义，让广大人民群众共享现代化建设的成果，尤其要完善包括机会公平在内的社会公平保障体系，为他们提供有针对性的社会福利和社会服务，提高弱势群体及其家庭的发展能力。

　　第五，用更开阔的视野改善婚姻挤压空间布局。随着我国经济的快速发展，"一带一路"倡议的推进以及中国企业海外投资渐多，国内劳务输出的规模和范围正在不断扩大，截至2021年年底，中国已经累计向150个国家和地区累计输出各类劳务人员1062.6万人次。我国劳务输出主要集中在建筑业、交通运输业和制造业三大领域，这些是以男性为主的行业，但2021年派出的劳务人员仅有32.27万人，还有相当大的可拓展空间。要适应以国内大循环为主体、国内国际双循环相互促进的新发展格局，在利用国内国际两个市场、两种资源的过程中，要密切引导流入和流出人口的性别结构。通过控制输出的劳务类型形成男女人口的差别迁移率，为青年男性劳动力提供国际迁移的机会，扩大青年男性的择偶范围。

参考文献

[1]艾大宾，李宏芸，谢贤健.农村居民婚姻迁移空间演变及内在机制——以四川盆地为例[J].地理研究，2010（8）：1427-1438.

[2]陈友华，米勒·乌尔里希.中德婚姻市场供需情况的比较研究[J].人口与经济，2000（5）：3-17.

[3]陈友华，米勒·乌尔里希.中国婚姻挤压研究与前景展望[J].人口研究，2002（3）：56-63.

[4]陈友华.中国和欧盟婚姻市场透视[M].南京：南京大学出版社，2004.

[5]程广帅，万能.农村女性婚姻迁移人口的成因及影响[J].西北人口，2003（4）：31-33.

[6]邓国胜.中国生育率下降的代价：婚姻拥挤[J].社会科学，2000（7）：58-60.

[7]邓希泉.婚姻挤压对社会稳定的影响研究[J].青年探索，2010（6）：17-21.

[8]邓智平.打工妹的婚姻逆迁移研究[J].社会，2004（7）：49.

[9]段成荣，梁海艳.青年流动人口通婚圈研究[J].南方人口，2015（3）：13-23.

[10]费孝通.乡土中国 生育制度[M].北京：北京大学出版社，1998.

[11]桂华，余练.婚姻市场要价：理解农村婚姻交换现象的一个框架[J].青年研究，2010（3）：24-36+94-95.

[12]郭显超，黄玲.城市青年社会网络对其择偶方式的作用[J].当代青年研究，2015（4）：70-73+78.

[13]郭永昌，邓志强，丁金宏.青年人口省际婚姻迁移的空间选择与影响因素分析[J].中国青年研究，2014（7）：61-66.

[14]郭永昌，丁金宏，黄云.大城市人口婚姻迁移的城乡梯度特征——以上海市黄浦区为例[J].城市问题，2014（8）：95-100.

[15]郭志刚，邓国胜.中国婚姻拥挤研究[J].市场与人口分析，2000（3）：2-18.

[16]何生海.婚姻地域挤压的社会学分析[J].贵州大学学报（社会科学版），2012（1）：97-102.

[17]靳小怡，郭秋菊，刘利鸽，李树苗.中国的性别失衡与公共安全——百村调查及主要发现[J].青年研究，2010（5）：21-30+94.

[18]靳小怡，李成华，李艳.性别失衡背景下中国农村人口的婚姻策略与婚姻质量——对X市和全国百村调查的分析[J].青年研究，2011（6）：1-10+92.

[19]雷洁琼.改革以来中国农村婚姻家庭的新变化[M].北京：北京大学出版社，1994.

[20]李南.高出生性别比及其婚姻后果[J].中国人口科学，1995（1）：16-20.

[21]李树苗，姜全保，伊莎贝尔·阿塔尼，费尔德曼.中国的男孩偏好和婚姻挤压——初婚与再婚市场的综合分析[J].人口与经济，2006（4）：1-8.

[22]李煜.婚姻匹配的变迁:社会开放性的视角[J].社会学研究，2011（4）：122-136+244-245.

[23]栗志强.农村青年婚姻市场层级化的社会学分析[J].当代青年研究，2013（3）：63-68.

[24]梁海艳，代燕，骆华松.中国流动人口通婚圈地域结构分析[J].南方人口，2017（2）：13-21.

[25]梁海艳，徐淑娴.地理通婚圈变迁与跨省通婚的影响因素研究——基于中国家庭生育决策机制调查数据的分析[J].人口与社会，2021（5）：13-25.

[26]梁海艳，阳茂庆.城市青年通婚圈变化及其影响因素研究——基于中国青年状况调查数据的实证分析[J].人口与发展，2014（3）：43-51.

[27]梁海艳.人口迁移流动对地理通婚圈的影响——基于中国第三期妇女地位调查数据的分析[J].人口与社会，2020（5）：41-49.

[28]刘传江.择偶范围与农村通婚圈[J].人口与经济，1991（4）：47-50.

[29]刘爽，蔡圣晗.谁被"剩"下了？——对我国"大龄未婚"问题的再思考[J].青年研究，2015（4）：76-84+96.

[30]刘燕舞.农村适龄未婚男性的类型研究——一种人口社会学的分析[J].中国农业大学学报（社会科学版），2011（3）：160-169.

[31]刘燕舞.区域挤压：理解中国男性婚配困难的一个分析框架[J].北京工业大学学报（社会科学版），2022（3）：1-16.

[32]刘中一.性别失衡地区的婚姻生态：内卷与自洽[J].学术交流，2021（5）：128-140.

[33]苗国，黄永亮.高期望择偶与低生育陷阱：当代青年婚育困境的社会学反思[J].中国青年研究，2022（5）：44-51+28.

[34]倪晓锋.大城市婚姻迁移的区域特征与性别差异——以广州市为例[J].中山大学研究生学刊（社会科学版），2007（4）.

[35]邱泽奇，丁浩.农村婚嫁流动[J].社会学研究，1991（3）：62-66.

[36]石人炳.青年人口迁出对农村婚姻的影响[J].人口刊，2006（1）：32-36.

[37]石人炳.性别比失调的社会后果及其特点——来自对台湾人口的观察[J].人口研究，2002（2）：57-60.

[38]石人炳.中国离婚丧偶人口再婚差异性分析[J].南方人口，2005（3）：31-35.

[39]宋月萍，张婧文.越少就会越好吗?——婚姻市场性别失衡对女性遭受家庭暴力的影响[J].妇女研究论丛，2017（3）：5-15.

[40]唐利平.人类学和社会学视野下的通婚圈研究[J].开放时代，2005（2）：153-158.

[41]佟新.人口社会学[M].北京：北京大学出版社，2010.

[42]王丰龙，何深静.中国劳动力婚姻匹配与婚姻迁移的空间模式研究[J].中国人口科学，2014（3）：88-94+127-128.

[43]韦艳，董硕，姜全保.中国初婚模式变迁——基于婚姻表的分析[J].人口与经济，2013（2）：21-28.

[44]吴重庆.社会变迁与通婚地域的伸缩——莆田孙村"通婚地域"调查[J].开放时代，1999（4）：71-81.

[45]新山.婚嫁格局变动与乡村发展——以康村通婚圈为例[J].人口学刊，2000（1）：32-36.

[46]徐安琪.择偶标准：五十年变迁及其原因分析[J].社会学研究，2000（6）：18-30.

[47]杨华.农村婚姻挤压的类型及其生成机制[J].华中农业大学学报（社会科学版），2019（4）：25-34+170.

[48]于潇，祝颖润，阚兴龙.中国男性婚姻挤压城乡差异研究[J].人口研究，2019（4）：3-16.

[49]于潇，祝颖润，梅丽.中国男性婚姻挤压趋势研究[J].中国人口科学，2018（2）：78-88+127-128.

[50]于学军.论我国婚姻市场"挤压"的人口学因素[J].人口学刊，1993（2）：25-28.

[51]虞沈冠，陈友华.人口统计分析方法研究与应用[M].南京：南京大学出版社，1995.

[52]周皓，李丁.我国不同省份通婚圈概况及其历史变化——将人口学引入通婚圈的研究[J].开放时代，2009（7）：100-115.

[53]朱梦冰.婚姻匹配的研究进展[J].经济学动态，2017（6）：121-131.

[54]朱战辉.农村大龄未婚青年婚配困境研究[J].当代青年研究，2019（2）：72-77+122.

[55]郑真真.人口现象中的社会问题——对出生性别比失衡的再认识[J].山东女子学院学报，2022（3）:20-28.

后　记

　　我最早关于婚姻挤压地区分布差异的想法是在2008年读研二的时候产生的，社会学老师张应祥博士给予了充分的肯定，认为这是一个非常值得研究的学术问题。从此我就开始积累资料和数据，学习研究方法，期待学得可行的研究方法、获得充足的数据支持，真正把这个问题研究透。中间学习过程并不顺利，虽然做了婚姻挤压方面的一些研究，在地区分布的差异方面却一直没有实现真正的突破。但十多年的时间，内心一直没有把这个问题放弃。念念不忘，必有回响，也算是功夫不负有心人，2019年，当我确定运用地理空间分析技术研究这个问题时，就以这个研究设想申报国家社科基金项目，有幸获得青年项目的资助。这极大地激励了我对这个问题的研究热情，经过两年多的努力，我在婚姻挤压空间分布理论框架的建构、研究方法的学习和相关数据的积累等方面都取得了较大进展。这本书就是目前为止所取得的阶段性成果。

　　在本书写作过程中，国家统计局公布了第七次全国人口普查数据，为本书的研究提供了最新资料。分析发现，当前中国面临的婚姻挤压问题比2000年和2010年要明显严重，而且东部地区的城市婚姻挤压较为严重。这更加让我意识到研究婚姻挤压空间分布格局的重要意义，所以今后更需要密切关注这一问题的发展变化及其产生的影响。

　　在学习过程中，我先后得到了江西财经大学曾永明教授、中山大学博士生导师刘晔教授、中国科学院戚伟教授的无私支持，他们毫不保留的帮助让我非常高效地学习了地理空间分析技术。在此对三位老师表示诚挚的感谢！

十年磨一剑，做学术研究也是一样，有想法就要持之以恒。我对婚姻挤压空间分布的研究从提出问题到现在已经超过了14年，取得的只是阶段性的成果，后面还有很多内容需要不懈努力。对现有研究中的不足之处，期待读者朋友的斧正，这将是对我今后研究的极大帮助。

郭显超

2022年6月19日于广州